中國文化通史

隋唐五代卷·上冊

中國文化源遠流長，欲理解中國文化，捨其歷史無由。而欲理解中國文化史，界定文化的概念，梳理中國文化史的發展脈絡、特質及其研究狀況，又是十分必要的。爰作是序。

一、文化概念的界定

文化問題是世界關注的熱門話題，但是，國內外學術界對於文化的概念，迄無統一的界定。聯合國教科文組織曾邀請各國學者討論什麼是「文化」，也未取得共識。據統計，有關文化的概念，多達數百種，人們見智見仁，莫衷一是。

從西方的歷史上看，人們對於文化的理解，大致經歷了四個時期。

第一個時期是古代。最具代表性也是最古老的文化概念，是由約兩千年前古羅馬哲學家西塞羅提出來的，它從拉丁文譯成英文是「culture is the philosophy-or cultivation-of the mind」。漢譯為「文化是心靈的哲學（修養）」。其中 cultivation 本義是耕種，引申意為耕種—栽培—培養—修養，這可謂哲學的文化概念。它強調文化是人類心靈的創造物，並視文化是一個趨向品德修養終極目標的動態的創造過程。

第二個時期是中世紀。有代表性的是藝術的文化概念：「文化是藝術的總稱。」它是文藝復興時代的藝術家們提出來的，強調文化是人類對美的追求和自由的創造。

第三個時期是十九世紀。其間出現了兩種有代表性的文化概念。一是英國著名學者阿諾德在一八六九年出版的《文化和無政府狀態》一書中提出的：

文化就是追求我們的整體完美，追求的手段是通過了解世人在與我們最有關的一切問題上所曾有過的最好思想和言論……引導我們把真正的人類完美看成是為一種和諧的完美，發展我們人類的所有方面；而且看成是一種普遍的完美，發展我們社會的所有部分。[1]

這是心理學的文化概念。它強調文化是人們藉助於自然科學和人文科學包括文學藝術中一切真、善、美的東西，陶冶心靈，追求社會完美與和諧的過程；二是另一個英國著名學者泰勒一八七一年在《文化的起源》中提出的人類學的文化定義。他說：

文化或文明，就其廣泛的民族學意義來說，乃是包括知識、信仰、藝術、道德、法律、習俗和任何人作為一名社會成員而獲得的能力和習慣在內的複雜整體。[2]

泰勒的定義第一次強調文化是「複雜的整體」和「文化是整個的生活方式」。

第四個時期是二十世紀。二十世紀初社會學家提出了社會學的文化概念：

文化是一個多義詞，我們這裡是在包容較廣的社會學含義上使用它，即它是指人造物品、貨物、技術過程、思想、習慣和價值觀念，它們是一個民族的社會遺產。這文化包括所有習得的行為、智力知識、社會組織和語言、經濟的、道德的或精神的價值系統。一種特定文化的基礎是它的法律、經濟結構、巫術、宗教、藝術、知識和教育。[3]

此一定義第一次強調價值觀念和價值系統，是文化內涵的核心。

---

1 轉引自〔英〕雷蒙德・威廉斯：《文化與社會》，160-161 頁，北京，北京大學出版社，1991。
2 轉引自莊錫昌等編：《多維視野中的文化理論》，99-100 頁，杭州，浙江人民出版社，1987。
3 轉引自閔家胤：《西方文化概念面面觀》，《國外社會科學》，1995 年第 2 期。上述參考了該文的內容。

二十世紀中期以後，隨著科學的進步和視野的拓展，人們進而在生物學乃至在整個宇宙的範圍之內，探討文化問題。例如，生物學的文化定義為：「文化是不同物種的組織結構和行為規範。」聯合國教科文組織「世界文化項目」主持人、加拿大學者謝弗，則進而提出了宇宙學的文化概念：「文化一般是指物種，特殊地是指人類觀察和感知世界，把自己組織起來，處理自身事務，提高和豐富生活，以及把自己安置在世界上的那種方式。」[4]

由上可知，西方文化概念的內涵是隨著時代的發展而逐漸拓展與深化的。據統計，一九二〇年前只有數種不同的文化定義；但是到一九五六年，就已多達一百五十餘種，也集中說明了這一點。其中，如果說阿諾德的定義是對古代以來文化認識的集大成的話；那麼泰勒的定義強調文化是一種「複雜的整體」和「整個的生活方式」，以及社會學家強調文化內涵的核心是價值觀念與價值系統，則更具有開創性和劃時代的意義，構成了今人理解文化的現代基礎。這說明，十九世紀末二十世紀初是西方現代文化觀念形成的重要時期。至於其後新說迭起，尤其是生物學的、生態學的、宇宙學的概念的出現，固然反映了人們視野的開拓，但是文化的概念既囊括了物種與宇宙，實漸泛化了，以至於無從把握。

從中國歷史上看，「文明」一詞的出現要早於「文化」。《易·乾》：「見龍在田，天下文明。」《易明夷》：「內文明而外柔順，以蒙大難，文王以之。」「文化」一詞雖然也是古已有之，但它被作為一個完整的辭彙和概念加以使用，有一個演化的過程。在秦漢時期，儒生編輯的《易·賁卦》的《象》中有「觀乎天文，以察時變；觀乎人文，以化成天下」之說，但「文化」尚未構成一個完整的詞。西漢的劉向在《說苑·指武》中將「文」與「化」聯用：「聖人之治天下也，先文德而後武力。凡武之興，為不服也，文化不改，然後加誅。夫下愚不移，純德之所不能化，而後武力加焉。」不過，這裡的「文化」仍非一個完整的詞，而各有獨立的意義，「文」指文德，「化」指教化，即借文德行教化。其後，晉人的詩文中出現了完整的「文化」一詞。如束皙的《補亡詩》有「文化內輯，武功

4　同上。

外悠」句；王融在《曲水詩序》中則說：「設神理以景俗，敷文化以柔遠。」至此，「文化」顯然已作為一個完整的辭彙和概念，開始為人們所廣泛使用。其含義包括文治、教化和禮樂典章制度。這與西方古代哲人強調「文化」的內涵在於趨向品德修養終極的目標，是相通的。

語彙是隨著社會生活和時代的變動而變動的。在西方，文化的概念所以於近代以後發生了日益深刻的變動，是與西方資本主義的發生發展、科學的進步以及世界聯繫的日益密切分不開的。反觀中國，封建社會綿延兩千餘年，沉沉一線，「天不變，道亦不變」。與此相應，已有的「文化」一詞，古色古香，其內涵也無甚變化。鴉片戰爭後，中國封建社會因受西方資本主義的衝擊而解體，且日益走向世界，語彙便漸生變動。在一些新的語彙出現的同時，更多的語彙增加了新的內涵。就「文化」一詞來說，其新義的增加尤其是人們自覺重新探究其內涵，界定其概念，則要晚到二十世紀初。梁啟超諸人的觀點具有代表性。梁啟超在《什麼是文化》中說：「文化者，人類心能所開積出來之有價值的共業也。」[5]梁漱溟則謂：「文化並非別的，乃是人類生活的樣法。」[6]胡適也指出：「文化（culture）是一種文明所形成的生活的方式。」[7]他們都強調文化是人類創造的一種複雜的整體（「共業」）和「生活的方式」，這顯然是接受了泰勒關於文化的定義。

所以，儘管國際上對文化迄今未能形成統一的界定，但泰勒的定義實已構成了人們進一步探討文化問題的現代基礎。同時，在此基礎上，除主張文化泛化者外，人們也畢竟形成了相對的共識，即認為文化可分作廣義與狹義兩種概念來理解。梁啟超曾說：「文化這個名詞有廣義狹義二種，廣義的包括政治經濟；狹義的僅指語言、文字、宗教、文學、美術、科學、史學、哲學而言。」[8]就已經有了此種見解。今天我們可以作進一步表述：廣義的文化就是人化，即人類所創造的一切東西構成了文化。具體講，它包括三個層面：物質文化、制度文化、精神

5　梁啟超：《飲冰室文集》之三十九。
6　梁漱溟：《東西文化及其哲學》第 2 章，北京，商務印書館，1935。
7　胡適：《我們對於西洋近代文明的態度》，《胡適文存》三集，卷一。
8　梁啟超：《中國歷史研究法補編》，《飲冰室專集》之九十九。

文化。其中，精神文化是文化結構中最深層的部分。狹義的文化就是指精神文化，即觀念形態的文化，包括思想、觀念、意識、情感、意志、價值、信仰、知識、能力等等人的主觀世界的活動及其物化的形態或外鑠的成果，如典籍、語言、文字、科技、文學、藝術、哲學、宗教、道德、風習，等等。

對於「文化」與「文明」的關係，人們也頗存異議，但從總體上看，大致有三種理解：一是學術界一般將「文明」一詞用來指一個社會已由氏族進入國家組織的階級社會的階段，即是與「文化」並無直接瓜葛的學術上的專有名詞；二是「文化」與「文明」同義。美國學者亨廷頓說：「當談論文明的時候，我們指的是什麼呢？一種文明就是一種文化存在。」[9]他顯然是將「文化」與「文明」視作同義詞，等量齊觀。故所謂「物質文化」、「制度文化」和「精神文化」，人們通常也稱作「物質文明」、「制度文明」和「精神文明」；三是「文化」與「文明」都是人類創造的一切成果的總稱，但前者是動態的，後者則是靜態的。陳安仁說：「文明是指靜的狀態而說，文化是指動的狀態而說。」[10]張崧年也曾指出：「文化是活動，文明是結果，也不過一事的兩看法。」[11]

本書對文化的界定，取狹義文化。對「文明」一詞的使用，則據行文的需要，兼顧三義。

二、中國文化史研究的回顧

文化史是古老的史學的一個分支學科，但它真正的確立，在歐洲要晚到十八世紀的啟蒙運動時期。西方「文化史之父」、法國啟蒙思想家伏爾泰的名著《路易十四時代》，實為文化史研究的開山之作。其後，西方關於文化史的著述日多，漸漸蔚為大觀。

---

9 [美]亨廷頓：《文明的衝突》，《國外社會科學》，1993 年第 10 期。
10 陳安仁：《中國文化演進史觀》，據文通書局 1942 年版影印，6 頁，上海，上海書店，1992。
11 張崧年：《文明與文化》，《東方雜誌》第 24 卷第 24 號。

在中國，文化史學科的確立更要晚到二十世紀二〇至三〇年代。梁啟超於此有創榛闢莽之功，他曾擬撰多卷本《中國文化史》，遺憾的是僅成《社會組織篇》計八章，壯志未酬。但是，進入二十世紀二〇年代後，有關文化史的研究成果已是連翩出現。一九二四年《史地學報》有文報導學界消息說：「近來研究歷史者，日新月異，內容大加刷新，多趨重文化史方面。」[12]足見中國文化史的研究和編纂，是時已開始浸成風氣。其中較重要的通史性著作有：顧康伯的《中國文化史》、常乃德的《中國文化小史》、陳國強的《物觀中國文化史》、柳詒徵的《中國文化史》、楊東蓴的《本國文化史大綱》、陳登原的《中國文化史》、王德華的《中國文化史略》、繆鳳林的《中國民族之文化史》、陳安仁的《中國文化演進史觀》、王治心的《中國文化史類編》、陳竺同的《中國文化史略》、錢穆的《中國文化史導論》，等等。此外，涉及斷代的、區域的和專題性的有關文化史著作也相繼出版。其中，專題性的著作，尤以王雲五主編的大型《中國文化史叢書》為代表。叢書仿效一九二〇年法國出版的《人類演進史叢書》及一九二五年英國劍橋大學主編的《文化史叢書》的體例，共分八十個專題，每冊一專題，於一九三七年後相繼推出，產生了很大的社會影響。該叢書的出版，標誌著中國文化史的研究發展到了一個新的階段。

　　中國文化史的研究之所以於二十世紀二〇年代後蔚為風氣，並非偶然，至少可以指出以下的原因：

　　其一，是近代中西文化問題論爭深化的必然結果。經五四後，中西文化問題的論爭不僅日益激烈，且愈趨深化。歐戰慘絕人寰，創深痛巨，引發了世界範圍內的反省西方文化的思潮。與此相應，國人相信西方文化必有所短，中國文化自有所長，因而要求重新審視固有文化。為此，探討中國文化的發生發展史自然便成了當務之急。張蔭麟說：「文化是一發展的歷程。它的個性表現在它的全部『發生史』裡。所以比較兩個文化，應當就是比較兩個文化的發生史。」[13]柳詒徵的《中國文化史·緒論》則強調該書的旨趣，即在於回答：「中國文化為何？中

12　《史地界消息·歷史類（一）〈研求國史方法之宣導〉》，《史地學報》第 3 卷第 1、第 2 合期，1924。
13　《論中西文化的差異》，參見張雲台編：《張蔭麟文集》，北京，教育科學出版社，1993。

國文化何在？中國文化異於印、歐者何在？」而錢穆在《中國文化導論・弁言》中，說得更加明確：

> 中國文化，表現在中國已往全部歷史過程中，除卻歷史，無從談文化。……我們應在歷史進程之全時期中，求其體段，尋其態勢，看他如何配搭組織，再看他如何動進向前，庶乎對於整個文化精神有較客觀，較平允之估計與認識。[14]

很顯然，這就是明確地提出了，要正確認識中西文化，必須重視中國文化史的研究。

其二，借文化史振奮民族精神，謀國家復興。二十世紀三〇至四〇年代正是中國遭受日本帝國主義的野蠻侵略，民族危亡喚醒全民抗戰和謀國家復興的慷慨悲壯的時代。愈來愈多的國人意識到了文化復興與民族復興的內在聯繫。康敬軒在《中國文化演進史觀・跋》中說：「念一年秋，予歸自歐洲，默察大勢，知欲救國家危亡，必先求民族之復興，而求民族之復興，必先求文化復興。」陳安仁《中國文化演進史觀・自序》也說，近世治國家學說者，皆謂土地、人民、主權是國家三要素，必得三者安全獨立，才是名副其實的國家。實則，即便三者盡得，「而文化不能獨立，亦遂足以當國家之名實乎」？帝國主義侵略弱國，不僅占有其土地、人民與主權，「尤且汲汲皇皇，以消滅弱小國家民族之文化，吁！可怖哉」。[15]需要指出的是，近代最早的中國文化史著述雖是出自日人之手，它們對於國人著述不乏借鑑的作用，但如一九〇三年出版的白河次郎、國府種德的《支那文明史》和一九二六年出版的高桑駒吉的《中國文化史》，其有意歪曲歷史和貶損中國文化，也是人所共見的。因此，編纂中國文化史，給國人以正確的民族文化教育，以振奮民族精神，史家責無旁貸。王德華《中國文化史略・敘例》因之強調說：

> 中國文化之評價各有不同，有謂為落後者，有謂為優美者，然不論其評價如何，中國人之應當瞭解中國文化，則無疑問，否則，吾族艱難奮鬥、努力創造之

---

14 錢穆：《中國文化導論・弁言》，北京，商務印書館，1994。
15 陳安仁：《中國文化演進史觀・自序》。

歷史，無由明瞭，而吾人之民族意識，即無由發生，民族精神即無由振起，晚近中國國勢不振，即由於文化教育之失敗所至。茲者國脈益危，不言復興則已，言復興，則非著重文化教育，振起民族精神不可。本書之作，意即在此。[16]

其三，新史學思潮影響的結果。十九世紀末二十世紀初，是西方史學新陳代謝的重要時期。傳統史學重政治史，而新史學思潮則要求擴大史學範圍，注意經濟、社會、思想、文化等領域的研究。巴勒克拉夫在《當代史學主要趨勢》一書中指出，「從蘭克時代到阿克頓時代，歷史學家們對於歷史學的主線是政治史這一點極少懷疑」，而經二十世紀二〇年代後馬克思主義唯物論和以狄爾泰為代表的相對主義史學思潮的衝擊，「歷史學的重點轉移到經濟、社會、文化、思想和心理等方面，歷史學家的工作範圍也相應地擴大了」。[17]西方史學思潮的此種變動，也強烈地影響到了中國。二十世紀二〇年代後馬克思主義唯物論在中國日益傳播，與此同時，作為歐洲相對主義史學衍生物的美國「新史學」，也傳入了中國。新史學派主要人物的代表作，如魯濱遜的《新史學》、巴恩斯的《史學史》、紹特威爾的《西洋史學史》等，於二十世紀二〇年代也相繼被譯成中文出版。新史學派同樣主張擴大史學範圍，加強對於經濟、社會及文化等領域的研究。何炳松在《新史學導言》中說：「舊日歷史家，又有偏重政治史的毛病。實則政治一端，哪能概括人類活動的全部呢？」[18]由於新史學派的理論是被當作代表了西方史學發展的最新趨勢的新理論，而加以宣傳與介紹的，故在當時的中國史學界產生了廣泛的影響。梁啟超、章太炎等人雖在二十世紀初即有研究文化史的初步主張，但僅是少數人的先知先覺；二十世紀二〇年代後，因受新史學思潮的廣泛影響，中國史學家要求擴大治史範圍，注重經濟、社會和文化史研究實已成為時尚。所以柳詒徵《中國文化史·緒論》指出：

世恒病吾國史書為皇帝家譜，不能表示民族社會變遷進步之狀況，實則民族社會之史料，觸處皆是，徒以浩穰無紀，讀者不能博觀而約取，遂疑吾國所謂史

---

16 王德華：《中國文化史略·敘例》，南京，正中書局，1942。
17 [英]巴勒克拉夫：《當代史學主要趨勢》，13、14頁，上海，上海譯文出版社，1987。
18 何炳松：《何炳松論文集》，51頁，北京，商務印書館，1990。

者，不過如坊肆《綱鑑》之類，止有帝王嬗代及武人相斫之事，舉凡教學、文藝、社會、風俗以至經濟、生活、物產、建築、圖畫、雕刻之類，舉無可稽。吾書欲去此惑，故於帝王朝代，國家戰伐，多從刪略，惟就民族全體之精神所表現者，廣搜而列舉之。[19]

顧康伯《中國文化史·自序》同樣強調說：

歷史之功用，在考究其文化耳。顧吾國所謂歷史，不外記歷朝之治亂興亡，而於文化進退之際，概不注意，致外人動譏吾為無史。二十四史者，二十四姓之家譜，斯言雖或過當，然吾國史家專為一朝一姓之奴隸，未始非缺憾也。[20]

此期的文化史研究不僅出版了一批成果，而且對文化史研究的方法論問題作了探索，提出了某些有益的見解：

（1）**分類與綜合**。以梁啟超為代表的一些學者主張文化史當分類研究。梁啟超的《中國歷史研究法補編》中有「文化專史及其做法」一章，其中說：「狹義的文化，譬如人體的精神，可依精神系發展的次第以求分類的方法。」文化是人類思想的結晶。思想的表現有宗教、哲學、史學、科學、文學、美學等等，「我們可一件一件的講下去」。[21]王雲五在《編纂中國文化史之研究》中也提出，以綜合方法編纂文化史，「其難益甚」，宜「就文化之全範圍」，區分若干科目，作系統詳盡敘述。如此，「分之為各科之專史，合之則為文化之全史」。[22]王治心的書即取名為《中國文化史類編》，內分經濟、風俗、學術思想、宗教倫理和藝術器物五類。作者在「緒論」中說：「這五個大綱，或者可以把整個的文化大約地包括起來。……合起來可以成全部的文化史，分開來也可以成為各自獨立的五種小史。」[23]但是，柳詒徵諸人不贊成分類而主綜合的研究方法。柳詒徵以為，分類的方法難以說明文化發展中複雜的歷史因果關係和表現「民族全體之精

---

19 柳詒徵：《中國文化史》上冊，7 頁，北京，中國大百科全書出版社，1988。
20 顧康伯：《中國文化史·自序》，上海，泰東圖書局，1924。
21 梁啟超：《飲冰室專集》之九十九，134 頁。
22 王雲五：《編纂中國文化史之研究》，北京，商務印書館，1937。
23 王治心：《中國文化史類編·緒論》，上海，作者書店，1943。

神」,「此縱斷之病也」。[24]何炳松則指出,分類縱斷的研究無法表現「某一時代中整個的文化狀況」,由此組合成的所謂文化史,「不是整個的;是死的,不是活的」。[25]應當說,柳詒徵等人主綜合的研究方法是對的,因為文化專史固然是必要的,但是中國文化史不應是各種專門史的簡單組合。

（2）**文化史的分期。**此期的研究者都將進化的觀點引入了文化史,強調要「注意動的研究方法,從歷史進化變遷的法則,說明社會演變,人類活動行為的影響」[26]。他們普遍注意到了中國文化史的分期問題,也反映了這一點。梁啟超不愧是文化史研究的創始者,他看到了文化史自身的發展規律,明確地提出了文化史的分期不應與政治史劃一的重要思想。[27]從宏觀上看,此期的研究者多以上古、中古、近世對中國文化史作長時段的區分;從微觀上看,則是超越王朝界限,力圖以文化發展的自身特點作中時段的區分。前者可以柳詒徵的《中國文化史》為例,它以遠古至兩漢為上古;魏晉至宋、元為中古;明至當代為近世,並依此分為三編,構建全書體例。柳詒徵寫道:

> 吾書凡分三編:第一編,自遠古以迄兩漢,是為吾國民族本其造之力,由部落而建設國家,構成獨立之文化之時期;第二編,自東漢以迄明季,是為印度文化輸入吾國,與吾國固有文化由牴牾而融合之時期;第三編,自明季迄今日,是為中印兩種文化已就衰,而遠西之學術、思想、宗教、政法以次輸入,相激相蕩而卒相合之時期。此三期者,初無截然劃分之界限,特就其蟬聯蛻化之際,略分畛畔,以便尋繹。[28]

後者可以常乃德的《中國文化小史》為例,它分中國文化史為八期:

> 自太古至西周的宗法時期;春秋戰國時代的宗法社會破裂後文化自由發展的時期;秦漢兩代統一安定的向外發展的時期;魏晉朝民族移徙印度新文化輸入的

---

24 柳詒徵:《中國文化史》上冊,「弁言」及「緒論」。
25 何炳松:《何炳松論文集》,148頁。
26 陳安仁:《中國文化演進史觀‧緒論》。
27 梁啟超:《飲冰室專集》之九十九,172頁。
28 柳詒徵:《中國文化史》上冊,1頁。

時期；隋唐兩代民族同化成功新文化出現的時期；晚唐五代宋朝民族能力萎縮保守思想成熟的時期；元明清三朝與西方文化接觸逐漸蛻化的時期；晚清以至今日大革新的時期。[29]

他們的上述分期是否科學，可不置論；重要在於，他們都力圖從中外文化融合和中國文化發展變化的大勢上，考量中國文化史的分期，無疑都表現出了可貴的新思維。

（3）唯物史觀的運用。儘管此期的多數研究者並未接受唯物史觀，但是畢竟有部分學者已開始嘗試和倡導運用唯物史觀研究中國文化史。例如，陳竺同的《中國文化史略》說：「社會生產，包含著生產力與生產關係。這本小冊子是著重於生產力去分析文化的進程。」[30]陳安仁的《中國文化演進史觀》也強調，一國的經濟「與一國的文化進程，有密切的關係，重大的影響」。作者進而引德國學者的話說：「無論如何，唯物史論包含一個大真理，植物賴其所生地的肥料而生長，繁殖開發，同樣道理，可知食物根源的擴張（如由農業），生產方法的進步（如因資本主義的制度），工藝上的文明（如鐵路、省勞動的機器等等），對於文化發達發生的影響，遠勝於道德教訓、宣講書籍、藝術品、哲學系統。」儘管經濟並非影響文化發展的唯一因素，「但就一切社會學的現象看起來，經濟唯是有大影響於文化發達的」。[31]固然，這些研究者對於唯物史觀的理解與把握，尚屬粗淺，故其於文化史現象的分析一時也難以避免簡單化的傾向。

二十世紀上半葉的中國文化史研究儘管取得了明顯的成就，但終究屬於發軔期，粗獷有餘而精密不足。二十世紀三〇年代初，朱謙之著《文化哲學》一書，以為已有文化史研究的不足，在於普遍缺乏理論基礎；與此同時，陳寅恪也指出，「以往研究文化史有二失」：舊派「其缺點是只有死材料而沒有解釋」，失之在「滯」；新派多留學生，喜歡照搬外國理論，其書有解釋，「看上去似很有條

---

29 常乃德：《中國文化小史》第 1 章，上海，中華書局，1928。
30 陳竺同：《中國文化史略》，144 頁，上海，文光書店，1948。
31 陳安仁：《中國文化演進史觀》，61 頁。

理，然甚危險」，失之在「誣」。[32]二者的批評有相通之處，頗能中其肯綮。

遺憾的是，新中國成立後，除了如文學、藝術、史學、哲學等具體的部門文化史的研究還在繼續外，文化史作為一個獨立的學科，在長達近三十年的時間裏，實陷於中斷。這主要是受「左」的思潮影響，視文化史為資產階級唯心論的淵藪而加以簡單否定的結果。

中國文化史研究枯木逢春，其根本轉機在二十世紀七〇年代末。一九七八年黨的十一屆三中全會確立了改革開放的路線後，國人得脫「左」的羈縶，百業發抒。與此相應，中國文化史研究與「文化熱」同時升溫，尤其是進入八〇年代後，更似春潮勃發，迅速蔚為大觀：報刊上就中國傳統文化的優劣展開長時間激烈的爭論；文化史研究的專門機構在許多高校和科研單位先後建立了起來；專門的學術團體、期刊出現了；國際國內的或地方的相關學術討論會，每年都在舉行；文化史不僅進入了高校的課堂，而且成為研究生培養的重要研究方向。這場文化和文化史「熱」，其持續時間之長，影響範圍之廣，為新中國成立以來所僅見，以至於我們迄今都可以感受到它。

自二十世紀七〇年代末以來，文化史研究取得了豐碩的成果，已出版的著作為數十分可觀。馮天瑜等的《中華文化史》、陰法魯等的《中國古代文化史》、劉蕙孫的《中國文化史稿》等，是有影響的通史性的著作；萬繩楠的《魏晉南北朝文化史》、龔書鐸主編的《中國近代文化概論》、史全生主編的《中華民國文化史》等，則是斷代史方面有代表性的著作。此外，有關區域文化史、專題文化史、少數民族文化史、中外文化交流史等方面的著作，為數最多，更不乏精品佳構。此期的中國文化史研究，無論從品質與數量上看，還是從涉及領域的廣度與深度上看，均非二十世紀上半葉的研究所能同日而語。

一定的文化是一定社會的政治和經濟的反映，又給予偉大影響和作用於一定社會的政治和經濟。二十世紀七〇年代末以來，文化及文化史的研究之所以得以

---

32 蔣天樞：《陳寅恪先生編年事輯》，222 頁，上海，上海古籍出版社，1997。

復蘇乃至於勃興，歸根結柢，是中國揭出了實現現代化的時代主題和社會醞釀著轉型的產物。所謂現代化，不是孤立的社會目標，對於一個國家和民族來說，它意味著自身整個文化的現代化。就中國而言，文化的現代化不應也不可能是全盤西化，它只能是傳統文化的現代化。為此，去除糟粕，繼承和弘揚中華民族優秀的文化傳統，實現傳統文化的內在超越，便成了中國現代化課題中的應有之義。「中國文化，表現在中國已往全部歷史過程中，除卻歷史，無從談文化。」也因是之故，欲解答現實中的文化問題，便不能不去請教歷史。不僅如此，中國的現代化事業任重道遠，它需要不斷增強民族的凝聚力、認同感，中國文化史研究恰恰可以高揚愛國主義，為之提供無可替代的民族精神的支柱。很顯然，二十世紀末，國人重新發現了中國文化史的價值，這是完全合乎邏輯的。當然，思想既經解放，學術研究無禁區，文化史這塊長期荒蕪卻又遼闊而肥沃的學術園地，自然會吸引來眾多拓荒者。這即是說，中國文化史學科自身發展的強勁內驅力，也是不容忽視的。要言之，此期中國文化史研究復蘇的原因與二十世紀二〇至三〇年代肇端的原因，一脈相承，只是因時代條件的差異而表現出愈加斑斕的特色罷了。

同時，也應當看到，此期的中國文化史研究雖然成就斐然，超過了前期，但它在更高的層面上並沒有完全解決前期業已提出的問題，而且面臨著新的分歧。例如，柳詒徵等人早已提出，中國文化史應是綜合的，不應是專門史的組合，這在今天雖成共識，但究竟應怎樣實現綜合，當年的柳詒徵等人在實踐上並未解決，今天我們也仍然處於摸索的過程中。文化概念的界定依然莫衷一是，此不待言；但是，如今文化史的界定本身也成了爭論的問題。此外，朱謙之曾提出文化史研究的理論基礎問題，應當說，迄今足以表現中國氣派的文化學理論，尚未見之。從西方引入的各種文化學理論為數雖多，但有經久生命力的學說也不多見。陳寅恪所說的失之於「滯」的舊派學者固然不存在了，但他對於失之於「誣」的新派學風的批評，卻不能說已無現實的意義。

學術的本質在於發現問題，追求真理。從這個意義上說，上述的現象是正常的，它反映了學術研究無止境和學術研究的艱辛。但是，重要的一點是，不應沉湎於概念的爭論而停止了實踐的探索。蘇聯的學者說得對：「如果只集中注意力

去制定一個什麼是文化，什麼是它的研究對象的準確的、完善無缺的定義，再開始研究俄國文化史未必是合適的。」[33]唯其如此，我們以為在學術界已有的研究基礎上，編纂一部多卷本的《中國文化通史》，不僅已具備了必要的條件，而且其本身即是一種有益的探索。

三、中國文化史發展脈絡

任何事物的發展過程，都因受其根本矛盾在不同發展階段上的具體展開形式的制約，從而顯現出階段性來。「如果人們不去注意事物發展過程中的階段性，人們就不能適當地處理事物的矛盾。」[34]因之，注意事物發展過程中的階段性，對於正確認識事物具有十分重要的意義。實則，馬克思主義唯物史觀從來便重視人類社會歷史的階段性發展，馬克思曾指出，生產關係是隨著生產力的發展變化而變化和改變的。生產關係的總和構成了「一定歷史發展階段上」和「具有獨特的特徵」的所謂社會。「古代社會、封建社會和資產階級社會都是這樣的生產關係的總和，而其中每一個生產關係的總和同時又標誌著人類歷史發展中的一個特殊階段。」[35]

緣是可知，欲理解中國文化史，注意其發展過程中的階段性，同樣是十分重要的。

中國文化史是中國通史的一部分，但其分期應有其自身的根據，而不能強求與政治史或經濟史相一致。固然，一定的文化是一定社會的政治與經濟在觀念形態上的反映，但是，此種反映絕非逕情直遂的，而是通過複雜的仲介層面實現的。因之，二者的關係不能等同於物質與精神的關係，以為政治經濟是第一性的，文化是第二性，是政治經濟的派生物。事實上，文化自身有很強的傳承性和

33 轉引自莊錫昌等編：《多維視野中的文化理論》，383 頁。
34 《毛澤東選集》第 1 卷，314 頁，北京，人民出版社，1991。
35 《馬克思恩格斯選集》第 1 卷，345 頁，北京，人民出版社，1995。

相對的獨立性。從人類歷史上看，精神文明並不總是與物質文明同步。如古希臘的生產力並不發達，但卻創造了燦爛的古希臘文明；在歐洲歷史上，德國曾長期是經濟上落後的國家，但這並不影響它時常占據歐洲文化交響樂團中第一提琴手的位置。同樣，春秋戰國時代是中國歷史的童年，物質文明水平不高，但它卻是中國文化發展史上的一個巨人輩出的黃金時代；宋代國勢屢弱，但人多公認宋代是中國古代文化發展史上的又一個高峰期。陳寅恪甚至這樣說：「華夏民族之文化，歷數千載之演進，造極於趙宋之世。」[36]

中國文化史的分期，當考慮到以下幾種因素：

其一，中外文化的關係。中國文化的發展不是孤立的，在歷史上中國文化曾廣泛吸納了域外文化，其中尤其是東漢後傳入的印度佛教，深刻地影響了中國文化的發展。而鴉片戰爭以後，西學東漸更是有力地衝擊了中國文化，促使其解紐、轉型和近代化。中國文化的發展包含著外來文化的基因，後者提供了重要的內驅力，這是不容忽視的歷史現象。

其二，民族與文化的關係。中國文化的起源是多元的。漢唐之際中國文化進入了發抒的重要時期，其間以漢族為主體的多民族的大融合，同樣深刻地影響了中國文化的發展。故陳寅恪曾反覆強調指出：必須明白民族與文化的關係，「始可與言吾國中古文化史」[37]。實則，與言中國中古以後的文化史，也依然不容忽視民族與文化的關係。這只須指出蒙古族與滿族曾先後入主中原，分別建立了元朝與清朝，有力地影響了中國文化的發展，就足以說明這一點。正是從這個意義上說，中華民族的形成與發展和中國文化的源起與發展是互為表裡、相輔相成的。

其三，社會形態與文化形態的關係。馬克思主義指出，一定生產關係的總和構成了人類社會發展一定階段上具有獨特特徵的所謂社會，即形成了一定的社會形態，如古代社會、封建社會和資本主義社會等。文化的發展雖然並不總是與政

---

36 陳寅恪：《鄧廣銘宋史職官志考證序》，《金明館叢稿二編》，上海，上海古籍出版社，1980。
37 陳寅恪：《寒柳堂集》，33 頁，上海，上海古籍出版社，1980。

治經濟的發展亦步亦趨，但是，歸根結柢，文化的發展又總是與一定的生產方式所構成的社會經濟基礎相適應的，即一定的文化形態適應於所由產生的一定的社會形態。所以，有所謂古代社會文化、封建社會文化和資本主義社會文化等的分際。這是具有普遍意義的唯物論的觀點。

緣此，從文化的性質和中外文化關係的發展態勢上，學術界對中國文化史曾有以下兩種長時段的分期：

（1）自遠古迄西周[38]，屬古代社會的文化；自西周迄明清，屬封建社會的文化；自鴉片戰爭以降迄新中國建立，屬半殖民地半封建社會時期的近代文化。

（2）自遠古迄漢代，是為中國文化獨立形成與發展的時期；自漢代迄明末，是為中國文化積極吸納域外文化，尤其是印度佛教，從而使自身得到不斷豐富與發展的時期；自明末迄新中國建立前，是為西方文化漸次傳入，中西文化相激相盪終相融合和中國傳統文化向近代文化轉型的時期。[39]

上述兩種分期，視角不同，實質是一致的，即都注意到了中國文化的階段性發展，但略顯疏闊。依上述理路，中國文化史的發展大勢，還可以進一步大致分成六個時期：先秦；秦漢；魏晉南北朝至隋唐五代；遼宋西夏金元；明清（前期）；近代。茲分述如下：

第一個時期，先秦。

這是中國文化的孕育、化成時期，也是中國文化的奠基期和第一個高潮期。先秦文化的集成奠定了中國文化博大精深的基礎，給中國文化的發展開拓了廣闊的道路。所謂的中國文化傳統，就是從這個時期發軔、源起。

先秦文化的積澱經歷了漫長的歷史時期。從一百七十萬年前元謀猿人開始，中華民族的祖先經歷了直立人、早期智人（古人）、晚期智人（新人）到現代人

---

38 中國古代史分期問題，學術界存在爭論。這裡以西周封建說舉例。
39 參見柳詒徵：《中國文化史》上冊，1 頁。

的演進，度過了舊石器時代、中石器時代、新石器時代，通過原始人群、母系氏族社會、父系氏族社會，進入了階級社會的門檻。這標誌著他們已經艱難地越過了蒙昧、野蠻而迎來了文明的曙光。中國大地的文明曙光，最早是以滿天星斗式的多元發生為特點的。遠在新石器時代的後期，中國廣大的區域內，即已經形成了若干初級文明的文化區域：陝晉豫文化區、山東文化區、湖北文化區、長江下游文化區、鄱陽湖——珠江流域文化區、遼西河套文化區。這些不同區域的文化不斷地積累、發展、碰撞，最後通過在中原地區的交匯、融合，完成了中國古代從野蠻到文明、從量變到質變的轉變，建立起中國歷史上第一個文明國家王朝——夏。

中國古代是在基本上沒有改變氏族結構的情況下進入階級社會的，因而它在政治制度的架構上還保留著氏族社會的許多特點。夏王朝基本上還是氏族方國聯盟的王朝，王權通過巫術神權去體現，其思想文化還帶有強烈的氏族觀念和宗教神權的巫術特徵，人們的思想意志，歸根結柢，要以神的意志為轉移。

商代是神權政治的極盛時期。商王國政治地理相對狹窄與它統治區域廣大的矛盾和以子姓為主的家族統治集團與外服異姓方國的矛盾，促使商的國家宗教愈來愈向強化神權、王權的方向發展。商代的巫術神權無所不包，其思想、文化、藝術無不帶有典型的溝通人神的神話或巫術的意義。

殷商以一味迷信天命走向殘暴導致了國家的滅亡。周初「封建親戚」，在「因於殷禮」的基礎上，吸收殷亡國的教訓，制定了以敬天保民、明德慎罰為主導思想的禮樂文化，完善周王朝的上層建築。這是中國古代神權思想解放、理性文化思想形成的第一步。

禮樂文化的思想基礎是「德」。周人強調「敬德」，強調用人力、人的道德保有「天命」即掌握政權，主張用體現國家制度、人倫行為準則和道德規範的「禮」來穩定社會的等級秩序；用「樂」來引導人們在遵守等級秩序的前提下的親和。這是商周之際統治思想也是文化思想的重大變化。它孕育和涵蓋的「人治」理性精神和一統「和合」精神，對中華民族和大一統國家的形成都有不可磨滅的指導意義。

春秋時期，王室衰微，諸侯爭霸。新型的君主專制國家和郡縣制的發展，使處於幾個不同文化區域的爭霸大國逐漸形成幾個不同的政治文化中心。宗法制度的崩潰，「學在官府」的局面被打破，私學的發展，推動了學術文化的普及和文化思潮的發展。急劇動盪的社會變革，戎狄蠻夷和華夏融合，農業、工商業、科學技術的發展，激發了思想家們對面臨的各種現實問題如天人關係、君臣關係、君民關係、華夷關係以及忠孝、仁義等思想倫理學說的探討。由此，隨著爭霸各國為了富國強兵而進行的政治、經濟、文化變革，不同的政治主張競相揭出，不同流派的私家講學和各成一家之言的私人著述逐漸發展。儒墨顯學之爭已揭開了文化爭鳴的序幕。

　　戰國以後，新成長起來居於統治地位的地主階級處在統一中國的激戰之中，他們希望從思想家那裡吸取新的學說和營養，禮賢下士成風，學術政策寬容，為士人衝破舊思想的束縛，探求創作新的思想創造了極為有利的政治環境和生活環境，促使不同觀點的各種著作如雨後春筍般湧現，儒、道、陰陽、法、名、墨、縱橫、雜、農、小說諸家紛然並存，相互駁難，形成了錯綜複雜、生動活潑的百家爭鳴局面。

　　百家爭鳴是華夏各民族文化積澱的結果，也是春秋戰國時期諸多思想家智慧的結晶。百家爭鳴的出現，標誌著華夏文化的成熟和發展，標誌著中國古代理性文化已經達到了博大的、難以攀登的高峰。它的出現，不僅為統一的多民族的國家的出現奠定了思想和文化的基礎，也為中國幾千年的政治文化的發展奠定了基礎。兩千多年來，歷史上的許多思想都可以從戰國諸子的學說中找到源頭，甚至今天社會科學的許多問題，我們也可以或多或少地從諸子那裡發現頭緒。

　　第二個時期，秦漢。

　　這是中國文化的成長時期。此期以封建經濟政治制度為基礎，以漢民族形成和各民族交往的加強為背景，確立了以儒家思想為核心的多民族統一的文化格局。這樣的格局一直延續到了有清一代。

　　秦皇朝建立起空前統一的大一統政權，為思想文化的統一提供了必要的條

件。秦始皇堅持法家路線，力圖構建起服務於大一統政治的以文化專制主義為特色的文化體系。他的努力沒有成功，強制性的文化統一沒有產生與封建政治共同發展的結果。

經過多年的探索，儒家思想最適應封建政治的需要，漸成政治家們的共識。漢武帝順應歷史發展的客觀需要，確立「罷黜百家，獨尊儒術」的國策，將儒家經學正式確定為官學，以政權力量樹立起儒家的權威。在解決漢代遇到的一系列重大歷史與現實問題方面，儒家思想充分顯示出它的理論力量。在儒家思想指導下，漢武帝在政權建設和鞏固多民族統一國家方面努力開拓進取，擴大了封建大一統政權的政治影響。通西域和開發西南，使西北、西南各少數民族加強了與內地的聯繫，以儒家思想為核心，封建多民族統一的文化格局逐步形成。其後，漢宣帝親自主持召開石渠閣會議，以皇帝兼宗師、教主身分裁決五經異同，這是以皇權專制的儒學形式進一步控制思想的標誌。宣帝開始注意用符瑞粉飾政治，在白虎觀召開經學會議，形成封建社會的法典性文獻——《白虎通義》，儒家政治倫理原則在社會得到全面落實。

儒家統領文化的格局確立後，哲學、史學、文學、教育、科學技術以至社會風俗等各文化領域，日益浸潤著儒家思想的影響。封建大一統文化表現出了巨大的創造力量，但是，與此同時，其高度一統的負面效應也開始顯露出來，對當時和以後的中國文化發展產生了消極的影響。

第三個時期，魏晉南北朝至隋唐五代。

這是中國文化發展的第二個高峰期。從魏晉南北朝開始，中國文化結構經歷了一次更新和充實的過程，到隋唐五代時期終於發展到了光輝燦爛的階段。

兩漢時期神學化的儒學長期處於獨尊的地位。然而，從漢末起，社會環境的巨變以及自身方面的原因使得儒學式微。以玄學為先導的多種文化因素競生並長，不但一變百草蕭疏而為萬木爭榮，而且也為道教從原始幼稚走向完備成熟、佛教在中國站穩腳跟並得到迅速發展，掃清了道路。經過不斷的調整組合，到南北朝後期，儒釋道三家並立主導文化的格局初步形成。魏晉南北朝時期，各族人

口的頻繁流動與接觸，使得異質性十分鮮明的胡漢兩種文化間的衝突與融合，不可避免。入主中原的胡人在被漢文化涵化融合的同時，也為漢人注入了胡文化的新鮮活力。在南北交往過程中，文化的進步逐漸泯沒了民族隔閡，中華文明在登上一層新的臺階後，終於進一步實現了在根基方面的趨同。然而，由於長期分裂隔絕，又使得南北文化的地域特徵明顯存在。南人善創新，北人重傳統；南人重文，北人尚武；南人學問清通簡要，北人學問淵綜博廣，凡此種種，都是這一時期南北文化趨異性的表現形式。

隋唐五代的文化總結和繼承了前代的成果，同時，又以博大的胸懷、恢弘的氣勢，吸收了當時域內外各民族文化的精華，造就了此期各部門文化的大發展，從而形成中國文化發展史上的一座新高峰。隋唐統治者確立了以儒學為正宗、三教並存主導文化的格局，同時注意對南北文化差異進行溝通，並對胡漢文化採取了兼容並包的政策。到開元、天寶年間，終成盛唐氣象，哲學、宗教、文學、藝術、科技等的文化天空，群星燦爛，湧現出了一大批包括李白、杜甫等在內的文化巨匠。唐中後期的文化則在多元的、深層次的發展過程中，又開始了結構上的局部調整，經五代的發展，為宋代文化的再度高漲奠定了基礎。

第四個時期，遼宋西夏金元。

這是中國文化發展的第三個高峰期。此期漢族政權與周邊少數民族政權多元並存，及其由紛爭歸趨統一的歷史走向，深刻地影響了中國文化的發展。

北宋建立後，採取措施加強了皇權專制主義統治。但是，北宋統一的範圍有限，與漢唐規模不能相比；右文政策帶來了文化的興盛，另一方面，文化鬥爭與政壇上黨爭交織，政局動盪不定。北宋兩次重大的改革慶曆新政與王安石變法，沒有收到應有的成效。南宋高孝光寧四朝是所謂的「中興四朝」，南宋孝宗等一度起用抗金人士，但一遇挫折，便失信心。加之奸相把持大權，朝政腐敗已極，「中興」難再。動盪不定的政局給文化帶來新的特點。

兩宋的經濟有了較大的發展，客戶與主戶關係表明封建生產關係的新發展，地主階級各個階層中，占支配地位的是品官地主，這與身分性很強的門閥地主不

同。商品經濟發達，超過前代，汴京、臨安、大都等一些大都市出現了。中國經濟重心南移在南宋完成，地區特徵的經濟形成，使得文化分布呈現了新的格局。

遼、西夏、金與元不斷進行改革，推動中國周邊地區封建化。在中原地區的漢文化深刻影響下，雅好儒學文化成為一種風尚；同時，更值得注意的是，此期塞外遊牧民族的草原文化與中原農業文化相互匯合，相互補充，相互吸收，浸成了以漢文化為核心的多樣性文化。程朱理學地位在南宋後期不斷上升，到了元朝才成為占統治地位的學術，影響封建社會後期的政治、社會生活的各個層面。

宋代文化在中國文化史上占有特殊重要的地位。元朝文化是宋代文化的延長，只是帶上恢弘與粗獷的特點。

宋元文化上的一個十分突出的方面，是人文精神的出現。兩宋文化體現出的是一種開闊的視野與清醒意識。學者疑古惑經，突破疏不破注治經的藩籬，表現了「變古」的精神和文化批判的勇氣。都市文化的崛起，則是反映了新興的市井百民對精神文化的需求，表現了他們的情感與思想。

宋元文化核心是理學。它強調萬物一理，理一分殊，天理支配宇宙變動、歷史興衰和人事得失。原有的儒學得到一次更新、改造，經歷了一次抽象、昇華。隨著理學成為占統治地位的學說，成為教條，原先學術上活潑、富有創造的活力消失了。在這樣的土壤裡，人文精神不可能得到進一步發育。

宋元文化中民族觀念的內涵，有了新的因子，體現出民族起源的認同感，反映民族凝聚力不斷增強。遼、金史書中認定自己是黃帝、炎帝的子孫，遼、金人主如遼聖宗、金世宗，即使是金海王，都努力學習漢文化，力圖從《貞觀政要》、《新唐書》等典籍中，吸取經驗。元人修宋、遼、金三史，在正統問題上，長期爭論不下，最後決定各與正統，寫成三部史書。這件事本身體現出民族觀念的新發展。

包括科技在內的宋元文化極其燦爛輝煌，對十至十四世紀的亞洲，乃至對世界，都有重大的影響。程朱理學為亞洲儒學圈的形成奠定了基礎。宋代人的指南針等科技的發明和傳播，影響到世界史的進程。同樣，此期外域文化的傳入，為

華夏文化注入了新的因素。

第五個時期，明清。

這是中國文化盛極而衰的遲暮期。中國封建社會由明代步入了晚期，專制制度發展到了極致，加劇了政治的衰朽與社會的矛盾；社會經濟的發展雖然達到了封建社會所能容納的高度，並醞釀著新舊的衝突和支撐了社會文化的幾度繁榮，但終屬夕陽殘照，中國封建社會的文化無法避免明日黃花的命運。

明代初期，統治者在政治上強化君主專制，在思想文化上，尊崇程朱理學，剿滅異端，大興文字獄，推行文化專制主義。這不僅造成了思想文化的沉寂，而且助長了以文學復古、擬古為代表的社會復古思潮。明代中期，社會經濟有了重要的發展，資本主義萌芽的顯露，預示著封建生產方式內在矛盾的深刻化，商品經濟因此出現了前所未有的活躍勢頭。緣是，封建統治稍稍鬆弛，思想文化領域呈現出一派生機。以「心」為本體，強調人的主體意識的陽明心學的崛起，打破了程朱理學的一統天下，促進了思想的解凍。從王艮到李贄的泰州學派發展了陽明學的積極因素，更具「異端」色彩。與此相應，主體意識覺醒和講求實學的思潮的湧動，為僵滯的社會生活、文學藝術創作與思想文化界，帶來了一股新鮮活潑的時代氣息，顯露出新舊衝突變動的徵兆。以李時珍的《本草綱目》、吳承恩的《西遊記》、徐光啟的《農政全書》等等為代表，文學、藝術、科技等領域都取得了重大成就。

明末耶穌會士東來，帶來了天文曆算等西洋的科學技術，傳達了西方文藝復興的資訊，中西文化發生了交匯與衝突。徐光啟、李之藻諸人積極迎受西學，並依稀感悟到了世界科技發展的主潮，提出了「先行會通，進而超勝」處理中西文化的正確思路。但遺憾的是，隨著朝代更迭，政局劇變，這一正確的思路被打斷了，中國歷史文化的發展，後來因此付出了沉重的代價。

清朝代明而興，開拓疆土，基本奠定了今天中國的疆域，有力地促進了中國多民族國家的鞏固和發展，同時也促進了各民族間文化的多元融合。清前期，經濟繁榮，國力強盛，出現了中國封建社會歷史上新的治世和高峰。以此為依託，

「康乾盛世」也成了中國文化集大成的重要時期。《古今圖書集成》、《四庫全書》，卷帙浩繁，氣勢宏大，是中國文化遺產的總匯；乾嘉學派研究儒家經典，考其真偽，正其訛誤，辨其音義，校勘異同，在治經、考史、文字、聲韻、曆算、地理、金石等諸多方面都取得了很高的成就；在文學藝術方面，《紅樓夢》是古典小說的極品，《長生殿》、《桃花扇》等，則成為戲曲發展新的里程碑。

但是，封建社會畢竟日薄西山，故清代文化實為一種爛熟的文化，輝煌與衰朽並存，集大成與僵滯共生。統治者不僅推尊理學，加強君主專制，而且較明代更加殘酷地推行文字獄。「避席畏聞文字獄，著書只為稻粱謀。」這嚴重束縛了思想文化的發展。理學空疏，漢學破碎，終於導致了士習敗壞，實學消沉，「萬馬齊喑究可哀」的局面。同時，自雍正後，統治者實行閉關鎖國的政策，中西文化交匯之道阻，中國脫離世界文化發展的主潮，陷入了孤陋寡聞的境地。

清代中期，漸入「衰世」。內有民眾起義，外有西方侵略勢力頻頻叩關，社會險象環生，「山雨欲來風滿樓」。封建專制的控制力也因之削弱。嘉道間，經世思潮浸浸而起。以常州學派為代表，有識之士因經學飾政論，「更法」、「求變」之聲漸起。但清朝統治者顢頇昏聵，不到鴉片戰爭的大炮轟鳴，不肯睜眼看世界。

第六個時期，近代。

這是中國文化轉型和謀求復興的時期。一八四〇年的鴉片戰爭不僅是中國社會歷史發展的轉捩點，而且也是中國文化發展的轉捩點。鴉片戰爭後，由於西方列強的入侵和中國社會內部資本主義因素的增長，中國傳統社會開始瓦解，走上了半殖民地半封建的道路，中國文化也發生了從古代向近代的轉變。

鴉片戰爭時期林則徐、魏源提出了「師夷長技以制夷」的主張，在舊思想的防堤上打開了一個缺口。第二次鴉片戰爭以後，隨著洋務運動的開展，中國社會出現了新的文化因素，西方自然科學的引進，新式學堂的創立，早期改良思想的出現，為中國近代資本主義文化的形成準備了條件。為了適應新形勢的需要，儒學思想體系作了新的調整，洋務派因之提出了「中體西用」的思想主張，即要求

在不改變封建綱常名教的前提下，吸收西方的「富強之術」。這比封建守舊派的「天不變，道亦不變」的觀點進了一步。總之，十九世紀四〇至九〇年代，中國文化領域的基本特徵是：器唯求新，道唯求舊。

甲午戰後，中國文化領域發生了重大的變化：近代文化事業有了較大的發展，新型知識份子開始形成與壯大。在空前嚴重的民族危機的刺激下，新興資產階級登上了政治舞臺，推動了近代新文化的形成和發展。「詩界革命」、「小說界革命」、「戲劇改良」、「史界革命」、「軍國民教育」、「科學救國」、「教育救國」、「文學救國」、「實業救國」等等口號的接連提出，是資產階級新文化崛起的重要表徵，構成了晚清文化領域發生重大變革的壯麗畫卷。文化的變遷不僅表現為部門文化的拓展，更主要的還表現為中國文化結構的變動，孔孟儒學及封建綱常名教受到了新思潮新文化的衝擊而動搖，西方的進化論、民權學說漸為國人所接受，成為進步階級反對舊文化的思想武器和資產階級新文化的思想指導。尤其是晚清最後十年，隨著社會變革的加劇，以及資產階級維新派、革命派的推動，近代新文化的影響不斷擴大，終至成為文化的主潮。

中華民國的建立，尤其是二十世紀初年中國民族資本主義的進一步發展和新生的無產階級開始登上政治舞臺，為中國文化的演進創造了新的條件。此期中西文化的衝撞與融合，愈趨深化。國人通過自身能動的選擇和積極的創新，使中國的新文化在各個領域都獲得了巨大的發展，從而奠定了從傳統向現代轉型的基礎。

五四新文化運動是此期文化演進的一大關鍵。經過它的洗禮，科學和民主作為一種有機聯繫的觀念，成為中國文化追求的價值目標，滲透到所有重要的文化領域，對中國文化的發展產生了深遠的影響。可以說，正是在這一時期，中國文化最終形成了自己真正現代意義上的科學和民主的傳統。

五四以前，近代資產階級的新文化代表著文化發展的方向，主導著文化的潮流。五四以後，馬克思主義在中國得到廣泛傳播，以之為指導的新民主主義文化開始形成，並通過與封建主義文化和帝國主義文化的鬥爭，逐漸成為中國文化發展的主流。新民主主義文化繼承和發展了科學和民主精神，使中國文化實現了內

在的超越，中國人從此在思想文化上一改晚清以來的被動局面，轉為主動，中國文化也由此邁向了衰而復興的新歷程。

現代自然科學和社會科學在中國初步形成了自己獨立的體系；白話文取代文言文成為通行的語言文字等，堪稱此期具有劃時代意義的重大變革。它為中國文化的發展開闢了新的領域和道路，在內容與形式上都深刻地體現了文化的現代性追求。

民族主義激情和愛國主義精神，是促進此期文化由傳統向現代變革的巨大動力。而中西文化的會通融合，即西方文化中國化、中國文化現代化，則是實現此種轉換唯一正確的途徑。揭櫫建設「民族的科學的大眾的文化」大旗的新民主主義文化，正是當時人們會通中西文化的最佳方案。不過，因歷史的原因，這一文化形態當時還不可能發展成熟。

四、中國文化的特質

《易‧賁卦‧彖》：「文明以止，人文也。」文明或文化作為人類一定社會歷史條件下的產物，不能不受特定的地理、人種及歷史傳統諸多因素的影響，而具有一定的民族特質。中國文化的特質，至少可以指出以下幾點：

（一）中國文化源於中華民族獨立的創造，具有獨創性

二十世紀初，一些西方學者無視中國文化自身的傳統，曾認定中國文化最早是由西方傳來的。一時不少中國學者也隨聲附和，有人甚至專門寫了《中國人種考》一書，表示認同。中國人種既是來自西方，中華文化當然也是源自西方了。這是當時一些人崇信西洋文化和民族自卑心理的一種反映。新中國成立後，中國的考古研究完全證實了「中國人種西來」說，原屬無稽之談。一九九八年考古工作者在巫山縣龍骨坡發現的距今二百萬年前的古人類遺址表明，中國很可能是地

球上早期人類的發源地之一，更說明了這一點。[40]實則，中國人種的起源與中國文化的起源，是兩個概念。儘管科學界對於前者尚存歧見，但是，中國文化源於中華民族獨立的創造，卻是無可非議的。研究表明，中國史前文化譜系的分布及其趨同發展和最終導入古代文明的過程，層次分明，脈絡清晰。在這漫長的歷史演進中，中國境內各文化譜系有過相互間的關係與影響，但並沒有發現與遙遠的境外文化有過經常的密切聯繫。中國與外來文化的交流，始於漢代，但當時的中國古代文化早已完全形成了。[41]這與中國文化賴以形成的地理環境有關。從宏觀上看，中國本身是一個巨大的地理單元。這裡東臨浩瀚的太平洋，西部、北部、南部分別被茫茫戈壁和險惡的高原峻嶺所阻隔，形成了與外部世界相對隔絕的狀態。而內部又極廣闊，氣候濕潤，物產豐饒。這種狀況決定了中國文化起源的獨創性，決定了它在很長的時期裡只能走著獨立發展的道路，而與鄰近地區史前文化的聯繫只能維持在較低的水平上。這與羅馬文化主要靠吸收希臘文化成長起來，印度古文化主要仰仗外來民族的創造，是大不相同的。

中國文化的起源是多元的。如前所述，遠在新石器時代的晚期，中國廣大的區域內，即已形成了若干初級文明的文化區域，猶如滿天星斗。不同區域文化的積累、孕育、碰撞和在中原地區的交匯、融合，促進中國古代首先在中原地區完成了由野蠻到文明，從量變到質變的轉變，建立起中國歷史上第一個文明國家的王朝——夏，也奠定了華夏民族形成的基礎。雖然此後黃河流域在歷史發展的進程中，常常居於主導地位，但其他地區的古代文化也以各自的特點和途徑在發展、創造，並進一步接受和給予黃河流域以重大的影響。春秋戰國時期齊魯、三晉、楚、吳越、巴蜀、胡文化的交融、爭鳴而成為大一統文化的前奏是如此，秦漢、兩晉南北朝、唐宋時期，也是如此。平常我們所說的中國文化的包容性、涵化性，在其起源的多元性中業已體現了出來。

中國古代是在基本上沒有改變氏族結構的情況下進入階級社會的，因而中國

40 《200萬年前華夏大地有人類活動》，《光明日報》，1998-01-24。
41 參見嚴文明：《中國史前文化的統一性與多樣性》，《北京大學哲學社會科學優秀論文選》第 2 輯，北京，北京大學出版社，1988。

早期的國家在政治制度的架構上，這種人與人關係的變化決定社會關係變化，還保留著氏族社會的許多特點：家（族）國同構；經濟基礎是以木、石、骨、蚌生產工具為主的耜農業；統治思想更多的表現氏族觀念和宗教神權思想。這種家（族）國同構的政治組織形式和意識形態對中國古代社會的發展影響極大。商周時代的氏族封建、宗法封建社會，基本上還是家族、宗族和國家一體的宗法社會。秦漢以後的地主封建社會，雖然家族、國家已經不是一體的了，但仍然是一個人的「家天下」，而且整個社會族權、父權、夫權一直占統治地位，一直到現在還有影響。這是中國文化乃至中國社會的一個重要特點。

中國古代由野蠻進入文明的主要變化，是人與人之間關係的變化，即表現為氏族對氏族、人對人的壓迫、剝削，而人與自然的關係即生產工具、生產力的變化，並不明顯。因而中國文明很早就注重文化的「化成」即文化的整合和引導作用。以青銅冶鑄技術的發展為例，中國夏代已經有了比較發達的青銅冶鑄技術，然而此時發達的青銅冶鑄技術主要並不是用於製造生產工具，而是用於鑄造祭祀天地祖先以溝通人神的禮器和兵器。「國之大事，唯祀與戎。」這說明青銅器在中國的發展從一開始就是政治性的、宗教性的。它的功用，主要不是表現為人與自然的關係，而是主要體現人和人的關係，體現「禮」對人們等級關係的約束。「禮」（包括「禮樂」、「禮法」、「禮俗」）是中國古代國家典章制度、社會生活習慣、個人行為規範的綜合。中國歷朝歷代除秦以外都把「禮」看成是「國之幹」、「國之柄」，而主張以「禮」治國。這都是基於禮的「化成」即整合、規範、引導作用出發的。「道德仁義，非禮不成；教訓正俗，非禮不備；分爭辯訟，非禮不決；君臣上下，父子兄弟，非禮不定；宦學事師，非禮不親；班朝治軍，蒞官行法，非禮威嚴不行；禱祠祭祀，供給鬼神，非禮不誠不莊；是以君子恭敬撙節退讓以明禮。」[42]唯其如此，中國自古稱「禮儀之邦」。這也是中國文化有別於西方文化的重要特質之一。

---

42 《禮記·曲禮》。

（二）中國文化的精神尚「和」

中國文化在自己漫長的發展歷程中，形成了諸多精神，但是最能從整體上表現中國文化神韻的核心精神，是尚「和」，即追求和諧的中和主義。中國人獨特的宇宙觀、人生觀和審美觀，都是圍繞著尚「和」精神的軸心來展開的。

在先秦奠定中國人宇宙觀基礎的《周易》中，就孕育了「天人合一」的思想，即認為人類社會和自然界所組成的宇宙，是一個生生不已、有機聯繫的和諧的生命統一體，事物內部互相對立的雙方（它用高度抽象的概念「陰陽」來代表），必須貫通、連接、和合、平衡，才能順利發展。所謂「陰陽合德」、「剛柔相濟」，強調的都是對立面的和諧統一。一旦陰陽失調，剛柔不諧，統一破壞，禍亂就要發生。這種對立面的和諧不是在靜態中實現的，而是表現為不斷的運動、變化和更新的過程。所謂「日月相推而明生焉」，「寒暑相推而歲成焉」，均表明和諧就是矛盾雙方互相轉換的結果。此種思想體系，視「和」為宇宙的本然和內在的精神，對中國文化的發展產生了極其深遠的影響，特別是形成了中國人重視整體，講求調和，崇尚中庸的思維方式。

宇宙觀決定人生觀。既然宇宙是一個和諧的生命統一體，實現個體生命與宇宙生命的融合，以體驗宇宙間最高的真善美，也就自然成為古往今來中國人所追求的人生最高境界。孔子自稱五十歲「知天命」，六十歲「耳順」，七十歲「從心所欲不逾矩」，其所自道的便是一種自以為實現了的與自然界高度和諧統一的崇高精神境界。孟子也表示過「萬物皆備於我」，「樂莫大焉」。至於道家的莊子，認為與人和得「人樂」，與天和得「天樂」，主張清靜無為，物我兩忘，就更將此種對精神自由的追求推到了極致。因此，對於中國人特別是文化人來說，人生的終極理想絕非是肉體的滿足，而是在求與自然合一中實現那種「與日月同輝」、「和天地並存」的精神不朽。尚「和」的人生觀，還具體地表現在以中庸為準則的處世哲學上。中庸的本意，是要求人們在處理問題的過程中，注意避免「過」和「不及」兩個偏向，以便保持各種矛盾和關係的和諧統一，但它卻不是要人們作無原則的調和，滿足於消極的苟同，故孔子說：「君子和而不同。」同時，尚「和」的人生觀還促使中華民族注重個人品格修養，養成了謙和善良、溫

柔敦厚的民族性格，所謂「文質彬彬然後君子」。中華民族愛好和平的精神，也由此形成。

中國人的審美觀，同樣體現於此種尚和精神。把「和」定為美的一個原則，是一種古老的見解。早在孔子之前，史伯、單穆公等人就曾有過關於「五色」和「五美」問題的討論。他們認為，「聲一無聽，物一無文」，即單調的一種聲音無法悅耳，孤立的一種物象不可能構成絢麗多彩的景觀；相同的事物加到一起不可能產生美，只有不同的事物綜合統一起來才能形成美。這就提出了「和為美」的思想。後來孔子強調「禮之用，和為貴，先王之道斯為美」，又將「和為美」的思想進一步擴大到政治倫理一切領域，並將美和善統一起來，從而使傳統的審美觀帶上了倫理的色彩。

尚和精神還滲透到中國人的政治觀念和社會心理等許多方面，由於此種精神承認世界多樣性統一，因而形成了國人崇尚統一的「大一統」的政治理想，成為中華民族大家庭保持團結，具有強大的凝聚力和向心力的文化根源。歷史上漢族政權與少數民族政權之間常通過「和親」，緩和或解決矛盾衝突；近代孫中山革命黨人甫推翻清廷，即提出「五族共和」的主張，以取代原有激烈的排滿宣傳，都反映了這一點。同樣，中國人注重「人和」的力量，諸如「和氣生財」、「和睦興家」等等眾多的訓條，無疑又都彰顯了尚「和」的社會普遍心理。

（三）中國文化以倫理為本位

如上所述，中國古代由野蠻進入文明，帶著氏族社會的臍帶，形成了以宗法關係為紐帶、家國同構的社會範式。故重人與人的關係甚於人與自然的關係，突出以「禮」規範社會，「化成」天下。這與小農經濟相適應，復使中國文化形成了以倫理為本位的特質。

早在西周，先人就提出了「以德配天」、「敬德保民」、「明德慎刑」的思想，即強調宗法道德規範。到春秋時期，儒家更將之提升到了思辨的層面，形成了系統的倫理道德思想。孔子說：「仁者愛人」，「克己復禮以為仁」。遵守宗法道德

規範，以實現社會的和諧，是儒家所追求的最高倫理境界──「仁」。所以，在儒家看來，注重道德修養，希賢希聖，是人生的價值所在。《易》曰：「君子厚德載物。」封建士大夫追求所謂的「三不朽」，即「立德、立功、立言」，其中「立德」是第一位的。不僅如此，道德修養還被視為治國安邦、實現儒家理想社會的起點。儒家經典《大學》指出：「欲治其國者，先齊其家。欲齊其家者，先修其身。欲修其身者，先正其心。欲正其心者，先誠其意。欲誠其意者，先致其知。致知在格物，格物而後知至，知至而後意誠。意誠而後心正，心正而後身修。身修而後家齊，家齊而後國治，國治而後天下平。」這裡明確地把個人道德修養與國家社會的治理結合起來，體現了儒家治國以道德為本的主旨。這種將政治道德化的價值取向，是中國傳統文化的顯著特色。

可以說，中國文化的各個領域都染上了濃重的道德色彩：史學強調「寓褒貶，別善惡」；文學強調「文以載道」；戲曲強調「勸善懲惡」；美術則有《古畫品錄序》說「明勸戒，著升沉，千載寂寥，披圖可見」；《三字經》則謂「首孝弟，次見聞」，明確將道德教化置於智育之上；如此等等。黑格爾說：「中國純粹是建築在道德的結合上，國家的特性便是客觀的『家庭孝敬』」[43]。這種觀察並沒有錯。論者稱中國文化是以倫理為本位的文化，或倫理道德型的文化，也不無道理。

注重倫理道德的文化精神，對中華民族的歷史發展起過積極的作用。在道德面前人人平等是儒家的一個重要理念，孟子說「人皆可為堯舜」，王陽明也說「滿街皆是聖人」。意思是說，無論是達官貴人，還是平民百姓，都可以在道德修養方面達到最高境界。這包含了對最高統治者的道德約束。在缺乏約束機制的中國傳統社會中，此種道德意義上的平等理念，可以發揮社會政治的調節作用。同時，強調道德境界復使中國文化形成了追求人格力量和憂國憂民的博大情懷。所謂「貧賤不能移，富貴不能淫，威武不能屈」；「三軍可奪帥也，匹夫不可奪志」；「先天下之憂而憂，後天下之樂而樂」；「為天地立心，為生民立命，為往

43 柳卸林主編：《世界名人論中國文化》，193 頁，武漢，湖北人民出版社，1991。

聖繼絕學，為萬世開太平」，都是反映了此種情懷。也因是之故，在中國漫長的歷史發展過程中，先人形成了許多優秀的道德品質，諸如不畏強暴，勤勞勇敢，自強不息、捨生取義、殺身成仁，等等。尤其在國家民族和社會遇到危難之際，許多志士仁人便會挺身而出，維護正義，抵抗外侮，反抗黑暗勢力，拯救國家與民族，弘揚正氣與真理。千百年來，無數英雄人物都從傳統倫理道德精神中汲取力量，努力奮鬥，建功立業，光照千秋。

（四）中國文化生生不已，具有強大的生命力

中國古代文化與古埃及、古巴比倫和古印度文化並稱為人類四大古文明，與後起的希臘、羅馬一道，代表著人類古代文明的高峰。但是後來其他的古文明，陸續凋謝，沉光絕響，唯中國文化一枝獨秀。數千年間，它歷風雨而不衰，遭浩劫而彌堅，源遠流長，迄今仍保持著旺盛的生命力，成為人類文化發展史上的一大奇蹟。生生不已，具有強大的生命力，是中國文化的重要特徵。其箇中的奧秘固然不易說清，但是指出中國文化的幾個因果互為表裡的特點，顯然有助於人們理解這一點：

其一，中國文化具有追求大一統的內驅力。

自西周起，追求大一統便漸成中國政治文化的核心內容。孔子著《春秋》，開宗明義即稱：「王正月。」《公羊傳》釋之曰：「曷為先言王而後言正月？王正月也。何言乎王正月？大一統也。」先秦諸子雖論難詰駁，勢若水火，但於政治理想，卻都歸宗於「大一統」。墨家「尚同」與儒家「大同」，目標完全一致。孟子更明示天下要「定於一」；荀子不但要「一天下」，而且還要「一制度」，「風俗以一」，「隆禮而一」。秦漢以後，大一統思想復被推崇到了「天地之常經，古今之通誼」[44]的高度，並浸成了中華各民族共同的理念和政治價值取向。在中國歷史上，人們追求和珍惜統一，將統一的時代稱作「治世」，而將分裂的時代稱

44 《漢書・董仲舒傳》。

作「亂世」。在任何時候，製造分裂的言論和行動都要受人唾罵。而任何一個割據勢力也都不肯長期偏安一隅，無不殫精竭慮，把統一天下視作英雄偉業。在紛爭不已的十六國時期，前秦國王氏族人苻堅統一北方後，聲稱揮師南下的理由說：「吾統承大業垂二十載，芟夷逋穢，四方略定，惟東南一隅未賓王化。吾每思天下未一，未嘗不臨食輟。」[45]至於南宋陸游有《示兒》曰：「死去元知萬事空，但悲不見九州同；王師北定中原日，家祭無忘告乃翁」，則表達了一切愛國者共同的大一統情結。正因中國文化具有追求大一統的內驅力，故從總體上看，中國的歷史，分裂的時間短，統一的時期長，統一終究是無可抗拒的歷史大趨勢。

其二，中國文化具有包容性。

中國文化的起源是多元的區域文化融合的結果，其本身就體現了包容性。迄秦漢時期，「天下同歸而殊途，一致而百慮」[46]，此特性愈彰顯。從先秦時起中國文化固強調「華夷之辨」，但華夷界限，從來是重文化而輕血統。《春秋》曰：「中國而夷狄，則夷狄之；夷狄而進於中國，則中國之。」此種重文化輕種族和以文化高低判華夷的民族觀和文化價值觀，對後世影響甚大，因為它為各民族間的融合和吸收外來文化提供了良好的社會心理素質。漢代開通的絲綢之路和魏晉南北朝隋唐時期胡漢文化融合，以及佛教的中國化，都是中國文化包容性的生動體現。同樣，鴉片戰爭以降，近代志士仁人無不歷盡艱辛，向西方尋求救國真理。林則徐、魏源主張「師夷長技」；馮桂芬等人主張「中體西用」；康有為提出：「泯中西之界限，化新舊之門戶」[47]；嚴復指出：「必將闊視遠想，統新故而視其通，苟中外而計其全，而後得之」[48]；孫中山強調：「發揚吾固有之文化，且吸收世界之文化而光大之，以期與諸民族並驅於世界」[49]；毛澤東更進而指出：「中國應該大量吸收外國的進步文化，作為自己文化食糧的原料」，「凡屬我

45 《晉書·苻堅載記》。
46 《易傳·繫辭下》。
47 湯志鈞編：《康有為政論集》上冊，295頁，北京，中華書局，1981。
48 王栻主編：《嚴復集》第3冊，560頁，北京，中華書局，1986。
49 《孫中山全集》第7卷，60頁，北京，中華書局，1985。

們今天用得著的東西，都應該吸收」[50]，這些也無不是中國文化包容性的生動體現。此外，近年來，中國生物學家對南北二十八個地區、三十二萬多人口的 GM 血清血型和 HLA 白細胞抗原資料進行研究，發現今天的漢族人口是由南北兩大起源不同的集群構成的。這一科學研究成果進一步表明，漢民族不是建立在血緣基礎之上的，而是以文化認同為基幹的民族。重文化輕血統，同樣是中華民族具有旺盛生命力的源泉。[51]

其三，中國文化具有慎終追遠的情懷。

中國文化是伴隨著農耕經濟的長期延續而形成的。與工業文明相較，農業文明少變化、重經驗，易於形成恆久的觀念，培養起慎終追遠的情懷。孔子曰：「殷因於夏禮，所損益可知也；周因於殷禮，所損益可知也；其或繼周者，是百世，可知也。」[52]他主張「慎終追遠」。同時《易傳》所謂「可久可大」，《中庸》所謂「悠久成物」，《老子》所謂「天長地久」和董仲舒所謂「天不變，道亦不變」等等認識，無不是追求永恆和持久觀念的反映。而中國具有重史傳統，史籍完備，史學發達，最能集中反映中國文化慎終追遠的情懷。《尚書‧多士》載：「惟殷先人，有冊有典。」說明商代已重視歷史典籍。孔子整理古代典籍，著《春秋》，本身即是良史。孔子已提出了「疏通知遠」的思想。漢代司馬遷著《史記》，進而提出「述往事，思來者」，「究天人之際，通古今之變，成一家之言」，更將對史學功能的認識提高到了一個全新的境界。此後兩千多年，中國不僅史家輩出，追求「一家之言」，促進了史學持續繁榮的發展，同時歷代封建統治者也十分重視官修史書和大規模整理文化典籍。一部卷帙浩繁的「二十四史」，完整地記錄了中華民族的歷史足跡，這是世界公認的歷史奇觀。

慎終追遠的情懷既包含著自強不息的進取精神，更包含著尊重傳統、鑒往察來的歷史智慧。這對於保證中國文化一脈相承和源遠流長的發展所起的巨大作

50 《毛澤東選集》第 2 卷，706-707 頁，北京，人民出版社，1991。
51 趙桐茂：《中國人免疫球蛋白同種異型的研究：中華民族起源的假說》，《遺傳學報》，1991 年第 2 期；《免疫球蛋白同種異型 GM 因子在 40 個中國人群中的分布》，《人類學學報》，1987 年第 1 期。
52 《論語‧為政》。

用，是不言而喻的。江澤民曾指出：「中華民族歷來重視治史。世界幾大古代文明，只有中華文明沒有中斷地延續下來，這同我們這個民族始終注重治史有著直接的關係。幾千年來，中華文明得以不斷傳承和光大，一個重要原因就是我們的先人懂得從總結歷史中不斷開拓前進。」[53]這是十分深刻的論斷。同時，需要指出的是，中國文化得以一脈相承，傳之久遠，還得益於作為文化重要載體的漢字。大汶口陶文的發現，證明漢字至少可以溯源到五千五百年前。漢字是世界上唯一從古到今不斷發展、一直使用並富有強大生命力的文字。古巴比倫的楔形文字、古埃及和古印度的象形文字，都先後銷聲匿跡了，唯有方塊漢字歷盡滄桑，長盛不衰。正是由於漢字的特殊性質與功能，才使得我們祖先創造的燦爛文化能夠記述和傳承，古代和現代的漢族書面語言能夠統一。奇特的漢字在保持文化傳統、溝通全國人民的情感和維繫中華民族的統一諸方面所起到的巨大作用，實在是怎樣估計也不會過分的。

上述中國文化的特質，不僅往往彼此互為因果，難以截然分開；而且也無須諱言，內中純駁互見，精華與糟粕雜陳。例如，家國同構和注重倫理的文化範型，固然有益於社會穩定和提升人們的精神境界，但濃重的宗法等級觀念和道德的泛化，又易於造成對獨立人格的束縛和形成重德輕藝、重義輕利價值觀上的偏差；尚「和」的精神固然助益了社會和諧與民族的融合，但又易於導致鄉愿式的苟安心理；追求大一統和慎終追遠的情懷，固然促進了中華民族的統一和傳之久遠，但也易於造成封建專制的傳統和形成因襲循環的思維定式，如此等等。然而，儘管如此，中國文化的特質畢竟顯示了中華民族的特殊智慧，並從根本上成就了中國文化的獨立體系和燦爛輝煌的風貌。毫無疑問，它是我們今天應當加以批判繼承的珍貴文化遺產。

---

53 《中共中央總書記江澤民給白壽彝同志的賀信》，《史學史研究》，1999 年第 3 期。

五、弘揚優秀的中國文化傳統，
　　助益社會主義的文化建設

　　法國著名的「年鑑學派」的史學家們指出：「歷史知識取得進步不是依靠總體化，而是依靠（借用攝影的比喻來說）鏡頭移動和變焦。……對視角作不同調整，既會顯出新的面貌，又會突出所掌握的概念範疇的局部不適應即縮減性，提出新的解釋原則；在每個認識層次上，現實的網狀結構圖以不同方式顯示出來。這就要求除了方法以外，必須對觀察者及其進行分析的手段所起的作用給予特別注意。」[54] 這即是說，對於特定歷史文化現象的認識與判斷，歸根結柢，是取決於觀察者的立場、觀點與方法。在近代，志士仁人對於中西文化問題長期爭論不休：激進者多隆西抑中，以為欲救國，只有學習西方，更有甚者，則倡全盤西化；保守者多隆中抑西，以為文化是民族的根，「學亡則國亡」，故欲救國，必先保國粹，更有甚者，則倡世界「中國化」。二者各有所是，亦各有所蔽。究其致蔽的原因，除了缺乏科學史觀的指導外，端在受民族危亡的時局制約，不免心理緊張，缺乏從容探討文化問題的心態。時柳詒徵曾大聲疾呼：「學者必先大其心量以治吾史，進而求聖哲立人極、參天地者何在，是為認識中國文化之正軌。」[55] 所謂「大其心量」，實含大度從容之意。但是，問題在於柳詒徵自己也不能免俗。

　　時移勢異。我們現在的情況完全不同了。社會主義的新中國久已屹立在世界的東方，尤其經過三十多年的改革開放和中國特色社會主義現代化的建設，不僅綜合國力大為增強，而且國人的文化心態也愈趨成熟。江澤民在黨的十五大報告中，提出了建設「有中國特色社會主義的文化」的任務。胡錦濤在黨的十七大報告中，進一步提出了「推動社會主義文化大發展大繁榮」的要求。他說：「當今時代，文化越來越成為民族凝聚力和創造力的重要源泉、越來越成為綜合國力競爭的重要因素，豐富精神文化生活越來越成為中國人民的熱切願望。要堅持社會

---

54 《年鑑》編輯部：《我們在進行實驗：再論歷史學與社會科學》，《國外社會科學》，1990 年第 9 期。
55 柳詒徵：《中國文化史·弁言》。

主義先進文化前進方向，興起社會主義文化建設新高潮，激發全民族文化創造活力，提高國家文化軟實力，使人民基本文化權益得到更好保障，使社會文化生活更加豐富多彩，使人民精神風貌更加昂揚向上。」又說：「中華文化是中華民族生生不息、團結奮進的不竭動力。要全面認識祖國傳統文化，取其精華，去其糟粕，使之與當代社會相適應、與現代文明相協調，保持民族性，體現時代性。加強中華優秀文化傳統教育，運用現代科技手段開發利用民族文化豐厚資源。加強對各民族文化的挖掘和保護，重視文物和非物質文化遺產保護，做好文化典籍整理工作。加強對外文化交流，吸收各國優秀文明成果，增強中華文化國際影響力。」黨的十七大突出強調了加強文化建設、提高國家文化軟實力的極端重要性，對興起社會主義文化建設新高潮、推動社會主義文化大發展大繁榮作出全面部署。這是我們黨總結歷史、立足現實、著眼未來作出的重大戰略決策，充分反映了對當今時代發展趨勢和中國文化發展方位的科學把握，體現了我們黨在新的歷史條件下的高度文化自覺。

要加快發展國家軟實力，關鍵就在於要更加自覺、更加主動地推動文化大發展大繁榮。要努力繼承和發揚中國悠久歷史文化中源遠流長、博大精深的寶貴遺產，借鑒當今世界一切有價值的思想理論成果，深刻認識國家硬實力與軟實力的辯證關係，高度重視和加快發展國家軟實力。有了新時代文化建設的目標和十七大精神的指引，我們今天對中國文化史的研究，也便有了最佳的焦距，可以更從容、更全面、更客觀即更科學地看待中華五千年的文明史，從而獲致歷史的教益。

編纂這部多卷本《中國文化通史》，目的正在於助益推動社會主義文化大發展大繁榮。

本書研究中國文化的發展歷程，揭示其發展規律，彰顯中國文化的民族精神。

本書堅持以馬克思主義歷史唯物論為指導，同時積極吸收和借鑒當代社會科學的各種相關的理論與方法。

中國是一個多民族的國家。中華民族源遠流長的歷史和文化是各族人民共同創造的。因之，本書不僅寫漢民族的文化，同時也重視各少數民族的文化創造及其特色，尤其注意突出不同的歷史階段中，各民族間的文化互相滲透、交流與融合。

中國文化是世界文化的一個有機組成部分。本書將中國文化置於世界文化發展的總體格局中去考察，既注意中外文化的交流、衝突與融合，也注意中國文化在世界文化發展過程中的地位與作用。堅持實事求是的精神，避免民族虛無主義與民族虛驕情緒。

從目前已出版的有關文化史的著作看，編纂體例不一，其中大致可分為兩類：一是重宏觀把握，突出問題，以論說為主；一是重微觀透視，突出部門文化，以描述為主。前者的優點是脈絡清楚，簡潔明快，論說有深度，但歷史信息量小，失之抽象；後者的優點是具體翔實，便於查閱，但頭緒紛繁，失之散漫。文化史究竟應當怎樣編寫，是一個不易解決的大問題。當年常乃德曾說：「有時具體記錄所表現不出的內在精神，非有抽象的理論加以解釋不可。故理想的文化史必多少帶有史論的性質，不過不可空論太多，影響事實的真相罷了。」[56] 足見他已深感到了困惑。今天學術界的意見仍不統一。我們以為，編纂一部大型的文化通史著作，當有理論框架一以貫之。該書既要具有能幫助廣大讀者從中學得豐富的中國文化史知識的功能，又應是視野開闊，脈絡清晰，有助於人們理解和把握中國文化發展的自身規律與特點。為此，須將宏觀與微觀、抽象與具體、問題論說與部門描述很好地結合起來。

總之，本書力圖突出一個「通」字：從縱向上說，要求全書各卷之間脈絡貫通，要於沿革流變之中體現中國文化自身的發展規律和一以貫之的民族精神；從橫向上說，當避免寫成部門文化的簡單拼盤，要注重時代精神對文化現象的整合，注重諸文化部門的內在聯繫及其不平衡的發展。同時注意文化的層間、空間差異，以及二者間的互動關係。

---

56 常乃德：《中國文化小史》第 1 章。

本書共分十卷，即：先秦卷、秦漢卷、魏晉南北朝卷、隋唐五代卷、兩宋卷、遼西、夏、金元卷、明代卷、清前期卷、晚清卷、民國卷。各卷附有參考書目。

　　本書實行各卷主編負責制。編委會同仁通力合作，歷時四年，備嘗艱辛。但因中國文化通史的編纂工作本身難度甚大，加之主編來自京城內外不同的單位，作者為數較多，聯繫不便和學養有限等原因，著者雖然盡了很大的努力，各卷水平仍難一致，全書與既定的目標，也存在著差距。我們敬祈讀者批評指正。

　　本書借鑒和吸收了學術界已有的研究成果，不敢掠美，這裡謹表謝意。

　　本總序是在集體討論的基礎上完成的。

鄭師渠

一九九九年八月初稿

二〇〇九年六月修改於北京師範大學

目錄
C O N T E N T S

第二章　高昂壯闊的時代精神

第三章　衝突與融通

第四章　交匯‧擷英‧輻射

第五章　哲學光華

第八章　教育與科舉

第九章　史學的卓越成就

第十章　空前繁榮的詩壇文苑

第十一章　美不勝收的藝術寶庫

第十二章　科技的輝煌成就

第十三章　社會風俗與時尚

參考書目

再版後記

緒言 INTRODUCTION

　　從西元五八一年隋文帝楊堅建隋代周，到西元九六○年宋太祖趙匡胤建宋稱帝，共三百八十年的時間，是中國歷史上的隋唐五代時期。隋唐五代時期是中國歷史上的一個重要時期。它是中國封建社會從前期步入後期的轉折階段，唐宋之際所發生的社會巨變，使這一時期的文化面貌呈現出諸多不同於後代的特點。

　　以安史之亂為界，可以將隋唐五代大致劃分為隋及唐前期和唐後期及五代十國時期兩個階段。隋及唐前期是統一的、多民族國家發展的重要時期，唐後期及五代十國則是從局部的藩鎮割據狀態逐步陷入到全面的分裂戰亂的混亂局面時期。

　　隋文帝楊堅代周以後，經過幾年的勵精圖治，於西元五八九年統一中國，一舉結束了魏晉南北朝長達三百餘年的分裂戰亂局面，為中國歷史和文化的發展提供了新的契機。隋王朝在統一全國後，在短時期內，封建生產力就迸發出巨大的活力，產生了社會經濟全面繁盛的局面。但隨之而來的隋煬帝暴政，導致了一場席卷全國的隋末農民大起義，盛大的隋王朝如曇花一現，頃刻之間就被顛覆了。隋王朝從五八一年建立，五八九年統一全國，到六一八年覆滅，時間短暫，僅僅三十八年。它的暴富和驟亡，同樣給後人留下了深刻的印象和思索。隋朝雖歷時短暫，但在中國歷史上占有重要的地位。它在政治、經濟和軍事、教育等方面進行了一系列的整頓和改革，創立了三省六部制和科舉制，發展了均田制、租庸調制和府兵制，對後世產生了深遠的影響。尤其是絲綢之路的重新開通和大運河的開鑿，促進了中西文化的聯繫和南北文化的融合，為輝煌燦爛的隋唐五代文化的到來奠定了基礎。

　　在隋末風暴中誕生的李唐王朝，創建於六一八年，覆滅於九○七年，前後長

達二百九十年。在安史之亂爆發前的唐前期，封建國家在政治上長期統一，社會環境相對安定，經濟上從恢復發展到持續上升，至唐玄宗時封建經濟全面繁榮，這就為文化的發展創造了條件。唐前期的一百多年，封建地主階級朝氣蓬勃，唐高祖、唐太宗、武則天和唐明皇等封建地主階級的傑出政治家們，在繼承和總結前朝封建統治經驗的基礎上，進行了一系列的改革，恢復了被隋末農民大起義打亂了的封建秩序，重建了封建的大一統的多民族國家，經過貞觀之治到開元盛世，把封建社會推向了極盛局面。

西元 755 年爆發的安史之亂，是唐王朝由盛而衰的轉捩點。安史之亂後，唐王朝在政治上陷入混亂局面，藩鎮割據、朋黨之爭和宦官專權相互交織，政治上腐敗黑暗，地主階級內部要求改革的呼聲此起彼伏。從劉晏、楊炎到二王劉柳運動，中經元和中興，再到李訓、鄭注謀誅宦官和武宗會昌削藩，鬥爭非常激烈。尤其是持續近四十年的牛李黨爭，對唐後期的影響更為巨大。唐王朝的疆域也大為縮小，西北地區完全為吐蕃和回紇所控制，絲綢之路中斷。但是，唐後期的封建經濟還在持續發展，尤其是南方經濟的發展，使得中國的經濟重心開始出現南移的趨勢。伴隨著封建政治的衰落和經濟的持續發展，封建文化的面貌也有所改觀。

唐末農民大起義爆發於八七五年，失敗於八八四年。之後，唐王朝名存實亡。經過激烈的爭霸戰，唐末農民大起義的叛徒朱溫於九〇七年建梁代唐，正式標志了唐王朝的覆亡。從此中國歷史又進入了另一個短暫的大分裂時期——五代十國。

五代十國分裂混亂局面的出現，是唐後期藩鎮割據勢力進一步發展的結果。唐朝滅亡後，在中原一帶相繼出現了梁、唐、晉、漢、周五個朝代，史稱五代。五代凡五十三年，先後更換了八姓十四君，政治混亂到了極點。後周太祖、世宗時進行了一系列的政治、經濟、文化方面的改革，開始出現新的氣象，為北宋統一南北奠定了基礎。除五代外，在南方和河東地區，還先後存在過十個割據政權（這還不包括一些小的割據勢力），即：吳、南唐、前蜀、後蜀、吳越、楚、閩、南漢、南平、北漢，史稱十國。五代時期，北方戰亂頻繁，南方則相對安

定，經濟持續發展，全國的經濟重心已從黃河流域轉移到長江流域。南唐、吳越和前、後蜀地區還成為文化發達的中心地區。

總之，隋唐五代時期的中國社會處於激烈變動的時期。傳統的門閥制度逐漸衰落，新的社會等級正處於一個重新編制的過程中，中唐以來，地主土地所有制排擠了均田制，兩稅法代替了租庸調，府兵制崩潰以後，募兵制取而代之，尚武游俠之風也漸為重文輕武之風所代替，尤其是南方經濟的發展和中國經濟重心的南移，標示著中國封建社會從前期開始進入後期。

隋唐五代時期的文化是古代文化的輝煌燦爛時期。它總結和繼承了漢魏南北朝以來的優秀文化成果，同時又吸收了當時國內外各民族文化的精華，造就了這一時期文化各部門的大發展，從而形成了中國文化發展史上的一座新的高峰。它是前期文化的一個階段性總結，又是後期文化的一個嶄新開端。它「以其博大的內容，恢宏的氣勢，雍容華貴的風度，昂揚向上、堅定執著的進取精神，生動自然、兼容並蓄的開放性格，多種多樣的表現形式和豔麗明快的色彩而具有其獨特的魅力」[1]。從而賦予它階段性集大成的燦爛風采。

隋唐五代時期的文化是不斷發展著的。隋及唐初是繼承和總結過去、推陳出新的時期。到開元、天寶年間形成盛唐氣象，文化發展的各個領域都取得了巨大的成就。唐中後期的文化則在多元的、深層次的發展過程中，開始了結構上的局部調整，經五代的發展，為宋代文化的再次繁榮奠定了基礎。

隋及唐初，在思想文化領域裡確立了以儒學為正宗、三教並存的文化政策，在文學藝術領域裡，鼓勵創作道路的多樣化，不搞文化政策上的偏執主義，促進了文化的發展。

隋唐五代時期的文化成就是多方面的，唐詩和佛學是其代表。中國文學的首唱是詩，而詩的巔峰則在唐代，唐詩無論從內容、風格、形式、技巧諸方面，都達到了爐火純青的地步，成為後世難以企及的典範。隋唐時代向有佛學時代之

1　吳宗國：《唐代文化發展的三個高潮》，《唐文化研究論文集》，上海，上海人民出版社，1994。

稱，佛教宗派紛紛創立，競標紛彩，佛教的中國化是這一時期的巨大成果。書法藝術也達到了一個高峰，楷書有歐（陽詢）、虞（世南）、顏（真卿）、柳（公權）四大家，草書有「顛張（旭）狂素（懷素）」，行書有李邕，篆法有李陽冰等，都成為後世學習的範本。繪畫也處於極盛時期，「畫聖」吳道子最為著名。雕塑方面，有以敦煌石窟、龍門石窟和麥積山石窟為代表的石窟藝術，還有以昭陵六駿、乾陵石獅、順陵獨角獸為代表的墓葬雕塑，還出現了著名的雕塑家楊惠之，被稱為「塑聖」。建築方面，都市以長安、洛陽最著名，佛塔則有大雁塔、大理崇聖寺塔等，李春修建的趙州橋是世界橋梁史上的首創。音樂舞蹈方面，人才輩出，隋代有著名音樂家萬寶常，唐代則有祖孝孫、李龜年等，至於舞蹈，則有從域外和周邊少數民族傳入的「胡舞」盛極一時。宗教哲學方面，既有傳統的佛、道二教，又有新傳來的景教、祆教、摩尼教和伊斯蘭教的流傳，儒學則在唐初融合南北學風的基礎上，推出了孔穎達和顏師古的《五經正義》和《五經定本》，唐後期則有鄭覃主持的《開成石經》，啖、趙新經學運動以及韓、李儒學復興運動，為宋代理學的興起開啟了先聲。史學方面，確立了官修史書和重臣監修制度，唐初有「六書二史」，私家著述的重要著作則有劉知幾的《史通》和杜佑《通典》等。科學技術方面，在繼承和總結前代基礎上又有重大發展，如雕版印刷術的發明、十部算經的注釋、子午線的實測、火藥的發明等，著名科學家則有李淳風、僧一行等。醫藥學方面，則由政府頒布了世界上最早的藥典《新修本草》，湧現出名醫孫思邈，被稱為「藥王」。綜觀隋唐五代文化史，成就卓著，名家輩出，堪稱一代宗師的文化名人紛紛湧現，創造出金碧輝煌、異彩紛呈的隋唐五代文化。

本卷由王永平主編。緒言、第一、第二、第三、第六、第十三章和第五章第三節由王永平撰寫；第四、第八、第九章由王靈善撰寫；第七、第十、第十二章以及第五章第二節和第十一章第二、三節由王振芳撰寫；第五章第一節、第十一章第一節由馬玉山撰寫；第十一章第四節由劉冬梅撰寫。最後由王永平統稿潤色並選配了全部插圖以及主要參考書目。許福謙先生參加了本卷的初期工作，謹致謝忱！

本卷力求以歷史唯物主義作指導，在盡可能詳盡地占有文獻和考古資料的基

礎上，既體現出作者多年來的研究心得，也盡量反映出當代研究的最新成果。為此，我們在寫作本書的過程中，參考了海內外學術界大量的有關論著。由於我們的水平有限，書中錯誤和紕漏之處在所難免，懇切希望得到前輩及同行學者們的批評指正！

第一章

豪邁的時代與
燦爛的文化

　　隋唐五代時期是中華文化發展史上的隆盛時代。大一統的隋唐封建帝國的相繼出現，為中華文化迸發出燦爛的光華提供了壯闊的歷史舞臺。這是一個豪邁有為的時代，處於上升階段的朝氣蓬勃的世俗地主階級積極進取，社會充滿了文化創造的活力。順應這一時代趨勢的發展，統治集團及時調整和實行了較為開明的文化政策，為文化的發展注入了一種歷史的活力。文化的繁榮，固然得益於這一時期政治、經濟等諸方面因素的交相推引，反過來它也對國家的統一和社會的變遷產生了深刻的影響。

大一統新時代
提供的沃土

隋唐五代時期，是中國歷史上繼秦漢之後的又一個大一統時期。這一時期的封建國家政治開明，國力強盛，疆域擴大，社會經濟高度繁榮，從而為推出氣度恢宏的隋唐五代文化奠定了堅實的基礎。

一、壯闊的舞臺

當世界文明演進的步伐邁入六世紀末和七世紀初時，在東亞大陸，相繼升騰起楊隋和李唐兩條巨龍，將中華文化推向空前隆盛的新時代。

這是一個令人豔羨的時期，它為中華文化奏響高昂的主旋律，提供了壯闊的歷史舞臺。

西元五八一年，出身關隴貴族軍事集團、湧動著少數民族血液的「胡化」漢人楊堅，代周建隋，號稱隋文帝。他以雄才大略的地主階級政治家的氣魄，首先降伏了強大的北鄰突厥，繼而又於西元五八九年，以摧枯拉朽之勢一舉搗毀了偏安江南的腐朽的陳王朝，統一了中國，從而結束了魏晉南北朝長達三百餘年的分裂割據局面。他的繼承者隋煬帝楊廣繼續開邊拓土，擊敗了雄踞西藩的吐谷渾，

進一步密切了與西域的關係，並派人到臺灣加強了其與內地的聯繫。建立起了東臨日本海，西跨塔里木盆地，北至蒙古高原，南到印度支那半島北部，東西九千三百里，南北一萬四千八百一十五里的隋帝國，國勢號稱極盛。

繼之而起的唐王朝的疆域更加擴大，唐帝國不僅徹底打敗了北方和西北方的強鄰突厥，有效地對西域和漠北實施了行政權，而且和雄踞雪域高原的吐蕃王朝結成甥舅之好，又與南詔、回紇、渤海等少數民族政權保持著友好關係。其勢力極盛時，東至朝鮮半島，西至中亞細亞，北至西伯利亞，南至印度支那。「前王不辟之士，悉請衣冠；前史不載之鄉，並為州縣。」[1]這種強盛的局面一直維持到安史之亂爆發以後。

統治者還以開明的胸懷和多樣化的懷柔羈縻手段，使得多民族歸附。唐天子不僅是漢人的皇帝，而且被「諸蕃君長」尊為「天可汗」，成為各民族的最高共主。從而形成各民族共同創造隋唐文化的態勢。

在如此遼闊的疆域裡和大一統王朝的保障下，通往西域的絲綢之路重新開通。隋唐王朝為了保障絲路的暢通，都曾經營西域。隋煬帝打敗吐谷渾後，在其故地設置了河源（青海湖南）、西海（青海湖西）、鄯善（新疆羅布泊西南）、且末（今新疆且末）四郡，調發戍卒，大興屯田，以捍衛到西域的商路；同時，派裴矩駐於張掖，往來於武威、張掖之間，以主管與西域的聯繫及商業交通事宜。大業中，西域地方「相率而來朝者四十餘國，帝因置西戎校尉，以應接之」[2]。又命薛世雄築伊吾城，捍衛交通。西域和內地的聯繫和經濟文化交流，日趨頻繁。在裴矩的《西域圖記》中，就詳細記載了到達地中海東岸的三條大道。唐王朝在打敗西突厥後，先後設立安西四鎮和安西、北庭兩大都護府，對西域各地實施了有效的統治，同時又在與吐蕃和東突厥爭奪對西域的統治權的鬥爭中，取得勝利，到玄宗時，唐朝的勢力越過蔥嶺直達中亞細亞。這樣在唐前期一百多年的時期裡，唐王朝始終維持了絲路的暢通，「無數鈴聲遙過磧，應馱白練到安

1　《唐大詔令集》卷一一《太宗遺詔》。
2　《北史・西域傳序》。

西」[3]。絲綢之路的重新開通，成為中西文化交流的重要孔道，玄奘西行取經就是循絲路而往來的。

與前代相比，隋唐五代時期對外交流的重要孔道，還有「海上絲綢之路」的開闢。當時的廣州成為中國南方的國際大都會，波斯、阿拉伯、南洋、東南亞以及歐洲、東非各國的商人，紛紛遠涉重洋來到中國；中國人也有循此路南下西去遊歷的，如義淨遊歷南洋及印度各地就是走的這條路。尤其是安史之亂以後，吐蕃攻陷了河西、隴右，控制了西域，西北陸路貿易逐漸衰落，而東南海上貿易轉盛，「海上絲路」更加成為中外文化交流的重要途徑。

易州鐵像碑局部拓片（唐）
原碑立於河北易縣

此外，還有「唐蕃古道」，文成公主、金城公主就是循此道下嫁吐蕃國王的；西南絲綢之路，出川、黔、滇，直達緬甸、孟加拉灣，德宗時，驃國王派遣大型歌舞樂團訪唐，就是走的這條路；往來新羅、日本的海路，頻繁的遣唐使以及鑑真東渡，走的就是這條路。這些對外交往的孔道，無不成為促進中外文化交流的重要途徑。

為了加強全國的統一和促進南北經濟文化的交流和發展，隋煬帝還開鑿了一條以洛陽為中心，北起涿郡（北京）、南到餘杭（杭州）的大運河。大運河的開鑿，將全國經濟文化發達的黃河和長江兩大流域，緊密地聯繫起來，對於南方經濟文化的發展，也具有重大意義。

---

3 張籍：《涼州詞》。

大運河

　　空前遼闊的疆域和強盛的大一統帝國，使隋唐時人充滿了前所未有的時代豪邁感，激發了他們進行文化創造的活力。李白一生浪跡天涯，寫下了大量謳歌祖國大好河山的詩篇；隨征文人，出入邊塞，歌頌祖國邊疆的雄偉遼闊；吳道子、張旭那奔湧而出的創作衝動；僧一行、南宮說實測子午線長度的空前壯舉，無不得益於大一統帝國所提供的壯闊的歷史舞臺。

二、有為的時代

　　隋唐五代時期還是一個充滿了進取精神的有為時代。從隋文帝代周建隋、統一中國，到隋煬帝開邊拓土、將隋帝國推向鼎盛，再從唐高祖重建一統王朝，到唐太宗君臣推出「貞觀之治」，以及千古唯一女皇武則天的出現，唐玄宗時「開元盛世」的形成，以至唐憲宗的「元和中興」和唐武宗的「會昌削藩」，直到五代後周太祖、周世宗的改革，幾乎是不停頓地再現政治新氣象，為隋唐五代時期文化的創造提供了適宜的政治環境。

　　隋文帝建國以後，在政治上進行了一系列的整頓和改革：改革了官制，建立

了三省六部制度；廢除了九品中正制，開創了科舉取士制度；改革府兵制度，建立了強大的軍事力量；革去舊律的殘忍條文，制定了相對寬簡的法律制度。他還厲行節儉政治，一度造成政治上清明的新氣象，《隋書・高祖紀》說他：「躬節儉，平徭賦，倉廩實，法令行，君子咸樂其生，小人各安其業，強無凌弱，眾不暴寡，人物殷阜，朝野歡娛。二十年間，天下無事，區宇之內晏如也。」使隋王朝以嶄新的面貌出現於世。隋煬帝儘管是人所公認的暴君，但他也能隨時代的變遷而進行改革，在許多方面，他所進行改革的規模和深度甚至超過了隋文帝。唐代史臣說：「煬帝即位，多所改革。」[4]他設立進士科，發展了科舉制度，影響所及整個封建社會後期長達一千三百餘年；他還好學、有文才，重視文化建設，對於消除和彌合南北文化上的差異和對立、真正實現全國文化心理上的統一，做出了巨大貢獻。

唐王朝建立以後，唐高祖、太宗、高宗全面改革了隋末弊政，繼承和發展了三省六部制，改革了府兵制，大力發展科舉制，修訂唐律，建立了嚴密的法律制度，律、令、格、式互為補充，形成了獨具特色的古代中華法系。尤其是唐太宗，這位千古明君，對唐初的改革貢獻尤大，他在魏徵、房玄齡、杜如晦等一大批地主階級政治家的輔佐下，制定了「偃武修文」的政策，在用人上不拘一格，從諫如流，注意照顧到地主階級各階層和各地域集團的利益，在文化上制定了較為開明的政策，形成了歷史上少有的政治清明統治──「貞觀之治」。推動了唐代文教事業的蓬勃發展。

武則天這位中國歷史上唯一的女皇帝，其革新精神尤其驚人。她敢於打破中古時期男性獨霸政壇的局面，以女主之身君臨天下，這本身就是唐代一個很有趣的文化現象。在她統治期間，曾對科舉制度進行了創造性的改革，又設立了武舉，實行殿試，採用糊名的方式，其影響之大，超出一般。她還大力提倡和進行文教建設，成為從貞觀之治向開元盛世過渡的橋梁。

唐文化發展的鼎盛期，是「盛唐氣象」的出現。這與唐玄宗銳意改革，形成

4　《隋書・百官志》。

開元盛世的局面有很大的關係。唐玄宗是中國歷史上著名的多才多藝的皇帝，他懂樂舞、善詩文、精通打馬球，又有治國才能。他即位的初期，勵精圖治，創立了開元盛世的宏大局面。他非常注意文化事業的建設，大一統的各種文化組織在他統治的期間完備而充實，人才濟濟，自由地創造和發揮，使文化發展蔚為大觀。

錢鏐鐵券（唐）

安史之亂以後，唐王朝在政治上走向中衰，但統治集團的革新進取精神並未完全消退。唐德宗急於削藩，未獲成功，令人扼腕；唐順宗支持「二王八司馬」開展永貞革新，功虧一簣，但卻湧現出唐代文化史上的兩顆巨星柳宗元、劉禹錫；唐憲宗對多所中央機構進行改革，又對藩鎮發動強大攻勢，力圖重振大唐雄風，形成「元和中興」的局面，元稹、白居易、韓愈等一大批唐代文化史上的重要人物，皆活躍於這一時期；唐文宗謀除宦官之禍，起用李訓、鄭注等進行改

鎏金銅鋪首（前蜀）
1942-1943 年四川成都王建墓出土

革，釀成「甘露之變」的慘局，使人有「出師未捷身先死，常使英雄淚滿襟」的感慨；唐武宗更是採取了激烈的措施，力圖挽救江河日下的唐王朝，他大力滅佛、沙汰冗吏、鎮壓藩鎮、革除科舉弊端，使唐王朝幾至中興；直到唐宣宗，還繼續抑制宦官勢力，致力於文教建設，他曾親自譜曲排練、打馬球、倡導進士科等，使大中年間文風蔚然，人稱「小太宗」。正是唐後期統治集團不斷進取的創新精神，才使得唐文化在盛唐氣象之後，繼續迸發出一連串耀眼的光芒。

五代十國時期，是中國歷史上又一個著名的亂世。政治上的混亂，並不意味著文化發展的中斷。尤其是在政治上相對穩定的南方各國，如南唐、吳越、前蜀、後蜀等地，由於統治者的提倡，文風更熾，取得了許多文化發展上的重大成就。即使是在政治上極端混亂的北方五代，也出現過後唐明宗和後周太祖、世宗時期的改革，特別是後者，在中國文化史上還曾產生過重大影響。後周太祖、世宗在政治上進行過一系列的整頓和改革，尤其是世宗抑制佛教的政策，影響很大。後周的改革，使當時政治的發展出現了轉機，也為北方文化的振興和發展創造了條件，這就為北宋重新統一南北奠定了基礎。

三、繁盛的社會

隋唐五代時期的統治者，在進行政治改革的同時，還對經濟制度進行了一系列的整頓和改革，促進了社會經濟的恢復和發展，造成了全面繁盛的社會環境，這就為高度發達的文化新時代的到來，提供了雄厚的經濟基礎。

隋王朝建立以後，在經濟上的改革成就頗大。隋文帝和煬帝父子，在繼續推行均田制和租庸調制的基礎上，多有改革，採取輸籍定樣和大索貌閱的辦法，與世家大族和豪強地主爭奪勞動人手和封建剝削，另外又統一貨幣和度量衡，促進了當時社會經濟的發展，出現了「人多殷富」的短暫繁榮景象。這主要表現在人口的激增，墾田面積的擴大國庫的殷實和手工業、商業以及對外貿易的發展上。

史載當時「府藏皆滿」[5]，「天下儲積，得供五六十年」[6]，號稱「盛世」。這種高度繁榮的社會經濟，推動了隋代文化在短期內創造出一連串驚人的業蹟。

但隋王朝歷時短暫，很快就在隋末農民大起義的風暴中崩潰了。在隋王朝的廢墟上建立起來的唐王朝，吸取了隋亡的經驗教訓，及時調整了封建剝削制度，對均田制和租庸調制多所改革，促進了自耕農和庶族地主經濟的發展。貞觀年間，遭到嚴重破壞的社會經濟得到迅速恢復，史載「天下大稔，流散者咸歸鄉裡，斗米不過三四錢，終歲斷死刑才二十九人。東至於海，南極五嶺，皆外戶不閉，行旅不齎糧，取給於道路焉」[7]，號稱「治世」。經過高宗、武則天時期的發展，終於形成了開元盛世的宏大局面，社會經濟空前繁榮，詩人杜甫情不自禁地唱出：「憶昔開元全盛日，小邑猶藏萬家室。稻米流脂粟米白，公私倉廩俱豐實。」[8]與這種社會經濟高度繁榮的局面相同步，唐文化也形成了「盛唐氣象」這樣空前隆盛的格局。

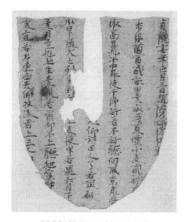

趙懷滿租田契（唐）
1959 年新疆吐魯番出土

陶磨、陶碾、陶碓和陶井欄（唐）
1954 年山西長治王琛墓出土

5　《資治通鑑》卷一七七。
6　《貞觀政要·貢賦篇》。
7　《資治通鑑》卷一九三。
8　《杜工部集·憶昔》。

到唐後期，封建經濟發展到一個新階段，其標誌是地主土地所有制排擠了均田制，兩稅法代替了租庸調。唐政府通過一系列經濟上的整頓和改革，促進了南方經濟的迅速崛起和發展，唐末五代時期中國的經濟重心逐漸南移。隨著南方經濟的發展和逐漸超過北方，南方文化的發展也日趨發達，中國文化的重心也開始發生了向南轉移的趨勢。

總之，大一統的新時代，為朝氣蓬勃的地主階級進行文化上的創造，提供了壯闊的歷史舞臺。在這樣一個充滿了進取精神的有為時代裡，通過各階層人民的共同努力，不但創造出高度繁榮的社會經濟，而且鍛鑄成光輝燦爛的隋唐五代文化。

第二節·

統治者的文化政策

隋唐五代時期文化生動活潑局面的形成，還得益於統治者文化政策的推動。這一時期處於中國封建社會史上的重要轉折階段，文化的發展呈現絢麗多姿、異彩紛呈的多元整合格局。順應這一文化發展的潮流，統治者及時調整和頒布了一系列重要的文化政策，促進了文化在深度和廣度上的進一步發展。

一、以儒學為正宗，三教並重、多教共存的政策

南北朝時期，儒、佛、道三教鬥爭激烈，統治者或滅佛興道，或捨道崇佛，或佛道同時受到抑制，宗教政策波動不定。到隋唐時期，終於形成三教鼎立的局面。統治集團為適應政治上的大一統局面，及時調整了思想文化上的政策，改變了以往獨尊一教的格局，實行三教並用的政策。雖然在個別問題和個別時期有所偏重，但從總體而言，利用三教、調和三教的總政策和總趨勢基本上沒有變。

以儒學為正宗、三教並用的政策始於隋文帝。隋王朝建立以後，隋文帝楊堅從鞏固中央集權和統一大業的著眼點出發，恢復了傳統的以「儒學為本」的宗旨，加強儒家思想在文化領域內的主導地位。他曾說過：「《孝經》一卷，足以立身治國」[9]。將儒家的「孝道」，視為治國之本。他還令人立《五教》，即父義、母愛、兄友、弟恭、子孝等一系列儒家關於倫理關係的道德說教，使一度式微於魏晉南北朝時期的儒學開始復蘇。他還總結了北魏太武帝和北周武帝滅佛的經驗教訓，實行了兼容佛、道二教的宗教政策。他還在輔政時，即下令「復行佛、道二教」[10]；等到他代周建隋以後，立即下詔說：「法無內外，萬善同歸；教有淺深，殊途共致。朕伏膺道化，念存清靜，慕釋氏不二之門，貴老生一得之義。」[11]進一步表明了他佛、道二教並重的態度。但隋王朝在奉行三教並重的文化政策時，其側重點在於扶持和振興佛教，統治者也由崇佛逐漸發展到佞佛，其文化政策出現了傾斜，佞佛浪潮很快席卷全國。儘管如此，這種三教並行的文化政策還是對唐王朝產生了深遠的影響。

唐王朝建立以後，圍繞著儒、釋、道三教曾經展開過一場激烈的論爭，傅奕先後七次上疏，堅決主張興儒、道而排佛。統治集團經過慎重的抉擇和考慮，決定繼續奉行以儒學為正宗、三教並重的文化政策。唐太宗曾說：「朕今所好者，惟在堯舜之道，周孔之教。以為如鳥有翼，如魚依水，失之必死，不可暫無

9　《資治通鑑》卷一七五。
10　《周書·靜帝紀》。
11　《全隋文·五岳各置僧寺詔》。

耳。」[12]從而明確了儒學作為治國之根本的國策。同時，唐太宗還提倡佛、道二教，他又說道：「老君垂範，義在清虛；釋迦貽訓，則理存因果。求其教也，汲引之跡殊途；求其宗也，弘益之風齊致。」[13]指出佛道對於安定社會、純厚風俗的教化作用。至此，以儒學為正宗、三教並重的文化政策被定為國策。太宗以後，不同的君主由於不同的原因，而在三教之中各有所側重，但這一政策基本上得以貫徹執行。

在對待三教的關係上，唐代統治者也大多持調和融合態度。自從唐高祖提出：「三教雖異，善歸一揆。」[14]以後的君主大多循此思維趨勢。唐高宗曾說：「釋、道二教，同歸一善。」[15]即使是從政治需要出發佞佛的武則天也提倡：「佛、道二教，同歸於善，無為究竟，皆是一宗，」[16]因而主張佛道齊重。唐睿宗、玄宗父子是以好道而聞名的，但他們也主張佛道並重，睿宗說：「釋典玄宗，理均跡異，拯人化俗，教別功齊。」[17]玄宗也說：「道教釋教，其歸一體。」[18]即使是到安史之亂以後，這一態度也基本上沒有改變。唐德宗就稱贊：「釋、道二教，福利群生。」[19]正是這種三教並重、兼而用之的文化政策，使得唐王朝在意識形態領域內，沒有搞一家一說的獨尊。這不僅有力地促進了儒、佛、道三家的相互吸收和融合，而且還造成一種開放的文化氛圍：各種思想學術和外來宗教都得到自由發展，景教、祆教、摩尼教、伊斯蘭教等外來宗教，紛紛湧入。人們可以自由選擇自己的信仰，而不必屈從於一尊意志。這樣就在以儒學為正宗、三教並重的情形下，形成了多教共存的格局。

---

12 吳兢《貞觀政要》卷六。
13 《廣弘明集》卷二十四。
14 《冊府元龜·帝王部》。
15 《集古今佛道論衡》卷丁。
16 《唐大詔令集·條流佛、道二教制》。
17 《唐大詔令集·僧道齊行並集制》。
18 《唐大詔令集·僧尼拜父母敕》。
19 《冊府元龜·帝王部》。

二、從鉗制異端學說到唐武宗、周世宗的滅佛

隋唐五代時期的統治者，雖然確立了三教並存、優容諸說的文化政策，但對於構成動搖封建統治的異端邪說仍然毫不手軟，採取了嚴厲禁止和鎮壓的政策。尤其是這一時期，隨著佛教勢力的膨脹及其與封建統治之間尖銳的矛盾衝突，終於爆發了自北魏太武帝和北周武帝之後的另外兩次大規模的滅佛行動，唐武宗和周世宗的滅佛，史稱「三武一宗」滅佛。這在中國文化史上是兩件大事。

隋王朝統一中國以後，即著手清理威脅封建統治的異端邪說。開皇十三年（593 年），隋文帝明令「私家不得隱緯侯圖讖」[20]，煬帝即位以後，更是「發使四出，搜天下書籍與讖緯相涉者，皆焚之，為吏所糾者至死」[21]。之所以對讖緯圖說採取如此嚴厲的禁止措施，是因為讖緯之學自漢代興起以來，一直成為野心家和政客覬覦皇位的思想工具。隋文帝楊堅代周建隋，就得益於符命圖說，所以隋朝統治者深知讖緯符命對於動搖王朝統治的致命性。

唐王朝的建立，也曾得到過讖緯符命的裝點，所以唐代統治者對「左道巫讖」的防範和禁止措施，也很嚴厲。唐律規定：「諸造妖書及妖言者，絞。」這裡的造是指「自造休咎及鬼神之言，妄說吉凶，涉於不順者」。因為這些言行對國家的統治和長治久安構成了威脅，所謂「構成怪力之書，詐為鬼神之語」，「妄說他人及己身有休征」，「妄言國家有咎惡。觀天畫地，詭說災祥，妄陳吉凶」，「傳用惑眾者」[22]，都在嚴厲禁止之列。如貞觀二十年（646 年），有人從道士手中得到一份《五岳真仙圖》及《三皇經》，「受持州官，將為圖讖」，上云：「凡諸侯有此文者，必為國王；大夫有此文者，為人父母；庶人有此文者，錢財自聚；婦人有此文者，必為皇後。」唐王朝獲悉後，立即下令「諸道觀及百姓人間有此文者，並勒送省除毀」[23]。唐王朝還多次下令禁斷圖緯，如唐代宗大曆二年（767 年），下詔指責：「讖緯不經，蠹深於疑眾。蓋有國之禁，非私家所宜藏。」

---

20 《隋書·高祖紀》。
21 《隋書·經籍志》。
22 《唐律疏議》卷十八。
23 《法苑珠林》卷六十九。

但「自四方多故，一紀於茲，或有妄庸，輒陳休咎，假造符命，私習星曆，共肆窮鄉之辯，相傳委巷之譚，作偽多端，順非僥澤。熒惑州縣，詿誤閭閻，壞紀挾邪，莫逾於此」。所以，從「去左道之亂政」的目的出發，「其玄象器局、天文圖書、《七曜曆》、《太一雷公式》等，私家不合輒有。今後天下諸州府，切宜禁斷」[24]。政策雖然嚴厲，但這些「異端邪說」仍以公開的或秘密的形式在民間流傳。由此可見，對於思想上的鉗制和監控，並不是一件很容易的事情。儘管如此，隋唐王朝對於流傳了幾百年，甚至一度還居於官學統治地位的讖緯神學，宣布為「異端邪說」而加以禁斷，在文化史上還是具有重大意義的。

對於佛、道二教中的某些思想，統治者只要認為不利鞏固封建統治，也會視為「異端」而加以禁斷。如道教《化胡經》，在歷史上多次引起佛、道二教之間的激烈對抗，而不利於佛、道二教「共佐王化」的政治功效，所以唐高宗總章元年（668 年），經僧道百官論證定奪，宣布《化胡經》為偽經，並下令「搜集天下《化胡經》焚棄，不在道經之數」[25]。又如佛教宗派三階教，宣揚末世理論，不符合隋唐封建盛世的社會心理，所以三階教雖然出現於以佞佛著稱的隋代，但統治者擔心這種思想會動搖國政，而一直將三階教視為異端。隋文帝、武則天、唐玄宗曾一再下令，將其禁斷，因此，三階教在當時社會上的影響不大。統治者通過剔除佛、道二教中的「異端」，一方面促進了它們的發展，另一方面也使它們鞏固封建統治的功效更加明顯。

隋唐五代時期，是佛教宗派全面繁榮並臻於鼎盛的時期，同時也是佛教由盛轉衰、開始走下坡路的轉折期。針對佛教勢力的膨脹，隋唐統治者曾制定了許多政策和措施，如隋王朝在提倡佛教的同時，又改革佛教的管理制度，加強中央對佛教機構的控制；唐高祖、太宗、玄宗，都曾限制和沙汰偽濫僧尼。但對佛教發展產生影響最大的政策是唐武宗滅佛和周世宗抑佛。從這兩次事件的本身來看，經濟問題是造成滅佛行動的主要原因。唐武宗滅佛，下令拆毀寺廟四萬五千餘所，勒令還俗僧尼二十六萬餘人，解放奴婢十五萬餘人，沒收寺廟良田數千萬

---

24 《舊唐書·代宗紀》。
25 《佛祖歷代通載》卷十四。

頃；周世宗抑佛措施有勒令僧尼還俗和限制剃度出家，拆毀佛寺，並以銅佛像鑄錢等。寺院經濟遭受致命性打擊。但這兩次滅佛行動，除了經濟方面的原因外，在文化發展，尤其是佛教發展方面，也產生了重大影響。唐武宗滅佛後，唐代生動活潑的佛教宗派全面繁盛的局面被抑制，之後除禪宗外，其他宗派大都一蹶不振或中斷流傳，而眾多的外來宗教也遭到毀滅性打擊。佛教發展的黃金時代宣告結束。周世宗抑佛後，原來僅得以勉強維持的北方佛教，更趨衰微。隋唐統治者所奉行的三教並行、多教共存的政策，發生了傾斜。這就為儒學的復興和宋明理學的崛起，及其被定為一尊，開啟了先河。

三、科舉制度的創立與崇文重才政策的形成

科舉制度創制於隋而健全於唐，廢止於晚清，影響中國封建社會後期的選士拔官制度達一千多年之久。它是針對魏晉時期「九品中正制」的流弊而建立的。在這種制度下，學校及社會教育、官員的升擢任免，都服從於科舉考試，選拔人才與培育人才的標準和要求一致起來。不僅促進了唐代教育的發展，而且使隋唐政權具有相當的開放性。

隋文帝建立隋朝和統一中國以後，封建經濟以前所未有的速度發展，庶族寒門地主和自耕農階層的力量迅速壯大。他們要求打破門閥世族把持政權的局面。適應這種形勢的要求，隋文帝宣布廢除九品中正制，採取考試取士的辦法。開皇十八年（598 年），隋文帝令京官五品以上，地方官總管、刺史，以志行修謹、清平幹濟二科舉人，標志著科舉制的正式確立。隋煬帝定十科舉人，其中有「文才秀美」一科，當即進士科。進士科的創立，使科舉制度趨於完善。

唐代科舉制度延續隋制，而又有所創新。唐代科舉制度分常舉和制舉兩種：常舉分秀才、明經、進士、明法、明算、明書、道舉、童子等科，其中以明經、進士最為重要。制舉是由皇帝親自主持的考試，科目多臨時設置，平民子弟和官吏都可以應試，不常舉行，每次錄取人數不過一二人或五六人，不占重要地位。此外，武則天時還創立了武舉。

科舉制的創立，使地主階級全體成員，甚至還包括一些富裕的自耕農，在一定程度上，都有機會均等地通過考試來進入統治集團，從而有利於匯聚天下精英。每當開科取士之時，四方學子雲集京師，趕考應試以博取功名。唐太宗曾欣喜地說：「天下英雄，盡入吾轂中矣。」趙瑕寫詩道：「太宗皇帝真長策，賺得英雄盡白頭。」[26] 大批中下層地主階級知識分子以及自耕農出身的讀書人，由科舉入仕，突破了門閥世冑對政治的壟斷，造成了隋唐政權的開放性與流動性。

科舉制的重要意義還在於它促進了隋唐文化的全面繁榮。科舉要求士子具有較全面的文化修養，詩、文、書、法得樣樣精通，才有可能中第。唐詩的全面繁榮、文體方面的革新、書法上的巨大成就以及傳奇小說創作的風行，無不得益於科舉的推動。一些專科性質的文化部門，如天文曆算、法律、道教等，也受益於科舉發展。科舉制對學校教育的發展促進尤大，因為科舉與學校關係十分密切。在科舉制的推動下，教育向官學、私學以及書院的興起等多方向發展。

科舉制還對崇文重才政策和風氣的形成產生重大影響。隋唐王朝承北周而來，尚武任俠之風特盛。唐王朝建立以後，統治者意識到可以弓馬取天下，而不可以弓馬治天下，守成要難於創業。所以，以唐太宗和魏徵為首的統治集團制定了偃武修文的政策，這一政策為以後統治者所奉行。隨著科舉成為入仕的重要途徑，對士人的吸引力越來越大，「禮部取士，專用文章為甲乙，故天下之士，皆捨德行而趨文藝」[27]。太宗在藩時網羅的秦府十八學士、武後設立的北門學士和玄宗創立的翰林學士，多為科舉出身的文士。唐宣宗甚至自題殿柱曰「鄉貢進士李某」[28]。在這種情況下，尚武任俠之風漸為重文尚才之風所替代。「五尺童子，恥不言文墨焉。是以進士為士林華選。」[29]這就為宋代重文輕武政策的實行，奠定了深厚的社會基礎。

---

26 《唐摭言》卷一。
27 《資治通鑑》卷二〇二。
28 王讜：《唐語林》卷四。
29 《全唐文》卷四七六沈既濟《詞科論》。

四、大一統文化組織的建立與重大文化工程的開展

隋唐五代時期的諸王朝，在制定和頒布一系列重大的文化政策時，還逐步建立完善大一統的文化組織，以保證各項政策的順利執行；同時還憑借大一統的文化組織所擁有的雄厚的財力、人力、物力以及政權之力，組織和開展了一些重大文化工程的建設。

大一統文化組織的建立完善主要有以下幾個重要方面：

（一）完備的學校制度

隋朝建立以後，在學校制度方面多所創制，中央有國子學、太學、四門學、書學、算學等，地方州縣也普遍設置學校。到唐代形成了完備的「六學二館」（國子學、太學、四門學、律學、書學、算學，弘文館、崇文館）的中央官學體系，另外在州縣鄉裡也建立了完善的地方官學體系。與前代相比，隋唐學校制度有三大特點：一是學校教育為科舉服務；二是專科教育，如算學、書法、法律等，開始確立；三是教育、研究、行政三者往往結合為一體，如弘文、崇文兩館兼任研究和行政任務，而太醫署、太樂署等則兼有行政機關、研究所和學校的作用。

（二）設立史館和實行宰相監修制度

隋文帝曾下詔禁止私人修撰史書，到唐代正式設立史館，聚眾修史，以重臣統領，從而強有力地以政權力量統一史學，把握史權。唐代史館除了集中力量修成《晉書》、《梁書》、《陳書》、《北齊書》、《周書》、《隋書》前代六史外，還建立了一套相當嚴密的徵集史料制度，修成大量的《實錄》、《國史》等，這就為五代後晉時修成的《舊唐書》，提供了主要憑據。

（三）官天文研究制度

隋唐時期，政府設有太史局（亦稱渾天監、司天臺、太史監等），掌管天文，制定曆法，其規模遠遠超過前代，僅屬員就有千餘人。集中了耿詢、劉焯、李淳風、梁令瓚、傅仁均、僧一行等名流學者，利用天文官署所提供的種種便利條件，開展了一系列卓有成效的天文曆算研究工作。僅曆法的改定，隋就有四變，唐又有十改。唐玄宗開元十三年（725 年），在僧一行的倡議下，還派人在全國 十二個地方成功實測子午線，這在世界上還是第一次。

（四）太醫署的設立

太醫署歸太常寺領導，主管全國的醫學教育和培養醫學人才，隋時有二百多人，唐時增加到三百多人。分科細密，組織完備，在各州普設醫藥學校。唐高宗時，由政府組織二十餘人修成《新修本草》，成為世界上第一部由國家修定頒布的藥典。此外，隋唐時的醫學機構還有歸門下省領導的尚藥局，負責宮廷醫藥事務。

（五）樂舞管理機構

主要有太樂署、鼓吹署、教坊和梨園，兼具行政、教育、研究職能。他們以政府的力量組織和徵召了大批人才，開展了一系列音樂、舞蹈和散樂百戲的繼承整理和推陳出新工作。這幾個機構最盛時管理的樂舞藝人，多達幾萬人，集中了萬寶常、李龜年、公孫大娘、李可及等著名藝人，整理成《七部樂》、《九部樂》、《十部樂》等宮廷樂舞，還創作了《秦王破陣樂》和《霓裳羽衣曲》等一批大型樂舞，同時還組織了大規模的演出活動，如隋煬帝和唐玄宗時都曾組織過有幾萬人和十幾萬人參加的大型演出，將中國的音樂舞蹈藝術推向空前繁榮的高度。

（六）宗教管理機構

　　隋唐時期管理宗教事務的機構屢有變動，隋及唐初由鴻臚寺管理佛道事務，武則天時佛教歸禮部下屬機構祠部管理，唐玄宗時將道教歸宗正寺管理，同時設立崇玄置和崇玄館，開展道教研究工作。由政府出面組織宗教界人士、文人、學者，開展宗教典籍的整理和收集工作，在佛教方面，有隋文帝組織撰集的《眾經目錄》兩部和抄經四十六藏，十三萬二千零八十六部；唐太宗曾在慈恩寺為玄奘組織有三千人參加的大型譯場，譯出經書七十五部一千三百三十五卷。在道教方面，唐玄宗時在編成《一切道經音義》和《一切道經目》的基礎上，編成《開元道藏》（又名《三洞瓊綱》）。這在宗教發展史上，都是著名的盛事。

　　此外，翰林院也是一個綜合性的文化管理組織，匯聚了詞學、經術、僧道、卜祝、藝術、書弈等各方面的專家學者，專門從事文化事業的創造和發明。還有內園和五坊，則集中了一批雜戲和體育人才，開展了一系列豐富多彩的文體活動。

開成石經

這些大一統文化組織的建立和完善，在充分吸收民間傳統智慧的基礎上，克服了個體科研所面臨的勢單力薄、孤立無援等一系列困難，創造出突出的文化成果。如文學、史學、科技、醫藥的發展，便在相當程度上受惠於大一統文化組織的強勁發展。政府動用國家的力量開展了一系列重大的文化工程建設，隋煬帝曾命虞世南等人撰成中國最早的類書之一《長洲玉鏡》四百卷，還廣泛搜集、整理圖書，按甲、乙、丙、丁四目，分統經、史、子、集四類，藏於東都觀文殿書庫。這種圖書分類方法，為以後各朝所沿用。唐王朝建立以後，憑借政府的力量，組織修撰成《北堂書鈔》、《藝文類聚》、《初學記》等類書，還組織學者整理注釋出「十部算經」，即《九章算術》、《海島算經》、《孫子算經》、《五曹算經》、《張邱建算經》、《夏侯陽算經》、《周髀算經》、《五經算術》、《綴術》、《緝古算經》，對前代的數學成就進行了總結。大一統的文化組織所進行的最為引人注目的文化工程建設項目是，整理、注釋、出版儒家經書，這就是初唐的孔穎達等人撰寫的《五經正義》和顏師古等人編訂的《五經定本》，唐文宗時鄭覃等人又主持雕刻了《開成石經》，五代後唐時還雕版印刷了「九經」。經過這一系列舉措，統一的儒學最終形成。由此可見，大一統的文化組織對於隋唐五代文化的發展，做出了巨大貢獻。但在另一方面，也應該注意到這些組織也成為統治者推行文化專制主義的重要工具，這對於文化發展的多樣性必然會產生一定程度的制約。

第三節·

文化對社會
的影響

　　隋唐五代時期文化的全面繁榮和發展，對當時以及後世的社會產生了重要的影響。這一方面體現在文化對隋及唐前期一統帝國的相繼出現，起了積極的推動作用；另一方面，文化在唐後期及五代十國時期社會從繁榮安定走向分裂動盪的急劇變化中，被深刻地打上了那個時代流轉變遷的烙印。

一、文化對於國家統一和社會穩定的作用

　　隋王朝之所以能夠完成統一中國的大業，除了政治、軍事上的征服和勝利外，還得益於文化上的推動作用。因為單純政治、軍事上的統一和征服，還不算是完整意義上的統一，只有實現文化上的統一，即使南北方人民從文化意識和文化心態上，有一種歸屬和認同感，才算真正實現了統一。

　　南北朝以來，各族人民在生產鬥爭和階級鬥爭的實踐中，逐漸融合。尤其是北魏孝文帝的改革和北周、隋初的改革，更進一步加強了這種融合的趨勢。當隋軍突破長江天險，向江南進軍時，南方人民再也沒有了淝水之戰時那種同仇敵愾的心理，代之以的是簞食壺漿以迎王師的盛況。這說明南北方人民在文化心理上

的向心力，已經大大加強。但這並不意味著南北文化已經完全實現了真正意義上的統一和融合。

隋代統一中國，結束南北分裂割據的局面之後，還面臨著一個如何鞏固統一成果的重大課題。因為在長期南北分裂的局面下，由於社會環境的顯著差別，畢竟形成了南北兩種風格不同的文化。南北兩種文化的衝突以及由此引發的社會矛盾變得異常激烈。南方擁有自成體系的哲學、經學和佛學，還有溫文爾雅的社會習俗，保留了漢族傳統的禮儀。他們以正統的漢文化的繼承人自居，擁有思想文化方面的優越感，並以此鄙視尚武、豪放的北人。北方雖然憑借強大的軍事力量征服南方，但其文化卻有明顯的「胡化」痕跡，所以在爭奪華夏文化正統繼承人的地位問題上，遇到南方文化的強勁挑戰。隋文帝並不滿足於政治、軍事上的勝利，在思想文化上，也要成為主宰。由於他忽略了因長期文化差異而引起的深層次的心理差異，以及由此產生的不適應乃至仇視心態對統一後的隋王朝的危害性，對南方採取了不恰當的文化政策，結果導致了南方的大動亂。

雖然這次動亂的原因有政治、經濟等方面更深層次的因素，但直接的導火索卻是「五教」政策在南方的粗暴推行，南北之間的仇視首先以文化的形式表現出來。為了穩定南方局勢，消除南北文化隔閡，建立和發展共同的文化意識，鞏固統一成果，統治者及時調整和改革了對南方的文化政策。這一政策是由隋煬帝楊廣執行和完成的。

首先，將扶持佛教的政策推廣到南方，利用佛教這一南北人民的共同宗教信仰，來打破存在了近三個世紀的南北地區間壁壘和文化壁壘，爭取宗教界人士對政府的支持。與楊廣關係密切的智顗，創立了中國佛教史上的第一個宗派天臺宗，標誌著南北異趨的中國佛教開始走向了統一。這是隋代文化再統一的成功政策之一。

其次，廣招文化精英，緩和反隋情緒。楊廣不僅招徠在南方有廣泛影響的儒、佛、道三教頭面人物，而且還在他身邊聚集了大批南方著名文人，為保存和整理文化遺產做了大量工作，消解了由於南北文化隔閡所引起的敵對心理，起到了收攬人心、化解反隋情緒的作用。

隋王朝的這一文化戰略，成功地緩和、消除了南人懷疑、觀望和怨恨的態度，對於彌合文化差異，從而實現文化意識和文化心理上的南北大一統，發揮了積極的作用。[30]

唐初也存在著威脅大一統的不穩定因素，其中士族勢力的強大就對皇權不利。唐初的士族地主，主要分為四個地域集團，它們各有所尚：山東士族尚姻婭，江左士族尚人物，關中士族尚冠冕，代北士族尚貴戚。各地域集團的存在，實際上也是一種文化背景上的差異。李唐起自關中，故在唐政權中以關中士族為最強，是左右當時政局的力量。在關中士族中，實際上也包括一部分隴右士族，唐皇室就自稱為隴西李氏。所以，關中士族實應稱為關隴士族。江左和代北士族，在唐代已經沒落。以崔、盧、李、鄭為首的山東士族，雖說在隋末農民戰爭中受到了沉重的打擊，但因為它根深柢固，所以在唐代還有一定的勢力。唐太宗的大臣魏徵、房玄齡、李勣等都爭相向山東士族攀婚，當時三品以上官「欲共衰代舊門（指山東士族）為親，縱多輸錢帛，猶被偃仰」[31]。之所以這些沒落士族還有一定的社會地位，主要是體現在他們擁有深厚的文化底蘊上。

士族勢力的存在對皇權構成威脅。為了抬高皇權地位，唐太宗令高士廉等刊正姓氏，修《氏族志》，標準是「不須論數世之前，止取今日官爵高下作等級」[32]。經過反覆修訂的《氏族志》在「崇重今朝冠冕」的原則下，一部分做官的庶族地主獲得了士族身分，而沒落的門閥舊族則進一步受到打擊，對加強皇權有利。

自唐高宗時起，《氏族志》有幾次改動，最重要的是武則天改修《氏族志》為《姓氏錄》。修訂《姓氏錄》的原則是，「皇朝得五品官者，皆升士流」。許多以軍功得五品官者，都被列入士族，後族武氏被定為第一等。門閥士族在《姓氏錄》中雖然有名，但他們卻不得不與被他們瞧不起的軍功官僚並列，這實際上是

30 參見王大建：《隋代文化政策的調整與改革》，載《文史哲》，1995 年第 3 期。
31 《舊唐書·高士廉傳》。
32 同上。

降低了他們的身分。因此他們十分惱火，「皆號此書為勳格」[33]。

從唐太宗修訂《氏族志》，到武則天改修《姓氏錄》，其意都在於以一個統一的文化標準來團結各種文化背景的人，打擊門閥士族勢力，扶植庶族地主勢力，這對於當時社會階層的變動，產生了深遠的影響。到唐後期，在經濟上沒落的門閥士族勢力，在政治上成為主張加強中央集權和統一，反對分裂割據的力量。這不能說不得益於文化觀念上的改觀。

而中唐以來藩鎮割據局面的形成，尤其是為禍最烈的河朔三鎮，除了政治、經濟方面的原因外，與文化種族上的差異也有重要的關係。

從這裡可以看出，文化對於國家的統一和社會穩定所起的重要作用。

二、文化結構的調整與社會的變更

從中唐開始，中國封建社會經濟結構發生了巨大變化，地主土地所有制排擠了均田制，兩稅法代替了租庸調。隨著庶族地主經濟的發展以及世俗地主力量的壯大，逐漸取代了門閥地主，成為歷史舞臺上的主角。由於世俗地主力量興起時，正值國勢衰微以及陷入空前戰亂的唐後期及五代十國時期，這種急劇的社會變更，強烈地反映出那個時代文化變遷的影響。

安史之亂以後，一方面由於藩鎮割據，社會從繁榮安定陷入分裂動盪的局面，另一方面由於社會經濟的持續發展，尤其是伴隨著南方經濟的崛起和發展，城市呈現出一派繁華的景象。在這種貌似繁華而實際虛弱的局面下，文化的發展也出現了一大流轉。

對社會的急劇變遷感受強烈的文人士大夫們，在經歷了迷惘、困惑而又滿懷憂患的痛苦歷程之後，一部分經世意識濃烈的士大夫在深刻反思封建統治危機的

---

33 《舊唐書·李義府傳》。

同時，相繼在文化領域掀起了元、白新樂府運動，韓、柳古文運動以及啖、趙新經學運動。他們無不以傳統儒學經世致用的思想相標榜，交相推引，一個強勁的儒學文化復興運動出現在中晚唐的思想界。另一部分士大夫，在社會劇變的強烈刺激下，突然感到自信心的崩潰與人生理想的破滅，為了尋求新的心理平衡，他們逃遁、退避於現實世界之外，轉而到彼岸世界去尋覓內心世界的安寧與平靜，這就是中唐以後風靡士林的狂熱禮贊南宗禪的禪悅之風。文人士大夫們在參禪拜佛的同時，發現禪學與孟學的致思趨向極為相似，這就導致一些人開始自覺地把兩者溝通起來，「援佛入儒」，「糅道入儒」，成為中唐以來儒學發展的一大趨勢。其中最為典型的人物就是排佛最烈的韓門弟子李翱。

中唐以後興起的儒學復興運動和禪悅之風兩大思潮相並流，促進了儒學從漢學向宋學的轉變，成為主導封建社會後期的政治文化意識的理學興起的先聲。這種文化結構上的調整，反映了封建社會從前期步入後期時，在文化意識形態和思想領域內重現一統局面的要求。宋明理學的構建正是適應這種變化而興起的。

中唐以來，文化結構上的調整對當時社會的變更產生了潛移默化的影響。由於援佛入儒、糅道入儒，佛、道思想的精華為儒學所吸收，進而推出新的統一文化意識的儒學新體系，所以隋及唐初統治者所確定的以儒學為正宗、三教並重的統治政策，也在悄悄發生變化。統治者對於佛教所起的教化作用和與儒學共佐王化的需求減少，而佛教勢力與封建統治在經濟和政治利益上的衝突卻日趨激烈，最終導致了唐後期的武宗會昌滅佛和五代後周世宗的抑佛運動。會昌滅佛和世宗抑佛之後，佛教進一步衰落，更不能與儒學相抗衡，這就為統治者在統治政策上從三教並重到將理學定於一尊的過渡，奠定了基礎。

這種文化結構上的調整，還對當時社會的開放性產生影響。中唐以來，社會的開放性逐漸減弱，盛大、熱烈、歡快、明亮的文化局面逐漸趨向灰暗、壓抑、衰弱、敏感的色調，封建統治的內斂性也逐漸增強，社會開始走向緊縮。

文化深層次上的反思和文化結構上的調整，還促使中唐以來一系列政治經濟改革的產生。一部分憂患意識濃厚的士大夫，為了挽救江河日下的唐王朝，在統治階級內部掀起了一次又一次的改革運動。安史之亂以後，先有第五琦改革鹽

法、劉晏整頓漕運和楊炎推行兩稅法，繼而又有柳宗元、劉禹錫等人參加的永貞革新，文宗時又有李訓、鄭注謀誅宦官的甘露之變以及憲宗元和中興和武宗會昌削藩的措施，五代後周世宗的改革最為徹底，為北宋統一南北局面的出現，做出了積極的貢獻。這一系列政治經濟上的改革，無不體現出地主階級內部一批有作為的政治家和文化人的社會責任感，也反映出他們在文化上富有積極意味的反省與抉擇精神，這對於中國封建社會後期凝聚意識、統一意識的增強，產生了積極的作用。

第二章

高昂壯闊的
時代精神

　　歷時三百餘年的隋唐五代時期，是中國人值得驕傲的歷史時代。這一時期，隨著統一的封建國家的鞏固和發展，社會經濟高度繁榮，國力強盛，中華民族的自信心空前高漲。社會上普遍奔湧著昂揚奮發的意識，使這一時期的文化具有一種高亢、明亮的時代特色，創造了當時世界上最先進、發達的燦爛文化，對亞洲和世界文明的進程產生了巨大的影響。開放的隋唐社會，其文化精神頗有可足稱道者：開明寬鬆的文化氛圍、兼容並蓄的博大胸懷、豐腴富麗的獨特風格，最能體現這一時期高昂壯闊的時代精神。

第一節·
開明寬鬆
的文化氛圍

　　隋唐五代時期的中國封建社會處於繼續上升發展的階段，隋及唐前期的統治者對自己的文治武功及大一統的事業充滿了信心，因而採取了比較開明的文化政策；到唐後期及五代十國時期，雖然國勢衰微，但開明、寬鬆的文化政策並未曾遽然而止。反而隨大一統專制政權的衰落，其本身所固有的對文化進行強力干預的能力有所削弱，文化生動活潑的多元整合局面，得以進一步的擴展和深化。

　　首先，在意識形態領域內，由於儒、佛、道並存而沒有形成一學一教的獨尊，人們在思想信仰上擁有相當的自由和迴旋餘地，所以當時社會上有的崇儒，有的奉佛，有的入道，或兼通三教，或中途改宗，更有甚者，脫下袈裟，穿上道袍，終又改換儒服，出入三教，游刃有餘，皆不以為異。甚至在當時的朝野還彌漫著一股對「三教」輕謾的社會風氣。唐懿宗朝，曾有人在剛結束佛、道論對的御前，拿三教教主尋開心，當局者不僅不以為罪，反而予以重賞。據高彥休《唐闕史》卷下記載：

　　咸通歲，優人李可及者……嘗因延慶節繒黃講論畢，次及倡優為戲。可及乃儒服峩巾，褒衣博帶，攝齊以升崇座，自稱三教論衡。其隅座者問曰：「既言博通三教，釋迦如來是何人？」對曰：「是婦人」。問者驚曰：「何也？」對曰：「《金剛經》云：『敷座而坐』，或非婦人，何煩『夫坐』然後『兒』坐也」。上

為之啟齒。又問曰：「太上老君何人也？」對曰：「亦婦人也」。問者益所不諭，乃曰：「《道德經》云：『吾有大患，是吾有身；及吾無身，吾復何患』。倘非婦人，何患於有『娠』乎」。上大悅。又曰：「文宣王何人也？」對曰：「婦人也」。問者曰：「何以知之？」對曰：「《論語》云：『沽之哉，沽之哉，我待價者也』。而非婦人，待『嫁』奚為」。上意極歡，寵賜甚厚。翌日，授環衛之員外職。

李可及對「三教」的輕謾，實際上具有一種文化心理的普遍性。唐代確乎有一股比較自由的空氣。儒士、經書及其祖師不斷受到鄙薄和嘲弄，如王維寫詩道：「植福祠迦葉，求仁笑孔丘」；李白曾狂歌：「我本楚狂人，鳳歌笑孔丘」[1]；高適亦有言：「大笑向文士，一經何足窮」[2]；乃至作夢都想「致君堯舜上」的杜甫都吟有「儒術於我何有哉？孔丘盜跖俱塵埃」[3]的驚世駭俗之言；到晚唐的杜牧更公然說：「跳丸相趁走不住，堯、舜、禹、湯、文、武、周、孔皆為灰」[4]。不但儒學祖師被嘲諷，而且連儒家所推崇的聖人也一概被否定。非儒薄孔，非聖薄尊，習以為常，並不視為大逆不道。在此情況下，「生徒不復以經學為意」[5]也就可以理解了。

儒學在唐初經過整理，由政府頒定了孔穎達和顏師古等人考訂的《五經正義》和《五經定本》，重新統一了儒學，並恢復了其作為封建國家立國之本的地位。但儒學自從漢代獨尊的地位上跌落下來以後，經過魏晉南北朝時期儒學發展的低谷，直到隋及唐初仍然未能恢復元氣。儒學遭受冷落，並由此帶來信仰危機，反而使其擺脫了作繭自縛的局面，獲得某種程度上的新生，極度式微之後的儒學到中唐以後開始復蘇。唐人治經業儒，很少拘泥墨守於孔、顏之傳統，如治《左傳》的徐文遠，「多立新義」，「又出己意，博而且辨，聽者忘倦」[6]；又如治《春秋》的啖助、趙匡、陸淳，也衝決漢唐訓詁傳統和章句藩籬，廣泛攝納儒學

1　《李白集·廬山遙寄盧侍御虛舟》。
2　《全唐詩》卷二一一《塞下曲》。
3　《杜甫集·醉時歌》。
4　《樊川文集·池州送孟遲先輩》。
5　《舊唐書·儒學傳》。
6　同上。

外諸家精華，表現出一種「捨傳求經」的新學風，時稱「皆為異儒，頗傳其學」；即使如以復興和振興儒學為己任的韓愈，也決非抱殘守闕之輩，自覺或不自覺地吸收了他所極力排斥的佛教思想中的精華，開始構建新的儒學理論體系，他曾有詩云：「春秋三傳束高閣，獨抱遺經究始終。」[7]從而顯示出一種具有普遍意義的批判漢唐繁瑣義疏訓詁之學的時代意向，在空氣沉悶的經學研究中拓展出一片生動活潑的新天地，成為儒學從漢學向宋學過渡的先聲。

佛學內部也出現了許多非祖薄經的異端邪說。如一些知名禪僧，不僅連佛法都一概否定，而且連佛祖也要呵罵烹殺。被尊為禪宗「馬祖」的天然禪師不僅「劈佛」烤火，而且「鄙佛」，公然聲稱「佛之一字，永不喜聞」[8]！仰山慧寂說：「《涅槃經》四十卷……總是魔說！」連從瓦礫擊竹聲中都能「廓然省悟」的靈祐弟子智閑也發誓：「此生不學佛法」[9]；臨濟義玄甚至說：「你欲得如法見解，但莫受人惑，向裡向外，逢著便殺。逢佛殺佛，逢祖殺祖，逢羅漢殺羅漢，逢父母殺父母，逢親眷殺親眷，始得解脫。」[10]他把誦經諷刺為：「把糞塊子向口裡含過，吐與別人」，視佛祖「猶如廁孔」。甚至像逍遙懷忠，也公然要「烹佛」、「烹祖」[11]！在他們的眼中，佛法不過是「吃飯、著衣、屙屎、送尿」，「運水搬柴即是般若」，結果大大降低了佛國的神聖性，容易使人對佛祖失去應有的尊敬。類似這種對「聖教」玩世不恭，甚至離經叛道的言行表現，在各種佛教《語錄》、《燈錄》裡屢見不鮮，都能得到優容。可見在當時的思想文化領域內，制約和監控相當薄弱。

其次，在文化創造的道路上，禁忌較少，言論著述有較多的自由，鼓勵創作的多途發展。誠然，有唐一代的文人士大夫，不是沒人被貶殺，更不是沒人困頓不遇，但那多半是由於直接置身於政治角逐漩渦的緣故，因文字而獲罪者畢竟很少。宋人洪邁曾不無羨慕地指出：「唐人歌詩，其於先世及當時事，直辭詠寄，

7　《韓昌黎文集·致盧全》。
8　《景德傳信錄》卷十四。
9　《五燈會元·智閑傳》。
10　《古尊宿語錄》卷四。
11　《五燈會元·逍遙懷忠傳》。

略無避隱。至宮禁嬖暱，非外間所應知者，皆反覆極言，而上之人亦不以為罪。」他在羅列了一長串例證之後，很是感慨地結以一句「今之詩人不敢爾。」[12] 眾所周知，「宮禁嬖暱」事關君王隱私與偶像，歷來禁忌無比，唐代既許「反覆極言」，對「當時事」的嘲諷、譏刺、抨擊幾無顧忌就可想而知，且不避權要與至尊。

偉大的現實主義詩人杜甫，歷經唐朝封建政治由盛轉衰的變化時代，在顛沛流離的困頓生活中，深刻地感受到統治階級的腐朽和人民的痛苦，在安史之亂前，他還在長安時就曾經寫下《兵車行》、《麗人行》等光輝詩篇，唱出了「朱門酒肉臭，路有凍死骨」這樣流傳千古的名句，把諷刺的矛頭直指當時氣焰熾盛的楊氏兄妹和當權者唐明皇。安史之亂後，他在長期的漂泊生活中，又進一步寫出了《羌村》、《北征》和《三吏》（《新安吏》、《石壕吏》、《潼關吏》）、《三別》（《新婚別》、《垂老別》、《無家別》）等著名詩篇，描述人民的苦難，揭露統治階級的腐朽殘暴。由於杜詩真實地反映了當時廣闊的社會現實生活，因而有「詩史」之稱。白居易、元稹一派沿著杜甫所開啟的路徑，以詩筆反映民生疾苦，觸及時事，為社會呼喊，發起了新樂府運動。他們鮮明地提出：「文章合為時而著，歌詩合為事而作」[13] 的宗旨，在創作實踐中，「暴露」遠勝於「歌頌」。白居易自己就曾舉例說：「聞《秦中吟》，則權豪貴近相率而變色矣；聞《登樂遊園》寄足下詩，則執政柄者扼腕矣；聞《宿紫閣村》詩，則握軍要者切齒矣。大率如此，不可偏舉。」[14] 他的名篇《長恨歌》諷刺玄宗荒淫誤國，《琵琶行》傾訴個人的不平與悲憤，當政者不但毫不介意，還作詩追念云：「童子解吟長恨曲，胡兒能唱琵琶篇。文章已滿行人耳，一度思卿一愴然。」[15] 其他如元稹的《連昌宮詞》、張祜的《雨霖鈴》、李商隱的《華清宮》、《馬嵬》、《驪山》、《龍池》諸詩，莫不是直詠開元、天寶年間的宮闈秘事的。所有這些對「當時事」的譏諷、揭露、抨擊，間或有礙作者仕途，但在政治上卻幾乎沒有招致所謂影射、污蔑、攻

---

12 《容齋隨筆‧唐詩無諱避》。
13 《白居易集‧與元九書》。
14 《舊唐書‧白居易傳》。
15 《全唐詩》卷四唐宣宗《弔白居易》。

擊而橫遭貶殺與禁絕者，相反，還受到某種賞識與歡迎。元稹與白居易的諷喻詩篇，流入宮禁，誦於後宮之口，達於最高統治者之耳，竟還因此而得到重用。

即使對那些背叛失節但有才氣的文章作者，也得到少見的寬恕與厚遇。如駱賓王參與徐敬業反叛並起草了近於人身攻擊的《討偽武氏檄》，武則天的反應首先不是恨其叛己，而是憐其不遇：「宰相之過也。人有如此才，而使流落不遇乎！」[16]駱賓王敗亡後，「文多散失。則天素重其文，遣使求之。有兗州人郗雲卿集成一卷，盛傳於世」[17]。上官婉兒繼承和發揚了其祖父上官儀的詩風，為當時士大夫所仿效。由於她出眾的才華與特殊的身分，皇帝令她代朝廷品評天下詩文，一時京師文人詩客盛集其門下。後來，李隆基發動政變，殺了上官婉兒，也不因其人而廢其文，反「令收其詩筆，撰成文集二十卷，令張說為之序」[18]。若說駱賓王的背叛尚有懷才不遇之故，上官婉兒的被殺亦因捲入政治風雲之嫌，那麼安史之亂中「甘心從賊」者應無辭可解。但是，當崔器主張以誅殺嚴懲時，李峴認為「概處極法，恐乖仁恕」，提出「議六等定罪」，「當時無不是李峴而非崔器」[19]。可見世道人心之所向。以王維為例，他在安史之亂中曾出任偽職，事後不僅寬赦不誅，還得以升官，安享天年。代宗下令輯其詩文時，還特詔褒揚他為「天下文宗，位歷先朝，名高希代，抗行周雅」，「詩家者流，時論歸美」[20]。並不以其德行氣節虧損而禁毀其文，貶污其名，否定其功。這種空前絕後的寬容氣氛，在歷史上也是很罕見的。

文網的寬疏和文禁的鬆弛，使唐代士人有一種狂狷氣質，他們當哭便哭，當笑便笑，毫無禁忌猥瑣之態，直抒胸臆。他們既不因得到當權者的賞識而欣喜若狂，也不為得罪權幸而誠惶誠恐，甚至還笑傲王侯。天寶初，李白奉召入京，「神氣高朗，軒軒然若霞舉」，玄宗見之都「不覺無萬乘之尊」，而降輦步迎；[21]

---

16 《資治通鑑》卷二〇三。
17 《舊唐書‧駱賓王傳》。
18 《舊唐書‧後妃‧上官婉兒傳》。
19 趙翼：《廿二史札記》卷二十。
20 《全唐文》卷四十六唐代宗《答王縉進王維集詔》。
21 段成式：《酉陽雜俎》。

還在歷史上留下了權幸為其脫靴磨墨的佳話。唐代士人普遍具有傲岸自負之態，類似「恃才傲物」、「言論倜儻」、「詭激嘯傲」、「不拘細行」或「狂率不遜」之輩，所在多有。言論和行動上的少有忌諱，使唐代士人充滿了文化創造的活力，他們積極探索創作道路的多樣性，在詩、文、書、畫、樂、舞、雕塑等諸方面，都取得了舉世公認的成就。

這的確是一個文化政策較為開明的時代。寬鬆的文化氛圍，使得唐代文化人對事物的感受任情率真、自由馳騁，他們幾無政治恐懼，勇於標新立異，革新創造，因而風格迥異、流派紛呈的文化萬象奔湧而出，從而賦予唐文化充實而又光輝的內涵。

第二節 ·
兼容並蓄
的博大胸懷

繁榮昌盛的隋唐文化之所以能夠成為中國文化發展史上的一座高峰，是與它匯聚了來自四方八面的各種文化因子分不開的。隋唐文化以一種兼容並蓄的博大胸懷，融合和吸收了國內外各地域和各民族的優秀文化成果，經過一番消化、改造和淘汰的過程，抉取了其中的有機成分，鍛鑄成了一種在中國文化史上具有里程碑性質的開放型文化。這種宏大的氣派，與整個時代精神是相契合的。正如英國著名學者威爾斯在他的名著《世界簡史》中，比較歐洲中世紀與中國盛唐時的差異說：「當西方人的心靈為神學所纏迷而處於蒙昧黑暗之中，中國人的思想卻

是開放的、兼收並蓄而好探求的。」

首先，隋唐文化大規模地兼容外域文化，採擷其英華，滋養和豐富了本民族的文化。

隋唐時期是中古史上中外文化大交匯的重要時期，來自世界各地的各種形式和風格的文化因子，如同「八面來風」，從帝國開啟的國門中一擁而入，陸上絲綢之路和海上絲綢之路成為中外文化交流的重要孔道。尤其是陸上絲綢之路，以強盛的帝國國力為依據，在較長的一段時期內始終保持著暢通無阻。各種膚色的商人、使者、僧侶以及冒險家，紛紛來往於進出帝國的各條孔道上，將南亞的佛學、曆法、語言學、音樂、美術，中亞的音樂、舞蹈，西亞的祆教、景教、摩尼教、伊斯蘭教、醫術、建築藝術等，輸入東土。據不完全統計，當時和中國通使交好的國家，主要有七十多個。唐政府專門設置了鴻臚寺來接待各國的文化使者，在朝廷的太學中還有為數眾多的外國留學生，有不少外國人還供職於政府機構。長安、洛陽、揚州、廣州、泉州、益州等大城市成為外域文化傳播的重要場所，尤其是首都長安，不僅是國際性的大都會，而且成為中外文化匯聚的中心。

長安雲集著來自世界各地的各種不同身分的人，盛唐時，活躍在長安藝術殿堂上的樂舞藝人中，來自外域的藝術家占有相當的優勢。如米國的歌唱家米嘉榮，曹國的琵琶世家曹保、曹善才、曹綱祖孫三代，康國的康崑崙，安國的安叱奴，以及史、石等國的胡旋舞、胡騰舞、柘枝舞表演者，都是極受歡迎的藝術家。由扶南樂師傳授給後宮歌女的扶南樂，被朝廷列為

牙雕騎象菩薩像（唐）
甘肅榆林窟傳世品

宮廷正式樂舞，在節慶宴享時獻演。德宗貞元十八年（802 年），驃國王雍羌派遣弟悉利移、城主舒難陀率樂工三十五人，帶來驃國樂二十二曲，到長安演奏，轟動了長安城，著名詩人白居易、元稹、胡直鈞、唐次等紛紛寫詩稱贊驃國樂曲的優美。這些外域樂舞藝術的湧入，深刻地影響到隋唐樂舞藝術的發展，開元、天寶年間，受外來風氣影響嚴重，奏胡樂、跳胡舞成為當時的時髦風尚，「臣妾人人學圓轉」、「洛陽家家學胡樂」，反映的就是受容外域文化的景象。

海獸葡萄紋銅鏡（唐）
1958 年西安獨孤思貞墓出土

隋唐時期受容外域文化的規模是巨大的和全方位的。吐火羅國一次就給唐朝帶來乾婆羅多等藥物二百餘種，以及汗血馬、玻璃、瑪瑙、金精等物；獅子國也經常進貢大珠、鈿金、寶瓔、象牙、白㲲等貴重禮物；至於波斯人在內地開設的酒家、珠寶店、藥材鋪等所謂的「胡店」，更是比比皆是；印度的蔗糖製造技術，尼婆羅的波棱（菠菜）、渾提蔥和酢菜等，更是深受唐人的歡迎。據美國著名學者謝弗的名著《撒馬爾罕的金桃——唐朝的舶來品研究》（*The Golden Peaches of Samarkand，A Study of Tang Exotics*）[22]統計，當時輸入唐朝的外來物品分為十八類，共一百七十餘種，涉及唐人生活的方方面面，如家畜、野獸、飛禽、皮毛和羽毛、植物、木材、食物、香料、藥物、紡織品、顏料、礦石、寶石、金屬製品、世俗器物、宗教器物、書籍等，舉凡生活所需、日常所用，幾乎無所不包。

外域文化的湧入，給唐人文化生活增添了萬千風采。正是在長安貴族府中常有從波斯、大食等地輾轉而來的被稱為所謂的「崑崙奴」的黑人奴隸為家僕的活動，才有了唐人裴鉶《傳奇》中《崑崙奴》故事的創作，也才有唐墓出土的崑崙

---

22 該書已由吳玉貴翻譯成《唐代的外來文明》，北京，中國社會科學出版社，1995。

奴俑的藝術形象出現；也正是受波斯薩珊王朝藝術風格的影響，唐代早期的金銀器、銅鏡、玻璃器都帶有濃郁的波斯特色，如以海獸葡萄紋裝飾的銅鏡；甚至在一些以獸頭為飾的唐三彩和以動、植物圖案以及聯珠紋、幾何紋圖樣裝飾的絲織品上，也強烈地反映出唐文化融合波斯文化所形成的特色；其他如深受南亞色彩暈染法浸潤的畫壇，來自天竺、拂菻等國的雜技、魔術藝術以及大秦的「醫眼及痢……或開腦見蟲」的療術，無不顯示出隋唐文化受容外域文化的巨大能力。

外域文化在大規模輸入中國文化系統時，表現為物質性的文化形態似乎更易受容於中國文化，而精神性的文化形態在受容過程中則往往會遇到較多的阻力。如宗教思想文化的傳播即是如此。

就宗教的傳播而言，隋唐統治者基本上採取了兼收並蓄、諸教並行的政策，除原有的土生土長的道教和早已傳入的佛教繼續發展外，來自中亞和西亞的摩尼教、景教、祆教以及伊斯蘭教等外來宗教，亦受到唐王朝的歡迎，各自在長安和外地相繼建立起了本教派的傳教基地——廟宇祠堂。摩尼教在長安的寺廟，還得到過皇帝的賜額「大雲光明寺」。在廣州甚至還有古印度的宗教婆羅門教的寺廟。這都反映出唐政府對各種宗教兼容並包的態度。

南亞佛教在傳入中國以後，到隋唐時期已經過三四百年的流傳，它在華夷之辨、禮敬王者尊長以及忠孝觀方面，與中國固有傳統文化形成過尖銳的衝突，這種衝突一直到唐初還比較激烈。但從隋代開始，佛教宗派的全面創立和繁盛，使得佛門高僧引進儒、道，以本土化的意識進行改造，最終形成以禪宗為代表的中國化的佛教。在佛教的中國化問題上，深刻地體現出中華文化的巨大包容性和博大精深。

有的學者曾以「世界性文化」一詞來概括隋唐時期文化的風貌，但需要特別指出的是，這種「世界性」僅僅昭示了本期文化兼容並蓄的時代精神。外域文化的大規模輸入絲毫也沒有改變中國文化的內核，而是在經過主體文化的抉擇、吸收、改造後，最終轉化為中國文化肌體中的有機物，構築起真正中國氣派、中國風格的新型文化。

其次，隋唐文化涵蓋了當時中華各民族的優秀文化成分，充實和發展了漢文化。

經過魏晉南北朝時期多民族文化的衝突與融合，隋唐時期的文化已經不單純是傳統的華夏文化，而是以漢族文化為主的並包胡、漢各族文化的結合體。

歷史上，由於中原農耕民族和北方游牧民族的長期對壘，傳統的華夷之別和夷夏之防的觀念根深蒂固地存在於農耕人的腦海中；又由於農耕人在文化上長期居於優勢地位，所以在種族觀念上又形成了一種唯我華夏獨尊的優越感。表現在對待周邊少數民族及其文化的態度上，也是一種鄙視和妄自尊大的心態。但在隋唐五代時期，農耕民族則是表現出一種無所畏懼、無所顧忌的兼容並包各族文化的大氣派。正如魯迅先生所說：「漢唐雖然也有邊患，但魄力究竟雄大，人民具有不至為異族奴隸的自信心，或者竟毫未想到，凡取用外來事物的時候，就如將彼俘來一樣，自由驅使，絕不介懷。」[23]「絕不介懷」意味著華夷胡漢間深層阻隔的消退。所以，儘管有衝突，有戰事，都無礙於對周邊各族文化容納與開放的大局。

隋唐文化吸納各民族文化的優秀成分是多方面的。隋、唐王朝的相繼建立，就是北方少數民族貴族——尤其是鮮卑貴族與漢族地主階級合流，形成關隴貴族軍事集團的重要成果，也是國內各族人民共同締造的優秀結晶；同樣，五代時期的所謂「沙陀三王朝」（後唐、後晉、後漢），也是沙陀族上層分子與漢族地主階級在政治上全面合流的結果。這一時期的許多重要制度，如均田制和府兵制的實行，正是各族文化融合在政治制度上的反映。均田制度開始推行於北魏時期，它是鮮卑貴族促進民族融合的政策之一；府兵制度肇始於西魏北周時期，它也是鮮卑貴族與漢族地主在政治上合流的政策。

胡、漢文化的結合，使隋唐五代時期的文化面貌發生了巨大的改觀。充溢這一時期的尚武和游俠精神，正是胡文化氣質浸潤的結果。拿文化創造的主體文人

23　《魯迅全集》卷一《墳·看鏡有感》。

士子來說，由於在他們的血脈中湧動著胡文化的血液，所以使他們表現出一種豪爽勁健的氣概。他們普遍追求奔赴邊塞、建功立業的宏圖壯志，縱使由於種種原因而不能親臨沙場，也流露出對行走江湖的俠客猛士的向往。在唐人的詩文作品中，有一類歌詠游俠的詩篇和反映游俠生活的傳奇故事，正是這種社會風氣的體現。

至於唐人文化生活的方方面面，都充盈著一種「大有胡氣」的氣質。如唐人在婚姻觀、性觀念和婦道貞操方面，就受北方少數民族婚俗的影響很深，禮法觀念相對淡薄。宋儒朱熹早就注意到了這一點，他曾說過：「唐源流出於夷狄，故閨門失禮之事不以為異。」[24] 意指「胡風」、「胡俗」對男女、婚姻、家庭方面的衝擊與影響至深且巨。

隋唐樂舞繪畫藝術也深受胡風浸染。胡曲與胡舞深受各階層人民的喜愛，不管是宮廷還是民間，到處可以聽到胡樂的演奏和看到胡舞的表演。隋唐九部樂和十部樂中，來自今新疆一帶的樂舞就有《龜茲樂》、《疏勒樂》、《高昌樂》。尤其是《龜茲樂》最為流行，據《舊唐書·音樂志》載：「自周、隋以來，管弦雜曲將數百曲，多用西涼樂，鼓舞曲多用龜茲樂，其曲度皆時俗所知也。」由於胡音胡樂的如潮湧入，致使開元、天寶年間的長安，滿眼的西域樂舞。詩人元稹寫詩回憶當時的情景云：「女為胡婦學胡妝，伎進胡音務胡樂」，「胡音胡騎與胡妝，五十年來競紛泊」[25]。便是胡曲與胡舞風靡朝野的真實寫照。在繪畫方面，於闐畫家尉遲跋質那和尉遲乙僧父子曾分別在隋和唐朝為官，他們所傳來的西域「凹凸法」畫風，對隋唐繪畫的發展產生了巨大的影響，唐朝著名畫家吳道子的畫風就深受其影響。

在飲食和服飾方面，胡化傾向也很強烈。關於這方面的情況，我們在後面還要專門論述。[26]

---

24 《朱子語類》卷一一六《歷代類》。
25 《元稹集》卷二十四《法曲》。
26 見本書第十三章第三節「社會風俗與時尚·胡氣氳氳的衣食」。

對唐人生活中的「胡氣」，向達先生曾有一個總結，他說：

開元、天寶之際……長安胡化盛極一時。此種胡化大率為西域風之好尚：服飾、飲食、宮室、樂舞、繪畫，競事紛泊；其極社會各方面，隱約皆有所化，好之者蓋不僅帝王及一二貴戚達官已也。[27]

正是這種並包胡、漢各族文化的大融合，才使得隋唐五代時期的文化更加多姿多彩、絢麗輝煌。

最後，隋唐文化融合了南北各地的文化，形成一種全國性的、不分地域的多元、混合型文化。

由於魏晉南北朝長期的分裂戰亂，以及由此造成的胡、漢文化的持久和反覆的衝突，從而形成了南北文化上的差異和東西文化上的區別，一些富有地域特色的文化色彩也進一步得以強化。隋唐大一統封建王朝的相繼出現，為中華文化兼取南北文化之長、吸收東西文化之精華和融合各地域文化之優勢，創造了新局面。

反映在思想文化上，就是隋唐時期的地主階級集團以奄有天下的一統氣魄，竭力消除南北各地文化之間的隔閡和敵對狀態，力求兼收並蓄，博采眾長，建立和發展共同的文化意識。體現在歷史觀方面，就是隋唐五代時的歷史文化意識明顯比南北朝時進步。在南北朝分裂敵對的狀況下，雙方為標榜自己是正統，互相詆毀。南朝的沈約撰《宋書》，貶稱拓跋鮮卑建立的北魏為「索虜」，蕭子顯的《南齊書》則改稱「魏虜」；而北朝的魏收在《魏書》中，反唇相譏南朝政權為「島夷」。隋、唐王朝建立以後所修的「八史」（《晉書》、《梁書》、《陳書》、《北齊書》、《周書》、《隋書》、《南史》、《北史》），站在國家統一的立場上，縱覽全局，視南北朝為兩個並列發展的歷史整體，刪除了互相歧視的對立內容，平實分析南北文化之優長，充分體現了隋唐文化兼容並包的時代精神。

---

27 向達：《唐代長安與西域文明》，41 頁，北京，三聯書店，1987。

隋、唐王朝的建立，還為儒學的振興和發展提供了契機。南北朝時期，由於政治上的分裂，儒學的發展也受到了影響，《隋書·儒林傳序》指出：「南北所治，章句好尚，互有不同。……大抵南人約簡，得其英華；北學深蕪，窮其枝葉。」南北差別很大。為了適應大一統國家的需要，唐初詔令著名學者孔穎達和顏師古，斟酌南北儒學流派之優長，博考前儒之異說，經過反覆討論和商榷，頒定了《五經正義》和《五經定本》。這標志著自東漢以來諸儒異說的全部統一，至此儒學內部的爭論告一段落，大一統國家的科舉考試有了統一的標準。它也為中唐以來儒學的復興乃至兩宋理學的建構提供了前提。

佛學是隋唐文化的重要組成部分，隋唐佛學的高度繁盛，也與它綜合南北佛教流派之特點、推出全面中國化和本土化的佛教宗派有關。南北朝時期，由於南北政權的對立、地理阻礙，促使南北佛教形成不同的學風，其表現是南文北質：南朝偏尚理論，以玄思拔俗為高；北朝崇尚實行，禪風特盛。隋唐統一政權建立以後，佛教也順著求同求通的趨勢，綜合南北思想體系，由學派進而演變成若干新的宗派。隋朝時，由智顗創立的中國佛教史上的第一個宗派天臺宗，就是在兼採南方重義理、北方重禪定的基礎上，提出定慧雙修、止觀並重的原則，從而標誌著南北異趨的中國佛教開始走向了統一。隨後相繼建立的華嚴宗、法相宗、律宗、禪宗等佛教宗派，莫不是順著此軌跡發展的。

反映在文學藝術創作觀上，也體現出融合南北各地風格的趨勢。《隋書·文學傳序》指出：南北文學，「彼此好尚，互有異同。江左宮商發越，貴於清綺；河朔詞義貞剛，重乎氣質」。唐朝魏徵主張「各去所短，合其兩長」。唐詩正是在融合南北、去短取長的基礎上，而臻於繁盛的。樂舞的發展也得益於總結前代、融合南北各地風格。《舊唐書·音樂志》指出：「梁、陳舊樂，雜用吳楚之音；周、齊舊樂，多涉胡戎之伎。於是斟酌南北，考以古音作為大唐雅樂。」隋唐樂舞分為「健舞」、「軟舞」。「健舞」雄壯有力，節奏感強，更多地體現了北方地區豪爽剛健的性格；「軟舞」舒緩典雅，華麗柔媚，突出的是南方清淡陰弱的氣質。正是隋唐文化所具有的這種兼容並包的博大胸襟，才使得它不僅能夠吸納南北各地風格的樂舞精華，而且還能寬容類似於《伴侶曲》和《玉樹後庭花》這樣的「亡國之音」。

魯迅先生曾經說過：「唐代的文化觀念……對於自己的文化抱有極恢廓的胸襟，與極精嚴的抉擇，決不輕易地崇拜和輕易地唾棄。」隋唐五代時期對外來文化、各族文化和各地文化，均注重兼容並蓄和博采眾長，這樣才造成了隋唐文化各部門的大發展，並終於出現了金光熠熠、燦爛輝煌的盛唐氣象。

第三節 ·
豐腴富麗
的獨特風格

經過魏晉南北朝時期多元文化的激盪，終於推出了氣度恢宏、史詩般壯麗的隋唐五代文化。隋唐時期是一個充滿創造和革新的時代，是一個對前期文化的階段性集大成的時代。隋唐時人所傾心創造的文化具有獨特的魅力：豐采熠熠、富麗堂皇、高屋建瓴，深刻地表現出那個時代的精神風貌。

一、健康濃烈的審美情趣

一個時代的審美情趣，最能體現那個時代文化的精神特徵。隋唐時期，封建政治相對穩定，經濟高度繁榮，由此造成了強盛的國力。處於這一階段的世俗地主階級和廣大人民群眾，也以朝氣蓬勃的精神面貌，投入到文化的創造之中。這就使得他們在進行文化創造時的審美情趣，是健康的和充滿著重彩濃墨的暖色

調。

　　隋唐時人健康濃烈的審美情趣，可以從許多方面反映出來。

　　最能體現一個時代審美情趣發生變化的方面，是女性審美觀。隋唐時人的女性審美觀，自有其獨特的標準，這就是由魏晉時人的尚纖瘦，而一變為尚健碩豐腴，這也就是後世人們常說的「唐人以胖為美」的女性審美觀。傳統的嬌羞柔媚、溫貞嫻雅的女性形象，為健康活潑、無拘無束的性格所代替，後世所提倡的那種柔不禁風的病態美形象，也絕少見到。一種健康的、禁錮色彩淡薄的女性審美觀，以其獨立特異的風格，劃過中國文化史的長空。

　　在藝術審美觀方面，隋唐時人也體現出健康濃烈的審美情趣。色彩斑斕的陶器和花釉瓷，頗受唐人鍾愛，那釉彩斑駁淋漓、至今盛名不衰的「唐三彩」，幾乎成為唐代製瓷業的代名詞。隋唐畫壇深受外域「賦彩鮮麗，觀者悅情」的色彩暈染法的浸潤，這種色彩絢麗、賦色厚重、長於表現物體的立體感的畫法，在畫壇盛極一時，對傳統繪畫的線描方式造成猛烈衝擊。這種色彩濃烈、給人以新的視覺效果的新畫風，在敦煌壁畫中就有顯著表現。具體而言，隋唐畫壇生氣蓬勃：人物畫輝煌富麗，豪邁博大；山水畫金碧輝煌，山水交相輝映；花鳥畫繁華典麗，鮮豔奪目。整個畫壇新鮮活潑，充滿生命活力，正如唐人張彥遠概括這一時代繪畫特徵時指出：「近古之畫，燦爛而求備。」[28]這種富麗堂皇的風格，反映了盛唐帝國富貴壯麗的時代氣氛。書法藝術雖然是由黑白線條組成的單色世界，但在隋唐時代也極盡妍美。唐代是中國書法藝術全面成熟的階段，這一時期的篆書圓勁，草書飛動，行書縱逸，楷書端正，湧現出歐陽詢、虞世南、顏真卿、柳公權、李陽冰、張旭、懷素、李邕等一連串在中國書法史上堪稱巨匠的大師級人物，將中國書法藝術的發展推向了頂峰。唐代書法藝術植根於深厚的歷史、社會土壤，感應著蓬勃飽滿的時代精神，初唐書法輕盈華美，婀娜多姿，風流敏麗，流瀉出明麗的青春美；盛唐書法豪壯奔放，情致激越，映現出盛唐文化如日中天

---

28 張彥遠：《歷代名畫記》。

的旺盛生命力。正如後人所評價的那樣：「書體之美……唐以後，始以為學矣。」[29]隋唐雕塑也一脫魏晉秀骨清相的六朝名士風度，其面相豐滿，臉部線條柔和，顯得雍容厚重，富有人情味。尤其是盛唐造像藝術圓熟洗練，飽滿瑰麗，面龐典雅豐腴，目光安詳，神情柔美、含蓄、飄逸，達到高度成熟的境地。古代中國人所向往的崇高莊嚴之美被表現得淋漓盡致，難怪《五燈會元》說：唐代雕塑家「善塑性，不善佛性」。唐代樂舞也表現出一種歡騰盛大的局面，唐代雖也有柔媚舒緩的「軟舞」，但唐人似乎更鍾情於勁健有力的「健舞」，從氣勢宏大的《秦王破陣樂》，到流行「縱橫跳動」、「旋轉如風」的胡旋、胡騰、柘枝舞，無不流動著昂揚壯闊的時代情趣。

其他如詩的精彩絕豔，文的酣暢淋漓，無不體現出唐人健康濃烈的審美情趣。正是這種充實而有光輝的審美意緒，才使得這一時期的文化充滿著勃勃生機。

二、多彩熱烈的生活情調

在一個開拓進取的時代，人們的生活情調也是多采熱烈的。隋唐時代，正是這麼一個流淌著鮮活生機的時代。

隋唐時人傾心於一切暖色調的事物。

唐人愛賞花。每當花季來臨，人們成群結隊，前呼後應地湧向花圃園林，流連忘返。「若待上林花似錦，出門俱是看花人。」[30]在所有的花卉中，人們似乎更偏愛花朵碩大、花色豔麗的牡丹花，「每春暮車馬若狂，以不耽玩為恥」[31]。國色天香、雍容華貴的牡丹花，正是氣派宏遠、莊重大度的隋、唐帝國的象徵。

---

29 龔自珍：《龔自珍全集·說刻石》。
30 《全唐詩》卷三三三楊巨源《城東早春》。
31 李肇：《唐國史補》。

唐人愛打馬球。打馬球時的那種「珠球忽擲，月杖爭擊」、「電光相逐」的激烈場景，以及「跨馬執杖……驟驅擊拂，風驅電逝」[32]的流動美感，還有兩馬相撞、碎首折臂的驚險刺激，都與時代朝氣蓬勃的意趣相契合。

唐人還愛拔河和賽龍舟。唐人拔河時，有千人參加，「鉤初發動，群噪歌謠，振驚遠近」[33]，氣勢宏大。唐人賽龍舟時，「鼓聲三千紅旗開，兩龍躍出浮水來。棹影斡波飛萬劍，鼓聲劈浪鳴千雷」[34]。人們歡聲雷動，場景激越高昂，這也符合歡騰濃烈的時代氣氛。

唐人的節日生活也盛況空前。正月十五的上元觀燈，皇帝特許開禁三天，稱為「放夜」。平時因禁夜而出現的「六街鼓歇行人絕，九衢茫茫空有月」的冷落情景頓時改觀。大街小巷燈火通宵達旦，全城人競相奔走，去觀賞爭奇鬥豔的各式花燈，以致大街上熙熙攘攘。「誰家見月能閒坐，何處聞燈不看來」，「月色燈光滿帝都，香車寶輦隘滿衢」。熱鬧的場景正是輝煌時代的體現。其他如寒食、清明、上巳節日的春游，遊人如織，重陽節的登高秋遊，以及除夕和元旦的熱鬧歡騰，無不映襯出唐人多采熱烈的生活情調。

三、高屋建瓴的恢宏氣魄

人們常以「漢唐氣魄」來概括中國歷史上這兩個輝煌時代的精神特徵，其實，唐代氣魄無論從博大和精細上，都體現出一種駕軼前朝的階段性集大成氣勢，流眄著那個時代特有的神韻。

有人說，建築與雕塑可以視為時代文化精神的物化立體組合。每當人們談到秦漢文化時，首先想到的是那氣勢磅□的長城、阿房宮和兵馬俑。同樣道理，隋唐時代的大運河、長安城和唐帝陵遺跡，也給後人展示出那個輝煌時代的氣魄和

---

32 王定保：《唐摭言》卷三。
33 《隋書‧地理志》。
34 《全唐詩》卷二七五張建封《競渡歌》。

風采。

　　拿最能體現這兩個時代恢宏氣魄的紀念碑性的工程大運河來說，大運河是中國東部聯繫南北的一條人工河道，自從隋煬帝開鑿以來，它就成為把中國的政治、軍事中心和經濟中心緊密聯繫在一起的一條水龍。對於鞏固大一統的國家起了重要作用，至今它仍然發揮著水道運輸的作用。

　　隋唐長安城是一座具有世界性意義的大都市。它巧妙地利用長安地勢，將巍峨的宮殿建築於龍首原的高地，利用地形上的優勢，突出皇宮的威嚴雄偉；又依地勢的高下，將長安城內的建築依住宅主人的等級身分依次展開，使長安的建築高低錯落，立體空間增大，全城更加氣勢磅礴。「百千家似圍棋局，十二街如種菜畦。」隋唐長安在追求宏大規模的同時，還突出了與眾多細部精縝布局的統一，喚起人們對寰宇一統、富有天下意境的聯想。

乾陵（羅哲文攝）

　　唐代帝陵遺址，同樣也顯示出這一時代的壯闊精神。唐代十八座帝王陵寢，分布在關中渭水北岸的群峰丘巒中，連綿延亙達二百多里。每一座帝陵，都宛如一座宏大的紀念碑，昭示著唐帝國的威嚴與雄壯。唐太宗的昭陵，開啟了唐帝陵因山為陵的模式，近百座以上的功臣貴戚的陪葬墓，是唐王朝一統天下、包容宇

內的象徵。栩栩如生的昭陵六駿石刻，給人們感悟到的是一往無前的事功精神與充滿活力的英雄主義；列於寢殿前兩側的十四國君長石像，則濃縮了那一時代諸民族友好交往、中外一體的盛況。唐高宗和武則天的合葬墓乾陵，氣派也很莊重宏大。尤其是那粗壯雄偉的石獅，雙目遠眺，威武非凡，使肅穆的陵區更增添了一層神聖不可侵犯的氣氛。

除了建築與雕塑以外，在其他文化領域，也莫不顯示出一種高屋建瓴式的階段性集大成風采。蘇軾曾言：

> 智者創物，能者述焉，非一人而成也。君子之於學，百工之於技，自三代歷漢至唐而備矣！故詩至於杜子美，文至於韓退之，書至於顏魯公，畫至於吳道子；古今之變，天下之能事畢矣。[35]

這種燦爛的迷人風采，使隋唐文化成為中華文化發展史上一道別樣的風景線。

---

35 《蘇軾全集·東坡題跋·書吳道子畫後》。

第三章

衝突與融通

　　隋唐五代時期的中國封建社會，正處於從前期向後期轉變的重要時期。這一時期的思想文化界的發展，是對前期的階段性總結，和對後期的開創性發展。這一時期的儒、佛、道三家都在不同程度上得到了巨大的發展，三家之間既有矛盾衝突，又互相吸收融合，總的趨勢是在共佐王化的基礎上走向三教調和，這就為宋代理學的興起開啟了先聲。在三家中，佛教的發展尤其引人注目。隋唐時期，向以佛學時代著稱，佛教的發展進入了全面中國化的時期，佛教宗派紛紛創立，爭勝鬥奇，都以抬高自己、貶低他人的手法，希圖一統佛教諸派。佛教各宗派在紛爭論議中，漸趨同一，那些以繁瑣教義為特徵、死搬硬套印度原版佛典的宗派，由於不適合中國的國情而相繼衰落，至晚唐五代，真正中國化的佛教——禪宗，幾乎成為佛教的代名詞。這一時期，還是封建等級制度和封建關係發生激烈變動的時期，舊的門閥士族勢力已經衰落，並正在逐漸退出歷史舞臺，但由於他們保有深厚的文化底蘊，在當時的社會上依然還有巨大的影響；隨著科舉制的創立，庶族地主階級的力量正在逐步上升，他們與舊的門閥士族勢力就政治權力之分配，展開激烈的黨爭，這種紛爭有著深刻的文化背景。另外，由於長期的南北對立和分裂，傳統的漢族文化（以南方文化為代表）與融合了少數民族文化的新型文化（以北方文化為代表）之間也有衝突和鬥爭，其結果是南北文化的大融合，所帶來的是隋唐五代文化的大發展。總之，這一時期的文化有紛爭、有排斥，但吸收、融通是大趨勢。各種學術思潮、學術文化，通過論爭，互相吸納，從而融鑄成隋唐五代時期的新文化。

第一節·
三教的衝突
與進一步融合

　　隋唐五代時期，儒、佛、道三家形成鼎立的格局。儒學雖被奉為正統，但卻始終未達獨尊；佛學儘管非常興旺發達，然而卻時時受到來自儒、道兩方面的攻擊和詰難；道教僥幸和李唐皇室攀上親戚關係，因而格外得到統治者恩寵，可是其勢力卻遠不如儒、釋兩家發達。由於三家各有自己的一套宗旨和理論體系，都想為自己爭奪更多的思想文化陣地，所以在理論上和利益上必然會引起摩擦；加之佛教是外來宗教，使它與儒、道之間又多了一層中外文化的衝突。另外，宗教勢力與封建政府在政治與經濟利益上也常發生矛盾。因此，三教之間的對立和鬥爭是不可避免的。儘管如此，由於統治者採取了三教並重的文化政策，使得儒、釋、道三家都盡力與王權保持一致，同時它們之間在理論上也不無相通之處，所以三教之間的相互融攝成為時代思潮的主流。

一、儒釋論爭和士大夫的反佛

　　佛教自從傳入中國以後，就與儒家所提倡的倫理道德和封建禮教產生尖銳的矛盾。這種矛盾隨著佛教勢力的膨脹，以及與封建政府在政治、經濟利益上衝突的加劇，而有深化的趨勢。

儒、佛矛盾的產生是和它們生長的不同文化背景有關。中國自古以來就是以農耕自然經濟為主體的社會，在進入文明社會時，血緣氏族關係的解體不充分，這就使我們的社會形成了一種重視血親倫常的傳統，儒學就是這方面的代表。儒家所提倡的五倫，即君臣、父子、夫婦、兄弟、朋友關係，就有三方面是強調血親關係的，而其他兩方面也是由此推衍出來的。如君臣關係就是由父子關係推衍而來的，所謂「忠孝相通」，「求忠臣於孝子之門」，就是此義；朋友關係也是由兄弟關係推衍而來的，只有兄友弟恭才能做到對朋友誠信。由此儒家提倡積極的用世觀，重視人生價值的實現，主張建功立業，成就和完善理想人格。佛教則不同，佛教的誕生地古印度，雖然也是在氏族社會解體不充分的情況下進入階級社會的，但由於有比較發達的商業貿易並形成了獨特的種姓制度，血親關係在整個社會結構方面基本上不起作用。古代印度在很早以前，就形成了比較成熟的宗教。佛教誕生在這樣的文化背景中，認為人生一切皆苦，而造成人生痛苦的最根本原因是「煩惱」，要擺脫痛苦，必須苦修，達到涅槃境界，才能解除一切痛苦。由此佛教重解脫，提倡消極的出世觀，這勢必和重人事、重現實的儒家形成尖銳的對立。這樣，自佛教傳入後，儒家學者就不斷地發起對佛教的攻擊，抨擊佛教無君無父的觀念，指責佛教壞俗蠹政、危害王權政治的方面。佛教方面對這種攻擊總是採取辯解、調和、妥協的態度，從而形成了長期以來延續不斷的儒釋論爭。

隋王朝的治國思想雖然基本上仍然是以儒學為本，但由於隋文帝薄於儒術，而崇信佛教，所以在實際操作過程中，不免有助佛抑儒之舉。這一時期儒釋雖有論爭，但見於記載的直接交鋒幾乎沒有。

唐代的儒釋論爭比較常見，有時是非常尖銳和激烈的。比較大的論爭有如下幾次：

一次是唐初的傅奕反佛。唐高祖武德四年（621 年），太史令傅奕首先發難，上表列舉佛教罪狀，請求罷廢。其文言辭尖銳，鋒芒畢露。傅奕說，自魏晉以降，佛教日盛，危害非淺，「縉紳門裡，翻受禿丁邪戒；儒士學中，倒說妖胡浪語。曲類蛙歌，聽之喪本；臭同鮑肆，過者失香。兼復廣置伽藍，壯麗非一；

勞役工匠，獨坐泥胡。撞華夏之洪鍾，集蕃僧之偽眾；動淳民之耳目，索營私之貨賄。女工羅綺，剪作淫祀之□；巧匠金銀，散雕舍利之家。粳粱麵米，橫設僧尼之會；香油蠟燭，枉照胡神之堂。剝削民財，割截國貯。……且佛之經教，妄說罪福；軍民逃役，剃髮隱中；不事二親，專行十惡」。基於上述理由，他提出，「請胡佛邪教退還天竺；凡是沙門放歸桑梓。今逃課之黨，普樂輸租；避役之曹，恆忻效力。勿度小禿，長揖國家」[1]。由於法琳「頻詣闕庭」予以申辯，高祖將此表暫時擱置起來。但是傅奕並未停止對佛教的攻擊，而是「公然宣布退邁。禿丁之誚，閭裡盛傳；胡鬼之謠，昌言酒席，致使明明佛月，翳以虧光；濟濟法流，壅之無潤」[2]。於是，佛教徒們紛起撰文予以反擊，如釋普應作《破邪論》二卷，李師政撰《內德論》、《正邪論》。法琳認為，這些文章難以擊中要害，「經教奕之所廢，豈得引廢證成；雖欲破邪歸正，未遣邪原」，因而他另辟蹊徑，「案孔、老二教師敬佛文，就彼宗承斥其虛謬」[3]，著《破邪論》。同時他又上《啟》與太子、親王及公卿、侯伯，尋求朝廷內部和達官顯貴們的支持。東宮庶子虞世南為《破邪論》作了序。不久，太子李建成等奏上《破邪論》，高祖覽後，動搖了破佛的決心。

武德七年（624 年），傅奕再次上疏，揭露佛教弊害，堅請罷除。文曰：「佛在西域，言妖路遠；漢譯胡書，恣其假托。故使不忠不孝，削髮而揖君親；游手游食，易服以逃租賦。演其妖書，述其邪法，偽啟三途，謬張六道，恐嚇愚夫，詐欺庸品。……乃追既往之罪，虛規將來之福。布施一錢，希萬倍之報；持齋一月，冀百日之糧。遂使愚迷，妄求功德，不憚科禁，輕犯憲章。其有造作惡逆，身墜刑網，方乃獄中禮佛，口誦佛經，晝夜忘疲，規免其罪。且生死壽夭，由於自然；刑德威福，關之人主。乃謂貧富貴賤，功業所招，而愚僧矯詐，皆雲由佛。竊人主之權，擅造化之力，其為害政，良可悲矣！」他還說中國自神農氏以來，至於漢魏，皆無佛法，而年祚長久，「洎於符、石，羌胡亂華，主庸臣佞，政虐祚短，皆由佛教致災也。梁武、齊襄，足為明鏡」。最後他提出建議：「天

1　《廣弘明集》卷一一《太史令傅奕上減省寺塔廢僧尼事》。
2　《大正藏》卷五十《唐護法沙門法琳別傳》卷上。
3　同上。

下僧尼，數盈十萬……請令匹配，即成十萬餘戶，產育男女，十年長養，一紀教訓，自然益國，可以足兵。四海免蠶食之殃，百姓知威福所在，則妖惑之風自革，淳樸之化還興。」傅奕接連上疏十一道，言詞激烈。唐高祖乃以其疏付群臣討論。太僕卿張道源稱奕奏合理。中書令蕭瑀與奕爭論說：「佛，聖人也。奕為此議，非聖人者無法，請置嚴刑。」奕回答說：「禮本於事親，終於奉上，此則忠孝之理著，臣子之行成。而佛逾城出家，逃背其父，以匹夫而抗天子，以繼體而悖所親。蕭瑀非出於空桑，乃遵無父之教。臣聞非孝者無親，其瑀之謂矣！」瑀不能答，但合掌說：「地獄所設，正為是人。」[4]同時釋明概也撰《決對論》，並上表，列八條理由破傅奕毀佛論，他說：「奕忽肆狂言，上聞朝聽，輕辭蔑聖，利口謗賢。出語醜於梟音，發聲毒於鳩響，專欲破滅佛法，毀廢眾僧，割斷衣糧，減省寺塔。」[5]可見傅奕反佛在當時已引起朝野注目，影響十分廣泛，對佛教構成嚴重威脅。之後，道教徒也加入論戰，形成儒、釋、道三家大辯論的格局。高祖曾下令沙汰佛、道二教，但不久即因唐太宗即位而沒有來得及施行。

傅奕反佛的態度是非常堅決的。唐太宗曾對他說：「佛道玄妙，聖跡可師，且報應顯然，屢有徵驗，卿獨不悟其理，何也？」傅奕回答說：「佛是胡中桀黠，欺誑夷狄，初止西域，漸流中國。遵尚其教，皆是邪僻小人，模寫莊、老玄言，文飾妖幻之教耳。於百姓無補，於國家有害。」[6]貞觀六年（632 年），傅奕再次上疏，挑起了新一輪論戰。次年，太子中舍辛諝設難問沙門，佛教界立即作出反應，釋慧淨著《析疑論》予以答覆；接著，法琳更著《廣析疑論》為答，使論戰深入開展。

從傅奕反佛的內容來看，顯然是站在儒家傳統思想的立場上來發難的。儒家思想最重夷夏之辨，傅奕上表一再申述，佛教是「胡佛邪教」、「妖胡浪語」，不能容忍它「撞華夏之洪鐘」。傅奕還反覆以儒家所提倡的忠孝觀來抨擊佛教，「不事二親」，「不忠不孝」，無君無父。他還從儒家立場出發，一再指出佛教對國計

4　《舊唐書·傅奕傳》。
5　《廣弘明集》卷十二《決對傅奕廢佛法僧事並表》。
6　《舊唐書·傅奕傳》。

民生的危害，所謂「竊人主之權」，「剝削民財，割截國貯」等。他既用儒家哲學中的某些唯物主義觀點，批判了佛教輪迴和因果報應說教，又以儒家政治倫理觀念維護了君權的尊嚴。所以傅奕的上疏受到了高祖、太宗的重視。高祖在傅奕首次上表後即下詔問佛教：「棄父母之鬚髮，去君臣之華服，利在何門之中，益在何情之內？」[7]可見，他是以封建倫理標準來衡量佛教的利弊的。

繼傅奕之後，儒家不斷進行反佛教的鬥爭。武後將造大像，狄仁傑上疏進諫說：「如來設教，以慈悲為主，下濟群品，應是本心，豈欲勞人，以存虛飾？」又批評佛教說：「亦有離間骨肉，事均路人……且一夫不耕，猶受其弊，浮食者眾，又劫人財。」[8]中宗景龍年間，盛修佛寺，百姓勞弊，府庫空虛。辛替否上書進諫說：「當今疆場危駭，倉廩空虛，揭竿守御之士賞不及，肝腦塗地之卒輸不及。而方大起寺舍，廣造第宅……有道之長，無道之短，豈因其窮金玉、修塔廟，方建久長之祚乎？……今出財依勢避役奸訛者盡度為沙門，其所未度者，唯貧窮與善人。」[9]這些反佛論議都是著眼於封建國家的經濟利益的。

姚崇的反佛是比較著名的。唐睿宗時，他就針對濫度僧尼、濫造佛寺以及富戶強丁借出家以逃避賦役，上疏反對。唐玄宗開元九年（721年），他在《遺令誡子孫文》中，歷數南北朝以來統治者佞佛的危害，責問姚興、胡太後、蕭衍等都曾虔誠事佛，廣造佛寺，但「國既不存，寺復何有」？還說到唐中宗、太平公主、武三思等都崇奉佛教，可是也相繼敗滅。並這樣追問道：古代有較長的朝代和長壽的人，「時未有佛教，豈抄經鑄像之力，設齋施物之功耶」[10]。姚崇為了反佛，曾對佛理有過相當程度的了解，特別是《法華經》和《金剛經》，這樣就避免了前人批判佛教時不著邊際和就事論事的缺陷，使他的反佛立場，無論是從理論上，還是實踐上，都是堅定的和徹底的。玄宗在開元年間所進行的一些限制佛教的改革措施，受姚崇影響不小。

7　《大正藏》卷五十《唐護法沙門法琳別傳》卷上。
8　《舊唐書·狄仁傑傳》。
9　《舊唐書·辛替否傳》。
10　《舊唐書·姚崇傳》。

唐後期文人士大夫反佛的論議也很多，如楊炎、張鎬、高郢、常袞、李叔明、彭偃、裴伯言、李翱、李巖、舒元褒、崔蠡、李德裕、李蔚、劉允章等人，或對佛教本身加以反對，或對統治者大作佛事提出批評。反佛態度最堅決、影響最大的是韓愈反佛。

　　韓愈是唐代反佛的堅定鬥士，他站在傳統儒家的立場上，從維護封建統治的目的出發，發動了反佛鬥爭。他繼承了前人反佛的傳統觀點，從富國論、夷夏論和封建的倫理道德觀出發，來反對佛教。《原道》和《諫迎佛骨表》是他反佛的代表作。

　　元和十三年（818 年），唐憲宗遣中使至法門寺迎佛骨入禁中，供奉三日，而後送交京城佛寺輪流供奉。韓愈上《諫迎佛骨表》指出，中國「上古未嘗有」佛法，「佛本夷狄之人」，不合先王之道；崇佛「傷風敗俗」，並使民眾「棄其生業」；佛法不靈，「事佛求福，乃更得禍」。所以請求將佛骨「付之有司，投諸水火，永絕根本，斷天下之疑，絕後代之惑」。他還引證了大量史實證明凡是敬佛的皇帝壽命都不長，因而觸怒了憲宗，被貶為潮州司馬。但他並沒有因此而放棄自己的反佛主張，後來又寫了論文《原道》進一步闡發他的思想。

　　在《原道》中，韓愈從儒家的正統觀念出發，痛斥佛教徒浮食寄生，不事生產，對國計民生有害；指責佛教為「夷狄之物」，欲「舉夷狄之法，而加之先王之教之上，幾何其不胥而為夷也」，大有「淪為夷狄」之感；批判佛教「棄而君臣，去而父子，禁而相生相養之道，以求其所謂清淨寂滅者」，違背了君臣、父子的封建倫理道德，妨礙了世俗的封建統治秩序。因而主張強行予以取締：「人其人，火其書，廬其居。」並用儒家學說對人民進行教化，今後不許度人為僧尼，不許創立新的寺院。

　　為了反佛，韓愈還運用和改造了儒家經典《禮記‧大學》篇的理論來與佛、道理論相抗衡。他認為《大學》所提供的那套修身、齊家、治國、平天下的政治原理，是把治國平天下與個人道德修養緊密結合在一起的。既講「修身為本」，也講「齊家治國平天下」。而且治國平天下，就是道德修養自我完善的體現。因此他說：「古之所謂正心而誠意者，將以有為也。」可是佛、道的宗教修養卻要

求人們遁世無為，這既不符合先王之道，也違背君臣父子倫常，這對維護封建制度是十分不利的。

為了與佛教傳法世系的法統論相對抗，韓愈還杜撰了一套從堯、舜、禹、湯、文、武、周公至孔、孟的「道統」傳授譜系。但從孟子之後，「道統」就中斷了，他以孔孟道統的繼承人自居，力圖恢復和發揚儒家思想，加強儒學的統治地位。

韓愈「道統」說的中心思想，就是要著重闡發儒家的仁義道德，要人們遵行封建的綱常秩序。他認為佛、道之所以錯誤，就在於違背了仁義道德，拋棄了君臣父子的封建倫常，走上了不要天下國家、毀滅封建倫理綱常的道路。

韓愈看到當時佛道盛行、儒學不景氣的現狀，因而鼓吹扶植儒學，強化它的地位，這是很有戰略眼光的舉動。韓愈的理論對程朱理學產生了重大影響，成為宋明理學的先驅。

韓愈的反佛主張，沒有受到佛教界的回擊，卻在好友柳宗元那裡引起了反響。柳宗元是贊佛的，因此還曾受到韓愈的批評，他不同意韓愈對佛教的評論。他認為韓愈所批評的佛教僧侶削髮文身、不結婚、不事勞動生產等現象，都是佛教的「跡」，即形跡，外在的表現。這是他本人也不同意的。但韓愈因「忿其外而遺其中」，即拋棄了佛教的內在思想，而這種思想卻是和儒家經典《易》、《論語》的精神相吻合的，[11]因而是應當肯定的。柳宗元還特別讚揚佛教的道德觀念，說：「金仙氏（佛）之道，蓋本於孝敬，而後積以眾德，歸於空無。」[12]在他看來，佛教重孝敬，有助於教化，和《易》、《論語》一樣，都能「有以佐世」。在一定意義上可以說，柳宗元是站在儒家的立場上肯定佛教思想的，韓愈則是站在儒家立場上反對佛教的。

韓愈的思想雖然並沒有什麼新鮮深湛的理論，但在歷史上卻產生了極為深遠

11　《柳河東集·送僧浩初序》。
12　《柳河東集·送濬上人歸淮南覲省序》。

的影響。從韓愈以後，佛教在儒家的挑戰面前，更是節節敗退，妥協退讓的色彩愈來愈濃。

二、佛道之爭與統治集團的政爭

道教是中國土生土長的宗教，它與佛教的矛盾和鬥爭由來已久。這種鬥爭有時比較緩和，有時非常激烈，大致說來，隋及唐前期的佛道之爭比較尖銳複雜，唐後期及五代十國時期，除唐武宗和後周世宗時比較激烈，其他時期都相對趨於緩和。佛道之爭的原因，主要表現為兩教爭取統治者的恩寵、爭奪社會信徒，提高政治地位，從而獲取更大的經濟利益的門戶傾軋。佛道之爭的焦點，主要集中在夷夏之辨，兩教的異同、優劣、位次，以及《化胡經》的真偽等問題上。佛道勢力的消長，與政治氣候的關係緊密相連，在一定程度上反映出統治集團內部的矛盾和鬥爭。

隋朝的統治者崇信佛教，對道教則採取了利用、防範和控制的辦法。佛教的勢力急劇膨脹，道教則相對弱小。隋文帝對佛道之爭極為重視，佛道論辯時有發生。文帝曾令道士褚揉講《老》經，僧人前往聽講並發生爭辯。[13]文帝對容易引起佛道之爭的「老子化胡說」極為敏感。開皇三年（583 年），隋文帝下令召集沙門道士共同討論，朝臣蘇威、楊素、何妥、張賓等有參玄理者，詳計奏聞，時釋彥琮掌言務，試舉大綱，未及指復，道士自伏陳其狡詐，因作《辨教論》明道教妖妄者二十五條，引經據典，受到宰輔大臣們的褒賞。[14]奉佛大臣楊素就曾責問樓觀道士云：「何言老子化胡？」[15]隋王朝在對待佛道之爭時不免有助佛抑道之傾向。

唐王朝建立以後，統治者出於抬高門第、神化統治的需要，追認道教教主太

---

13 《續高僧傳・釋僧粲傳》。
14 《續高僧傳・釋彥琮傳》。
15 《集古今佛道論衡》卷乙。

上老君為祖，轉而扶植和崇信道教，道教勢力發展很快。這樣佛道之間的矛盾更為激化，比較重大的鬥爭有以下幾個回合：

一次是唐初圍繞傅奕的反佛而展開的一場大論戰。傅奕反佛雖然是站在傳統儒家的立場上，但他主張興孔、李之教而破佛，客觀上也帶有佛道之爭的味道。加之佛教徒攻擊傅奕曾為道士，不敢和強大深厚的儒學對陣，而將反擊的矛頭指向了道教，這樣就使得佛道之爭的性質更為明顯。

在佛教徒的挑戰面前，道教徒被迫應戰。武德九年（626 年），清虛觀道士李仲卿著《十異九迷論》，劉進喜著《顯正論》，託傅奕奏上。道教徒的直接參戰，使佛道之爭明朗化、公開化。佛教徒們除撰文回擊傅奕外，法琳還撰《辯正論》破十異九迷等論，同時還致書太子、宰輔及信佛朝臣以求支援。

唐高祖本來是想借崇道來神化王權政治的，他曾親自到終南山拜謁老子廟，並發布過「老先、次孔、末後釋宗」[16]的詔令；為了解決國家的財政困窘，他原打算採納傅奕的排佛建議，但在僧徒和王公貴族大臣們的拚命反對下，高祖權衡利弊，採取了名為沙汰二教，實為抑佛護道的辦法。即使如此，也因為唐高祖的很快退位，而沒有來得及實行。

玄武門之變後上臺的唐太宗，雖然立即停止了沙汰佛道的政策，但出於尊祖固本的需要，仍舊推行崇道抑佛的政策。貞觀十一年（637 年），唐太宗下詔，對累代以來那種「殊俗之典，郁為眾妙之先；諸夏之教，翻居一乘之後」的現象表示不滿，宣布：「朕之本系，起自柱下。鼎祚克昌，既憑上德之慶；天下大定，亦賴無為之功」，為了「闡茲玄化。自今已後，齋供行立，至於稱謂，道士、女冠可在僧、尼之前」[17]。

此詔一出，佛道之爭頓趨尖銳。京邑僧徒紛紛詣闕上表反對。唐太宗「諭旨遣之」，僧徒忍氣而退。一個名叫智實的和尚，決心以死護法，在上奏朝廷的

---

16 《集古今佛道論衡》卷丙。
17 《唐大詔令集》卷一一三《道士女冠在僧尼之上詔》。

《論道士處僧尼前表》中，指責：「今之道士，不遵其法，所著冠服，並是黃巾之餘，本非老君之裔；行三張之穢術，棄五千之妙門，反同張禹謾行章句，從漢魏以來，常以鬼道化於浮俗，妄託老君之後，實是左道之苗。若位在僧尼之上，誠恐真偽同流，有損國化。」他還收集了道經及史書中自漢魏以來「佛先道後之事，如別所陳」[18]。太宗覽後大怒，敕令凡不伏者與杖。智實仍不收斂，被杖責於朝堂，不久病死。

智實雖死，道徒們仍不罷休，他們乘勝打擊僧徒。貞觀十三年（639 年），道士秦世英告發僧徒法琳所撰的《辯正論》，攻擊老子，「訕謗皇宗，毀黜先人，罪當罔上」。太宗於是大怒，即令推問法琳，沙汰僧尼。其時法琳不僅堅持《辯正論》觀點，並進而以唐王朝之祖出自「北代李」而非「隴西李」答太宗之問；同時還對老聃家系進行攻擊。太宗極為憤怒，欲置法琳於極刑，法琳害怕，表示認罪，最後被流放益州，病死於途中。[19]至此，唐初圍繞傅奕反佛而展開的佛道之爭，在統治者的政治干預下，以道徒暫時占了上風而告一段落。

唐高宗、武則天時，圍繞著沙門應否向王者致敬、《化胡經》之真偽以及爭奪皇權的需要，佛道之爭又趨激烈。

唐高宗執政前期，對佛道都很尊崇。他曾多次召集佛道名流在宮廷論議，調和二教的矛盾。後來，當他看到道徒在論議中總是敗北，乃至狼狽不堪；社會上也出現了著名道徒郭行真棄道皈佛之事；特別是唐高宗的皇後武則天，竟然利用佛教為她奪權服務。唐高宗感到以李姓老子為教主的道教處此劣勢，對鞏固皇權不利。為了維護李唐王朝的統治，使道徒更好地神化王權，他採取了許多措施，諸如追認老子為太上玄元皇帝，親赴亳州參拜老子廟，命道士隸屬管理皇族的宗正寺，貢舉人加試《老子》等，扶植道教。不過由於佛教勢力遠勝於道教，道徒根本不是僧徒的對手。加之他自己又病魔纏身，大權逐漸旁落於武則天，所以他所做的這些努力，都因力不從心，並未能扭轉既成之勢。當龍朔二年（662

18　《廣弘明集》卷二十五《敘太宗皇帝令道士在僧前詔表》，《續高僧傳・智實傳》。
19　《唐護法沙門法琳別傳》卷中、卷下。

年），他詔令沙門敬拜君親時，京邑僧徒二百餘人曾上表公開對抗。他們還串通王公貴族祖護釋氏，唐高宗不得不被迫取消詔令。[20]麟德元年（664 年），唐高宗令造老子像，敕送芒山。長史韓孝威，「妄託天威，黃巾扇惑，私囑僧尼，普令同送」，也因僧徒反對而止。[21]

關於《化胡經》之真偽，歷來是佛道論爭中最敏感的問題。這時佛教徒乘勢抨擊《化胡經》，要求唐高宗下令禁毀。顯慶五年（660 年），高宗召集僧人靜泰與道士李榮在洛陽宮中辯論《化胡經》之真偽，雙方針鋒相對，引經據典，各執一詞，辯到後來二人甚至口出不遜，互做人身攻擊，高宗只好敕令暫時停止辯論。[22]總章元年（668 年），根據僧徒要求，高宗重詔僧道百官於百福殿議《化胡經》，辯論結果是道徒失利。唐高宗在眾目睽睽之下，也不好過分偏袒道教，只得下詔搜集天下《化胡經》焚棄，宣布其不在道經之數。[23]道士桓彥道等上表乞留，也無濟於事。

佛教徒們還要求調整道先佛後的政策。顯慶二年（657 年），唐高宗曾召法師惠立與道士張惠元辯二教先後，大臣臨證，道士失利。[24]朝中大臣也有附和者，御史馮神德乘機上《釋在道前表》。至上元元年（674 年），唐高宗為了平息佛道之間的矛盾，裝出一副公允的姿態，下詔規定：公私齋會及參集之處，道士女冠在東，僧尼在西，不須更為先後。[25]讓佛道二教平起平坐。

唐高宗鬱鬱而死後，武則天登位，因為佛教為她執政大造輿論立下汗馬功勞，於是下令：「釋教開革命之階，升於道教之上」[26]，並取消了太上老君玄元皇帝的稱號，罷貢舉人習《老子》。僧徒得此助力，如虎添翼。而道徒在佛道之

---

20 《廣弘明集》卷二十九《停沙門拜君詔》。
21 《續高僧傳·明導傳》。
22 《集古今佛道論衡》卷丁《上在東都令洛邑僧靜泰與道士李榮對論》條。
23 《佛祖歷代通載》卷十四。
24 同上。
25 《唐會要》卷四九《僧道立位》。
26 《資治通鑑》卷二〇四。

爭中，雖有葉法善那樣「雅不喜浮屠法，常力詆毀」[27]的著名道士，但總的來說，處境更趨狼狽。在道教處於極端不利的形勢下，出現了比郭行真更徹底的叛道者杜乂。

萬歲通天元年（696年），杜乂上表朝廷，乞求棄道為僧，而且為了使所謂的「倒躓之徒革心於昏昧之俗，弘通之士懸解於真如之理」，也就是為了使更多的道徒像他一樣叛變，撰寫了一部《甄正論》，用主客問答的形式，對道教教主、道經，乃至道教的各個方面，進行了全面而系統的否定。他說佛道之爭是由於道徒「見佛法興盛，俗薄其教，苟懷嫉忌」[28]。由於杜乂不是普通的道家者流，而是作為當時政治中心的東都洛陽的名觀大弘道觀之主，被「道術之流推為綱領」的「出類逸群」的「煉師」，[29]所以他從自己的營壘中跳出來，大殺回馬槍，在社會上和宗教界震動很大，成為唐代佛道之爭中的一件大事。

武則天尊佛抑道的政策，使佛教在這一回合的佛道鬥爭中，獲得了空前的勝利。

武則天佛先道後的政策，加劇了佛道二教的矛盾。為了調和佛道矛盾，緩和道教的對立情緒，武則天晚年的佛道政策有些微變化，提出「道佛齊重」[30]。對於唐高宗時焚棄《化胡經》的做法也作了某些改變，萬歲通天元年（696年），僧徒惠澄上表乞毀《老子化胡經》，挑起新一輪的僧、道關於《化胡經》的糾紛。武則天召集僧、道及大臣詳議，否決了僧徒的建議，並將這一次討論輯為《議化胡經狀》一卷。[31]

中宗即位以後，下令恢復老君玄元皇帝的尊號和貢舉人習《老子》的政策。佛、道二教關於《化胡經》的爭端又起，神龍元年（705年），中宗詔僧道定奪

27 《新唐書·葉法善傳》。
28 《大正藏》卷五十二《甄正論》卷上。
29 《宋高僧傳·玄嶷傳》。
30 《全唐文》卷九十六《僧道並重敕》。
31 《新唐書·藝文志》。

《化胡經》真偽，互作辯論，爭執不下。後來，中宗乾脆下令禁斷《化胡經》。[32]這樣，自南北朝以來，頻頻引起佛道糾紛的《化胡經》問題，以佛徒的勝利而暫告了結。

睿宗雅尚道教，對武則天佛先道後的政策徹底作了調整，規定「自今每緣法事集會，僧尼、道士、女冠等，宜令齊行並集」[33]。這樣，針對長期以來佛道之間關於先後位次的爭論，政府以二教並重、不許互爭雄長的辦法，作為永久性政策確定下來。之後，佛道鬥爭漸趨緩和，只有唐武宗時期是個例外。

唐武宗惡佛好道，在佛道之爭中袒道抑佛。會昌年間，置內齋僧道論議時，道士得賜紫，卻沒有僧徒的份。緊接著，武宗又焚棄宮內佛教經像，廢內齋、內道場，以老君天尊像取代佛像，令原供養佛像者，統統挪至道觀侍奉天尊。唐武宗誕節，也不按慣例詔僧進宮論議。[34]道徒乘勢攻擊佛徒。道士趙歸真，過去曾遭京邑諸僧「訕謗」，常感「痛切心骨，何日忘之」，他利用武宗的寵信，「每對必排毀釋氏」，煽動武宗盡除佛法。[35]趙歸真還薦引羅浮道士鄧元起、南岳道士劉玄靖等，共為犄角，同謀毀佛。他們公開向僧徒挑戰，提出要與之辯論，得到武宗全力支持。會昌五年（845 年）正月，武宗下詔於麟德殿辯論神仙是否可學，又手付「老子理大國若烹小鮮」議，只准僧徒知玄一人參加。知玄從容登座答辯，大講帝王理道教化根本，說神仙之術乃山林匹夫所為，非王者所宜。他還寫詩諷刺武宗學仙。這樣，非但「道流不能屈」，並「大忤上旨」，結果被「放還桑梓」[36]。同年，武宗即下詔毀佛，這就是佛教史上著名的「三武一宗」毀佛之一的「會昌法難」。不久，武宗被道徒所煉的「仙丹」毒死。唐宣宗即位後，就以道士惑亂先朝、毀廢佛教之罪名，將趙歸真等捕殺，下令全面恢復佛教。此後，佛道之爭日趨緩和。

---

32 《宋高僧傳·法明傳》，《舊唐書·中宗紀》。
33 《唐大詔令集》卷一一三《僧道齊行並進制》。
34 上述唐武宗袒道抑佛事，均見日本僧人圓仁所著《入唐求法巡禮行紀》。
35 《佛祖歷代通載》卷十六。
36 《宋高僧傳·知玄傳》。

五代十國時期，只有後周太祖和世宗崇儒尊道而抑佛，世宗還實施了「三武一宗」毀佛案中的最後一次抑佛行動，給佛教勢力以重大打擊。但這次反佛行動，主要是出於政治和經濟上的考慮，似乎和佛道之爭沒有什麼關係。

　　佛道之爭，形式上是兩個出世宗教之間的鬥爭，但撥開神學的迷霧，實際上反映的是世俗的內容。尤其是李唐王朝和道教結成了特殊的關係，這樣就使得唐代的佛道之爭具有另外一層更特殊的意義。

三、三教論議與三教融合

　　由於隋、唐王朝採取了三教並存的文化政策，在思想文化領域內不搞一家一說的獨尊，而是在調和三教的基礎上，兼而用之，從而形成了三教並行、優容諸說的多元文化格局和自由詰難論爭的學術氛圍，有力地促進了儒、釋、道三家的相互吸收和融合。

　　三教論議，一般是在宮廷舉行，偶爾也有地方政府和個別寺觀舉行的情況。它是由皇帝出面主持召集儒佛道三教的各若干人（有時人數相同，有時不同）參加，讓大臣列席聽講。論議時，先由儒（或僧、或道）一人（或二人），立一個（或兩個）義（即提出一、兩個問題），由道（或僧、或儒）解答，展開你言我語的交鋒。辯論期間，主持者可以隨時插話、發問，某一方不服，允許申辯、提問。有時主持者允許雙方互相諷刺、挖苦，其話之粗俗，有類於潑婦對罵。辯論激烈時，可延至深夜。當天辯不完，則改日再辯。論議結束，主持者或賜物封官；或事後派人分別傳論評語；或以詔令等形式作出決定。[37]三教論議（有時只召僧道參加），在隋及唐前期，或在內殿御前舉行，或在國子學召開，無有定規，也不是定期舉行，一般是遇到三教之間爭議較大的問題時臨時舉行。唐後期德宗年間，傳統的內殿論議，演化為誕節講論，往日廟堂上對揚激越的問難論

---

37 參見李斌誠：《唐代佛道之爭研究》，載《世界宗教研究》，1981 年第 2 期。

辯，蛻變為三家互標義旨、斯文酬對的程式。

隋代三教論議，見諸記載的不是很多。隋文帝時，曾令道士褚揉講《老》經，僧人前往聽講並發生爭辯。文帝還就「老子化胡說」，召集僧道及大臣論辯。隋煬帝時，始平令楊宏集道俗於智藏寺，讓道士先開講道經，道士於永通以《老》經立義曰：「有物混成，先天地生，吾不知其名，字之曰道。」有僧慧淨發問：「『有物混成』，為體一故混，為體異故混？若體一故混，正混之時，已自成一，則一非道生；若體異故混，未混之時已自成二，則二非一起。先生道冠餘列，請為稽疑。」據說當時於永通茫然忸怩無所對。[38] 這是見諸記載的隋唐時期關於涉及佛道哲學命題的較早較詳細的論對。

唐王朝建立以後，唐高祖在國子學首開三教論對。在一次釋奠禮上，高祖召徐文遠講《孝經》，沙門惠乘講《波若經》，道士劉進喜講《老子》，再命儒學大師陸德明「難此三人，各因宗指，隨端立義」[39]。武德八年（625 年）釋奠，則以國子祭酒和國子博士為主，僧惠乘、道士李仲卿、潘誕為賓，「堂列三座，擬敘三宗」[40]。這是唐王朝舉行的三教同堂論對，以儒為主、三教共濟的新形式。唐太宗時，除了貞觀十二年（638 年）由太子李承乾召集在弘文殿曾有過一次僧唱主角的三教論議，太宗本人沒有搞過三教論對。

唐高宗崇尚義理，廟堂辯對空前活躍。他自顯慶三年至龍朔三年（658-663年），在兩京內殿先後七次召集論對。不過這七次論對，作為意識形態領域內的正宗思想儒家都沒有參加，只有僧道雙方辯難爭勝，互不相讓。僧道互承主賓，皆就釋典道經豎義，諸項豎義問難多已關涉佛道哲學的本體論、發生論和認識論，如「道生萬物義」、「老子名義」、「說因緣義」、「六洞義」、「本際義」等，先後成為辯論主題；某些辯對過程頗含精緻的內在邏輯。如顯慶三年四月論對，道士李榮立「道生萬物」義，僧慧立問，雙方就《老子》的最高理念「道」，是有意識的還是無意識的，展開辯論。同年十一月論對，李榮立「本際」義，與僧

---

38 《續高僧傳‧釋慧淨傳》。
39 《舊唐書‧儒學‧陸德明傳》。
40 《集古今佛道論衡》卷丙。

義褒展開問對。此論題亦觸及《老子》本體論要旨。本際的際為際會、遇合義，本際，可釋為始合。老子視「自然」為最高存在，「道」是「自然」的內在規律，「本際」則是二儀「始合」，「自然」與「道」、「際」的關係，是本與末的關係。龍朔三年六月十二日論議，李榮開《升玄經》「道玄不可以言象詮」義，與僧靈辯引發一場關於「玄」的性質的辯論。這些辯論顯示出佛道兩家異質宗教由長期的競爭趨向融合的趨勢。

在論辯中，唐高宗還努力引導論對在激烈與理智、嚴肅與輕鬆交織的氛圍中進行。唐高宗鼓勵論爭，提倡辯對，和合兩教，優容諸說。他在顯慶三年六月的百福殿論對時，首先致詞，提出「佛道二教，同歸一善」，「共談名理，以相啟沃」的方針。在歷次論對現場，唐高宗或評論，或調侃，時而「怡然大笑」、「解頤大笑」，使僧道之間的彼此對立心理大為緩解。如百福殿論對時，李榮開「六洞」義，僧慧立詰難，李榮理屈詞窮，懇求慧立手下留情。慧立雖然將內殿論席喻為沙場戰陣，不容姑息，但表示論罷出得內殿，盡可「別敘暄涼」。生動反映了僧道理智相待的情景。同年十一月中殿論對，道士張惠元一度「忸怩無對，塵尾頓垂，聲氣俱下」。但論畢，僧與道「相從還棲公館」。僧義褒還鼓勵道士博涉立義之法，詳熟名理，以期日後論對。這已經跳出了兩教角力的傳統模式，向著共求名理的學術「沙龍」演變。但佛道對立競爭畢竟由來已久，加之高宗、武後時期，佛道鬥爭還很激烈，所以，有時候僧道還難免以粗俗的對罵甚至人身攻擊來代替論辯。如顯慶三年論辯，僧慧立挖苦李榮「鬢髮不剪，褲袴未除，手把桃符，腰懸赤袋，巡門厭鬼，歷巷魔兒」。李榮大怒說道：「汝若以剪髮為好，何不剔眉！」慧立諷刺曰：「何為角髮不角髭？」顯慶五年論辯，僧靜泰又罵李榮「額前垂髮已比羊頭，口上生須還同鹿尾」，「屢申驢項丞蹙蛇腰，舉手乍奮驢蹄，動腳時搖鶴膝」。[41]總章年間（668—669 年），京城大興善寺發生火災，寺舍、佛像皆化為灰燼，李榮幸災樂禍，作詩諷刺道：「道善何曾善，雲興遂不興。如來燒亦盡，唯有一群僧。」[42]終於報了一箭之仇。以此可見，僧道之間的

---

41 以上關於高宗年間佛道論議均見《集古今佛道論衡》卷丙、卷丁記載。
42 劉肅：《大唐新語》卷十三。

門戶之見是一時難以消除的。

載初元年（689年），武則天「御明堂，大開三教，內史邢文偉講《孝經》，命侍臣及僧、道士等以次論議」[43]。這種形式又類似武德時期的「儒辯三教」，是體現儒學為本、和合三教宗旨的另一方式。

唐玄宗統治時期，唐王朝進入鼎盛期，社會相對安定，學術文化昌明，三家都得到重大發展，但三教論對卻很罕見。開元十八年（730年），玄宗召僧道氤與道士尹謙在興慶宮花萼樓論對，以「定二教優劣」，似為僅見的一次。史載「氤雄論奮發」，「尹謙答對失次」，玄宗「詔賜」而已，[44]並未遽判優劣。這一時期，唐玄宗以親注頒布儒、釋、道三家經典的方式，促進了三家的調和和融合。

安史之亂以後，三教融合的趨勢更為明顯。上元二年（761年）六月，肅宗自靈武駕還劫後的長安，於景龍觀設高座，令僧道講論，並命文武百官前往設齋聽講，[45]是為恢復中斷已久的三教論議的先聲。永泰二年（766年），唐代宗親臨國學釋奠，「集諸儒、道、僧，質問竟日。此禮久廢，一朝能舉」[46]，正式恢復三教論議。但唐代宗有佞佛傾向，朝野大臣如王縉、杜鴻漸、元載等從而煽之，甚至在大曆年間的《資州刺史叱干公三教道場文》中，雖然聲稱三教「殊途同歸」，卻以佛先、道次、儒末為秩序。[47]表明這一時期佛教勢力的壯大。

唐德宗將傳統的內殿三教論議，正式確定為誕節三教講論。貞元十二年（796年）四月，德宗誕日，御麟德殿，召給事中徐岱、兵部郎中趙需、禮部郎中許孟容與四門博士韋渠牟及道士萬（葛）參成、沙門譚（覃）延等十二人，講論儒、釋、道三教。以僧鑑虛對韋渠牟，許孟容對趙需，譚延對道士郗惟素。「始三家若矛楯然，卒而同歸於善。」[48]諸人皆談畢，鑑虛曰：「玄元皇帝，天下

43 《舊唐書·禮儀志》。
44 《宋高僧傳·道氤傳》。
45 《南部新書》卷丁。
46 《舊唐書·禮儀志》。
47 《金石萃編》卷九十六。
48 《新唐書·徐岱傳》。

之聖人；文宣王，古今之聖人；釋迦如來，西方之聖人；今皇帝陛下，是南贍部洲之聖人。」德宗聽畢面有喜色。[49]這次講論以李耳、孔丘、釋迦牟尼和唐德宗並稱四「聖人」，體現了三教融合和調和的趨勢已經成為時代的潮流。

唐敬宗於寶曆二年（826 年），「敕沙門、道士四百餘人，於大明宮談論設齋」[50]，未召儒臣參加。此後，除唐文宗朝外，緇黃論議成為誕節講論的主要形式。

唐文宗在太和元年（827 年）和七年的誕節（十月十日），曾兩次舉行三教論議。尤其是元年論議，參加者為白居易、僧義林、道士楊宏元，都是諳熟三教經典的學者。[51]論議氣氛祥和，論對典雅，論題切要，已經完全沒有了以前三教論對中爭雄競長、怒目相向的濃烈火藥味，而完全成為程式化的誕節儀式。七年誕節論議，由承旨學士王源中等與僧道講論於麟德殿，文宗對宰臣說：「降誕日設齋，起自近代。朕緣相承已久，未可便革。」[52]可見即使連皇帝本人也將設齋論議視為誕節程式而可有可無了。三教學者的門戶之見和競爭之心已大為淡化，昔日激烈辯對甚或人身攻擊的場面已為斯文酬答所取代。這表明儒、釋、道三教在共佐王化的基點上取得了共識。[53]

三教論議促進了三教之間的調和和融合。一方面，在隋唐時期，佛教的中國化過程逐漸完成，佛學吸收了儒家的忠孝倫理觀以及道教的神仙迷信觀，建立了中國化的哲學體系，過去那種「華夷」之辨的色彩已大為減弱，有利於三教的融合和吸收。另一方面，為了建立新的儒學體系，中唐以來援佛入儒、援道入儒，蔚然成風，文人士大夫們熱衷於交結僧道，共同談玄參禪；而作為民族宗教的道教，為了進行理論化方面的建設，也紛紛援佛入道，至於儒家思想更是道教所依傍的主要方面。在此氛圍中，三教合流成為社會主潮。當時三教或二教兼習者，

49 《唐語林》卷六《補遺》，《舊唐書‧韋渠牟傳》。
50 《佛祖統記》卷四十二。
51 見《白居易集‧三教論衡》。
52 《舊唐書‧文宗紀》。
53 參見張弓：《隋唐儒釋道論議與學風流變》，載《歷史研究》，1993 年第 1 期。

比比皆是。如德宗時宰相韋處厚，服膺儒學，又棲心空門，外為君子儒，內修菩薩行；大臣韋渠牟，初讀儒經，後做道士，又做過和尚，出入三教，游刃有餘；賈島初為和尚，後又脫卻袈裟應舉，等等。即使像反佛激烈的韓愈、李翱，在建構他們的理論框架時，也從佛教學說中汲取過營養。這些情況表明，儒佛道三教之間共存交處、調和融合的**趨勢**，已經成為當時思想文化界發展的潮流。

進入五代十國時期，三教合流的**趨勢**已經基本完成，三教論議作為和合三教的獨特學術形式，已經完成了它的歷史使命，而很少見諸歷史記載了。

第二節·
佛說歧異
殊途同歸

佛教在傳入中國以後，經過四五個世紀的傳播，在隋唐時期進入了宗派的全面繁盛時期。適應隋唐大一統封建王朝的需要，佛教順著組織異說、求同求通的**趨勢**，綜合南北思想體系，由學派進而演變成若干新的宗派，即所謂的天臺宗、三論宗、法相宗、律宗、華嚴宗、淨土宗、密宗、禪宗八宗和三階教一教。這些宗派有各自獨特的教義、不同的教規和傳法世系。甚至在同一宗派內部，也分成許多不同的小宗派，如律宗就有南山宗、相部宗和東塔宗之區分；至於禪宗內部更是小宗派林立，從大的方面而言，禪宗可分為北宗和南宗以及牛頭禪一系，如果單從南宗而言，又有菏澤宗、臨濟宗、溈仰宗、曹洞宗、法眼宗、雲門宗等，在這些小宗派內部也有許多不同的派別。由於對佛教教義的理解不同，使他們在

創立宗派時，各執所據，甚至矛盾雜出，爭論不休，但萬法歸一，都是為了佛教更好地在中國生根、發芽和壯大。經過競爭，中國化的佛教宗派相繼形成和建立，並成為中國佛教發展的趨勢。

一、「判教」方式上的分歧

　　隋唐時期的佛教各宗派，為了檢視流傳在中國的大小經論、判別或判定佛所說各類經典的意義和地位，以「教相判釋」的方式，提出了各自獨特的判教理論，用以統一佛教史上的眾多派別。佛教徒在「判教」時，都是根據各宗派自己的觀點，目的在於說明各教派所信奉的經典不但不是互相矛盾的，而且是相互補充的，佛教經典及著作中某些自相矛盾的觀點是佛對不同聽眾、在不同時機所進行的說教，其基本精神是一致的。通過判教，佛教徒還以抬高自己一系所信奉的經典，來壓低他派。這就難免要產生分歧和矛盾。

　　天臺宗提出了「五時八教」的判教體系。所謂「五時」是說佛的說法分先後五時，第一時講《華嚴》，第二時講小乘教，第三時講一般大乘，如《大集》、《寶積》等，第四時講《般若》，第五時講《法華》、《涅槃》。天臺宗認為《法華經》描繪的是佛教的最高境界，因此奉之為最高經典。所謂「八教」，又可分為化法四教（藏、通、別、圓）和化儀四教（頓、漸、秘密、不定），都是強調佛對不同水平的聽眾，運用不同的傳道方法。天臺宗為了抬高《法華經》和本宗的地位，判定《法華經》為「圓教」中的「純圓」和「獨妙」，而把其他各種經典都說成是有缺陷的，反映了天臺宗人的宗派主義觀點。

　　三論宗吉藏的判教主張是，佛的所有言教一律平等，並無高下的區別，但可以把佛說分為兩類：從法講，有菩薩藏和聲聞三藏；從人講，有大乘和小乘。大乘中又分為三類，一是《華嚴》，二是《般若》，三是《法華》和《涅槃》，這都是對不同對象的說法，但各種說法又無不歸於究竟。吉藏還提出判教式的「四重二諦」論，把《毗曇》、《成實》、《攝論》各派，一律貶為低級的，而把他自己的所謂「言忘慮絕」的解釋，說成是最高的。但吉藏的主張和一般只從抬高自宗

地位出發的判教還不完全相同，他把《涅槃》放在《法華》之上，表示不完全同意天臺宗的判教學說。

唯識宗的判教，主要是依據《解深密經》的三時說，認為佛的一代教化是：初說苦、集、滅、道「四諦」，次說無自性（空），最後說三自性（有）。此說和印度佛教歷史的演變基本吻合。

華嚴宗在吸取前人判教學說的基礎上，加以重新組織，由法藏提出「五教十宗」的判教體系。所謂「五教」，是指小、始、終、頓、圓，也就是小乘、三乘（始、終、頓）和一乘（圓教）。法藏把天臺宗人吹捧為「純圓獨妙」的《法華經》，降於「終教」地位，而把他們所尊奉的《華嚴經》，擺在最高的「一乘別圓」的「圓教」地位；同時又取天臺宗「化儀四教」中的頓，變天臺宗的「四教」而為華嚴宗的「五教」。法藏的弟子慧苑，認為法藏的「五教」，只不過是在天臺的「四教」之外又加了一個「頓教」，意義不大，因而撰《刊定記》，表示對於「五教」判釋的異議。澄觀維護「五教」之說，斥責慧苑的意見為「異說」，慧苑因而也就被擯斥於正統的華嚴宗人之外。「五教」是從「約法」分類的；從「約義」分類，又有「十宗」，即我法俱有宗、法有我無宗、法無去來宗、現通假實宗、俗妄真實宗、諸法但名宗、一切皆空宗、真德不空宗、相想俱絕宗、圓明俱德宗（指一乘圓教）。法藏「十宗」說具體把印度大小乘諸派分在「五教」之內，他「判教」的目的，和天臺宗一樣，並不只是為了對全部佛教再來進行一次「詮敘」和分類，更主要的，還是為了抬高本宗地位。

律宗判教分為化教和制教兩種，以此總括佛教諸派。化教是佛陀經論所詮，是如來教化眾生，使其發生禪定和智慧的教法。化教又分性空、相空和唯識三宗。制教是戒律所詮，是如來教戒眾生，對其行為加以制御的教法。又可分為實法、假名、圓教三宗。實法宗依《俱舍》，主張「色法戒體」；假名宗依《成實》，主張「非色非心戒體」；圓教宗則依《法華》、《涅槃》、《楞伽》，主張「心法戒體」。南山律宗認為自己就是圓教宗，代表佛教發展的最高水平。

佛教各宗派在「判教」方式上的分歧，主要是因為各宗派都是按照本宗的理論體系來進行的，它們的目的都是為了把自己一派的理論學說置於各派之上。在

判教過程中，各宗派還往往加入本宗所理解的中國傳統思想，甚至像禪宗那樣更把中國獨創的佛教思想作為整個佛教的最高理論，這樣也就促進了佛教中國化發展的進程。

二、修持方法上的差異

佛教是非常重視修養方法和途徑的。早期佛教為了脫離生死輪迴的苦海、達到涅槃的境界而修行。後來，修行的目的又有發展，變為追求佛教真理，而不是著眼於解脫生滅。印度佛教的修行方法五花八門，歸結起來，主要是兩個方面：即定和慧，也稱止和觀。定或止，就是禪定，著重於佛教思維修行；慧或觀，就是學習佛教義理，培養佛教智慧。[54]

南北朝時，南方注重義理，北方注重禪定。天臺宗提出了定慧雙修、止觀並重的原則，標志著南北學風的融合。這種理論和修行並重的修持方法，對中國佛教其他宗派的影響很大。

唯識宗講瑜伽行觀，即通過禪定，不經語言文字的仲介，運用佛教「智慧」，使真理直接呈現於面前。窺基還在《大乘法苑義林章》的《唯識章》中提出了從寬至狹、從淺至深、從粗至細的五重唯識觀，作為獨特觀法。

華嚴宗有一套以「一真法界」為核心的「無盡緣起」的理論，同時它所謂的「法界觀」也是禪法，他們還應用《華嚴經》的教義重新解釋了止觀。法藏更提出了「法界觀」和「十重唯識觀」。所謂「十重唯識觀」是吸收了唯識宗的「五重唯識觀」，再加上四法界拼湊而成的。主張把法界歸於一心，即把一切事物都看成是心中的觀念，而在思辨中達到圓融無礙的境地。

淨土宗屬於重信仰、不重理論的宗派。它的理論簡單、法門簡易，講究修持

---

54 方立天：《中國佛教與傳統文化》，279-280 頁，上海，上海人民出版社，1988。

者以念佛行業為內因，以彌陀的願力為外緣，內外相應，往生西方極樂世界。它強調不一定要通達佛經、廣研教乘，也不一定要靜坐專修，只要信願俱足，一心稱號念佛，口稱佛名，就可以進入佛國。這種簡易的修行方式非常適合下層人民的口味。但這種快速成佛法，和其他宗派在理論上有很大出入，所以淨土宗在當時受到不少僧人的責疑。懷感曾作《釋淨土群疑論》，對這些責疑作了答辯。

禪宗雖然標榜「不立文字」，教外別傳，但也極重修行，有一套明快細密的理論。禪宗主張「見性成佛」，即通過自我本性、自我意識的反思，來證悟宇宙整體的實際，而不假外力。這樣就和主張一心稱號念佛的淨土宗發生矛盾。唐中宗時僧慧日著《略諸經論念佛法門往生淨土集》攻擊禪宗：「不持齋戒，但養現身，詎修來報。口雖說空，行在有中，以法訓人，即言萬事皆空，及至自身，一切皆有。」擊中禪宗要害。禪宗也反對淨土宗建造塔廟等所謂的功德，主張但令心淨，此間即可成佛，何處別有西方淨土。爭論的結果，促進了禪宗與淨土宗、真言宗、律宗的相結合，最後匯合成為真正中國式的佛教。

律宗以研習和傳持戒律為特色，它將全部戒律歸納為「止持」、「作持」二類。由於對所據經典《四分律》的理解和運用不同，長期隱居終南山傳道的道宣開創了「南山律宗」，同時還有揚州日光寺法礪的相部宗，和法礪的弟子懷素在長安西太原寺東塔開創的東塔宗。它們自成一派，長期爭論，不得統一。唐代宗大曆十三年（778年），敕令三宗學者代表集會，討論鑑定統一流行的戒律。雖由國家出面調和異議也未見成效。不過由於南山宗的暢行，其他兩宗很快也就衰微了。

密宗修持方法的神秘主義色彩最為濃厚。它以咒語（陀羅尼）作為修習方法為特徵，主張修行者要身、口、意「三密相應」，有極複雜的儀軌，需經導師秘密傳授。尤其是它還有一套特別難為漢地群眾接受的男女雙修方式，所以密宗在漢地流傳不久即衰微了，後來主要在西藏地區流傳。

至於三階教的修行方式，則迥異於其他宗派，它提倡以苦行忍辱為宗旨，被其他宗派視為「異端」而遭到討伐。

中國佛教宗派的修持方法雖然各異，但其發展的趨勢是使修持成佛成為快速而簡易的事情，禪宗、淨土宗莫不是如此。而那些一味恪守印度佛典教條，硬是堅持有一類人不能成佛的宗派，以及修持方式繁瑣難懂的宗派，都在流傳不久之後，因懂得的人越來越少，而衰微或中斷。

三、理論學說上的區別

佛教各宗派，都偏奉一經以立法門。各宗派的大師，都努力解釋所尊奉的經典，以求通達；同時還都標榜本宗本派所尊奉的經典是最高的經典，以抬高本宗地位，壓低和貶斥他派的地位，這樣就難免在理論學說上產生分歧，甚至矛盾。

天臺宗以《法華經》為依據，其創始人智顗認為該經是釋迦牟尼的最後說法。

三階教以信行所著的《三階佛法》為主要依據，把全部佛教按「時」、「處」（所依世界）、「機」（根機，指人）分為三類，每類又各分為三階。

三論宗以《中論》、《百論》、《十二門論》為主要典據，主張「諸法性空」。

唯識宗以《瑜伽師地論》、《解深密經》、《成唯識論》等所謂的「一經二論」為最基本的典籍，用許多佛教範疇對世界一切現象進行概念的分析、解釋，宣揚「萬法唯識」的唯心論。

律宗依據小乘法藏部（曇無德部）《四分律》，並加以大乘教義的闡釋。

華嚴宗推崇《華嚴經》為佛說的最高佛典，用它來統攝一切教義。此宗發揮「法界緣起」的旨趣。

密宗自稱受法身佛大日如來深奧秘密教旨的傳授，其主要經典為《大日經》。

淨土宗專修往生阿彌陀佛淨土法門，其典據是三經一論，即《無量壽經》、

《觀無量壽佛經》、《阿彌陀經》和世親《往生論》。

　　禪宗主張以禪定概括佛教的全部修習，以覺悟所謂的眾生心性的本原佛性為主旨，自稱「傳佛心印」，分為漸悟和頓悟的南、北禪宗，南宗為主流，這是一個完全中國化的佛教宗派。主張不立文字，教外別傳，但六祖《壇經》卻備受推重，此外，還推崇《金剛經》。

　　由於佛教各宗派所推崇的經典不同，這就導致了它們在理論學說和修持方法上也大不相同。大致說來，隋唐佛教各宗派約略可分為兩類：一類是基本上照搬印度佛教，結合中國傳統思想較少，因而其思想變化也很少，如吉藏創立的三論宗、玄奘及其弟子窺基創立的唯識宗、善無畏和金剛智及其弟子不空創立的密宗。三論宗繼承印度大乘佛教中觀學派的學說，宣揚非有非空的雙重否定的思維方式。唯識宗以繁瑣分析為特徵，它還一味恪守印度佛典的教條，硬是堅持有一類人不能成佛的主張。這兩宗都因不適應中國現實的需要，雖然也曾盛極一時，但很快就衰落了。密宗所提倡的一套理論，尤其是樂空不二的密法，與儒家倫理思想直接抵觸，而流傳不廣，只在西藏地區獲得流行。另一類是結合中國傳統思想而創立的宗派，如天臺宗、華嚴宗、禪宗等。這些宗派的中國化色彩很濃，禪宗尤其突出。淨土宗係繼承印度佛典的思想創立，但在印度沒有立宗，所以也是中國特有的宗派。這四個宗派，尤其是前三個宗派，可說是隋唐佛教的主流、中國化佛教的主體，在中國佛教史上占最重要的地位。

四、對「異端」的討伐

　　在隋唐佛教各宗派中，信行創立的三階教可謂佛教異端。它宣揚世界已進入末法時期，眾生不應只滿足於念一佛、誦一經，而應普歸一切佛（「普佛」），普信一切佛法（「普法」）。宣揚皈依普法、普佛，為末法眾生唯一得救的法門。在修持方面，三階教主張忍辱苦修，乞食為生，一日只食一餐。反對偶像崇拜，不主張念阿彌陀佛，認為一切眾生都是真佛，所以路見男女一概禮拜，稱為「普敬」。信行放棄上層僧人身分「比丘」，甘做小「沙彌」。它對上層僧人，頗為不

敬，大罵他們統統是「鬼」、「魔」、「外道」，甚至是「惡賊」、「狗菩薩」、「驢菩薩」等。他所大講的「普法」，也把擁宗自重的各宗派給一概排除了。所以，三階教受到來自世俗和僧界兩方面的攻擊。

三階教所宣揚的這套末世理論，不符合隋唐盛世的社會心理，統治者擔心這種末世思想會動搖國政，一直將其視為異端而三番五次地下令禁止。隋文帝、武則天、唐玄宗都曾下過禁斷三階教的詔令，但三階教的生命力很旺盛，直到唐末，社會上還有三階教活動的跡象。可見三階教在下層群眾中，還是擁有廣泛的影響的。另外，三階教經營「無盡藏」，建立了本派獨立的經濟基礎。

三階教鄙視上層僧侶的豪華生活，厭棄宗派之間的互相攻訐，所以也受到其他宗派的討伐。律宗的開創者道宣對信行及其著作，就頗多微詞，他在《大唐內典錄》卷五《隋朝傳譯佛經錄》中對信行著作的評價是：「此錄（指《對根起行雜錄集》、《三階位別錄集》），誠並引經論正文，而其外題，無定準的。雖曰對根起行幽隱，指體標榜，於事少微。」道宣之後，三階教及其經典更被斥為異端和偽經。唐明佺等人的《大周刊定眾經目錄》，把三階教的經典列入「偽經目錄」，並說三階教「既違背佛意，別構異端，即是偽雜符籙之限。……不敢妄編在於目錄，並從刊削，以示將來」[55]。《開元釋教錄》的作者智昇也將三階教經典列入《偽妄亂真錄》，並說：「信行所撰，雖引經文，皆黨其偏見，妄生穿鑿，既乖反聖旨，復冒真宗。……不敢妄編在於《正錄》，並從刊削，以示將來。」[56]淨土宗的懷感在《釋淨土群疑論》中，反覆批駁信行關於「三階」的觀點，挖苦他不自量力，胡言亂語，指責三階教自相矛盾。唯識宗的窺基在《西方要訣釋疑通規》裡，也針對「三階行者五種小疑」進行了責難。道鏡、善道在《念佛鏡》中，也對三階教的思想進行了反覆的批駁，最後說：「……亦曾有數個三階，舍三階法，歸依念佛。」[57]表示他們的「念佛法門」勝過三階教。

除了從「教義」上來反對三階教外，還有對三階教人進行惡毒咒罵的。如唐

55　《大周刊定眾經目錄》卷十五。
56　《開元釋教錄》卷十八。
57　《念佛鏡·念佛對三階門》。

臨《冥報記》卷裡說信行等人死後，墮入「地獄」，變做「烏龜」。懷信的《釋門自鏡錄》卷上說信行死後變成了「遍身是口」的大蛇及三階禪師被神鞭打。

三階教雖然遭到統治者的禁斷和正統的佛教徒的圍攻，但它在民間仍暗中秘密流行。由此可見，一種思想的產生和流傳自有其相應的社會基礎，單憑粗暴的政治禁毀和簡單的謾罵攻擊是不能阻止它的傳播的。

五、佛教各宗派的融合[58]

隋唐佛教各宗派雖說歧義雜陳，但它們畢竟是在同一棵樹上結出來的果子，所謂萬法歸宗，其實質還是一致的。

隋唐佛教宗派多講心性之學。玄奘從印度取經回國後，創立了法相唯識宗，介紹了萬物唯識所變的主張，推動了其他宗派對於心性問題的探討研究。「明心見性」、「即心成佛」、「知心為體」、「性體圓融」、「無情有性」等，論說紛紜，形成了各具特色的心性論。而止惡從善，排除欲望，發明本心，是各宗心性學說的基調。唐代幾個重要宗派的學說，都可謂是心性之學。如天臺宗著名學者湛然提出「無情有性」說，宣揚沒有生命的東西（「無情」）也有佛性。這比一切眾生都能成佛的說法更為徹底，把成佛的範圍無限地擴大了。再如禪宗倡導「淨性自悟」說，認為人的本性、本心都是清淨的，一個人只要認識本性、本心就是解脫。由於人的自心本性是清淨的，因此一切事物也都在自性中。禪宗以心性論為核心，把心性論和本體論、成佛論結合起來，是對心性論的重大發展，對宋明理學也有深遠影響。

和心性論密切聯繫的是，隋唐佛教宗派還闡發了幾種唯心主義本體論。這些本體論的思想路線基本上是相同的，但也有一定區別，至於具體內容，相去就遠了。這些唯心主義本體論大致有兩大類型：一是法相唯識宗，宣揚主觀意識是萬

58 參見方立天：《中國佛教與傳統文化》，上海，上海人民出版社，1988。

物的本原，一切現象都是識的變觀，這是典型的主觀唯心主義。二是天臺宗、華嚴宗、禪宗等都主張以眾生共同具有真心（自心、本心）為世界萬物的本原，這是典型的客觀唯心主義。天臺宗倡導「一念三千」說，華嚴宗鼓吹「法界緣起」論，禪宗宣揚「自心頓現」說，都以真心為萬物的本原。但在論述真心如何派生、顯現萬物方面，則說法各異，形成不同的宗派。這是佛教宗派客觀唯心主義多樣性的反映。

隋唐佛教宗派還闡發了獨立多樣的神秘主義認識論。天臺宗提出「一心三觀」和「三諦圓融」的說法。「一心三觀」，是說一心中同時存在不可分割的三種觀法——空觀、假觀和中觀，對於世界萬物，一心可以同時從空、假、中三方面去觀察，空、假、中三諦是統一的、互不妨礙的，這就是「三諦圓融」的真理觀。法相唯識宗宣揚「三性」說，認為一切現象都有三種不同的相狀，認識了這三種相狀，也就認識了一切現象的實相。華嚴宗在認識論的基本理論是「一真法界」觀，這種法觀包含了許多豐富的內容，其重心是在「理事無礙」說的基礎上，宣揚「事事無礙」說。華嚴宗人講「一真法界」觀，其真意在於說明宇宙間的各種事物和各類關係就是「圓融無礙」的。禪宗認識論就是著名的「頓悟」說。禪宗認為，世人本來就具有佛教的高超智慧，只是因為被妄念的浮雲所覆蓋，不能自我證悟。一旦去掉妄念，就會頓見真如佛性。上述佛教宗派的認識論是和本體論以及修持方法完全混合在一起的，是為成佛作論證的，其基本性質是闡發一種神秘的直覺。

隋唐佛教各宗派之間在爭論中也開始了融合，出現了不少兼修各宗學說的名僧。率先大力消除禪教對立，宣揚禪教一致的是唐僧宗密。他既是華嚴五祖，又是禪宗菏澤神會的四傳弟子。他認為佛內心的意向和佛言說的教義是完全一致的，又說一部大藏經論只有三種言教，禪門修行也只有三宗，而這三教三宗則是相應相合的。三種教是密意依性說相教（相當於唯識宗）、密意破相顯性教（相當於三論宗）和顯示真心即性教（相當於華嚴宗）。三種宗是息妄修心宗（指神秀等北宗禪師）、泯絕無寄宗（指牛頭宗）和直顯心性宗（指洪州、菏澤等宗）。上述三教和三宗依次配對，互相融攝，從而論定「三教三宗是一味法」。這開了宋以後佛教各宗派之間互相融攝的先聲。

從南北文化之爭到
吏治與文學之爭

　　隋唐五代時期的中國封建制度發生了很大的變化。傳統的門閥士族勢力雖然已經逐漸衰落，但其社會影響依然巨大。庶族地主階級的勢力在不斷上升，但還未能從根本上壓倒舊士族勢力。隨著科舉制度的確立與完善，門閥士族把持政權的局面宣告結束，大批出身寒微的地主階級成員進入政壇，與舊勢力形成了尖銳的對立。這種對立含有深厚的文化背景上的衝突。尤其是中唐以後，庶族地主階級的力量已上升到足以與豪族地主相抗衡的程度，黨爭起伏不已，思想文化鬥爭也伴隨著政治鬥爭的尖銳化而不斷加劇。

一、南北文化之爭

　　由於南北朝長期的分裂戰亂，使得南北的學術文化在發展過程中形成了迥然不同的風格。《隋書·儒林傳序》說：「大抵南人約簡，得其英華；北學深蕪，窮其枝葉，考其終始，要其會歸，其立身成名，殊方同致矣。」西晉末年以後，由於北方淪為民族紛爭的戰場，大批士族人物南遷，使江南的文化獲得了空前的發展。南方較多地保留了漢族傳統的禮儀文化，形成了自成體系的哲學、經學和佛學，還擁有溫文爾雅的社會習俗，在文學藝術領域遠遠超過北方，以漢文化的

正統繼承人自居；北方受少數民族胡風、胡俗的浸染，文化上的「胡化」痕跡非常突出，重事功，主進取，文風質樸。直到南北朝後期，有不少北方人還承認「江東……專事衣冠禮樂」，以致「中原士大夫望之以為正朔所在」。[59]這種文化上的南北差異，形成了尖銳的文化衝突。

尚武、豪放的北人並不滿足於政治、軍事上的優勢地位，在思想文化上，也要成為主宰。北朝後期，受南朝靡麗文風的影響，北方文士曾聞風效尤，北周蘇綽撰《大誥》作為文章程式，予以抵制。隋朝建立以後，李諤又上書痛斥江南文化之弊失：

五教六行為訓民之本，《詩》、《書》、《禮》、《易》為道義之門。故能家復孝慈，人知禮讓，正俗調風，莫大於此。……魏之三祖，更尚文詞，忽君人之大道，好雕蟲之小藝。下之從上，有同影響，競騁文華，遂成風俗。江左齊、梁，其弊彌甚，貴賤賢愚，唯務吟詠。遂復遺理存異，尋虛逐微，競一韻之奇，爭一字之巧。連篇累牘，不出月露之形，積案盈箱，唯是風雲之狀。世俗以此相高，朝廷據茲擢士。[60]

陶文官俑（隋）
1956 年湖北武漢周家大灣隋墓出土

李諤主張正文體，依據儒家經典為文，這與蘇綽所見略同。隋文帝深惡文章浮豔，下令公私文翰，並宜實錄。但這種模擬經典的文風，並未能抵制南方文風，隨著隋朝的統一南北，南朝浮靡華麗的四六駢體文風迅速風靡全國。

為了加強對南方的控制，隋王朝採取了一系列的政治、經濟措施，在思想文

59 《北齊書·杜弼傳》。
60 《隋書·李諤傳》。

化上則以北方的「五教」（父義、母愛、兄友、弟恭、子孝等一套儒家的倫理道德說教）來整齊規範江南的社會文化習尚，「無長幼悉使誦五教」。在蘇威持節巡視江南時，他還鑑於「江表自晉以來，刑法疏緩，代族貴賤，不相陵越」的狀況，使「牧人者盡改變之」。[61] 對於南方文化，則採取鄙視態度，壓制江南士人，蘇威曾對隋文帝說：「江南人有學業者，多不習世務；習世務者，又無學業。」[62] 從學術文化角度來評析南北文化及士人的優劣短長，是有一定道理的。但這種蔑視南方文化，污辱江南士人的言行，深深地刺傷了南人的自尊心，於是一場席捲陳之故境的大規模叛亂爆發了。反叛者捉獲隋政府派遣的官吏，「抽其腸而殺之，曰：『更使儂誦《五教》邪！』」[63] 這場叛亂雖然很快就被平定下去了，但南北文化之間的衝突卻是根深柢固的。這顯然不利於新生的大一統封建國家的鞏固和安定。

隋煬帝傾向南方文化，這與他長期駐鎮江南文化中心揚州並受其薰陶有關。隋煬帝還在為藩王時，就好附庸風雅，「招引才學之士諸葛穎、虞世南、王冑、朱瑒等百餘人以充學士」[64]，這些人大多是江南士人。隋煬帝在與這批人的結識中，改變了傳統的鄙視江南文化的偏見，對南方文化表現出尊重的態度，並大膽從中汲取養分，使南方文化在當時的文學藝術領域中占據了主流地位。

唐初，有人主張，去短取長，融合南北文風。魏徵在《隋書·文學傳序》中就說：「然彼此（南北）好尚，互有異同，江左宮商發越，貴於清綺；河朔詞義貞剛，重乎氣質。氣質則理勝其詞，清綺則文過其意。理深者便於時用，文華者宜於詠歌。此其南北詞人得失之大較也。若能掇彼清音，簡茲累句，各去所短，合其兩長，則文質彬彬，盡善盡美矣。」魏徵此論代表了南北融合的自然趨勢，不過直到盛唐時期這個趨勢才達到文質彬彬的理想境界。

唐初接受和沿襲南朝文化，但逐漸自創新境；盛唐時，新境大闢，文化成就

---

61 《北史·蘇綽傳附蘇威傳》。
62 《隋書·柳莊傳》。
63 《北史·蘇綽傳附蘇威傳》。
64 同上。

遠超南朝。以文學藝術而言，唐前期封建經濟趨於繁榮，士人生活也有相當的保障，再加上朝廷以科舉取士，進士科成為士林華選，考進士必須得精通詩賦，利祿所在，士人無不致力於文學。唐前期詩文沿襲南朝，無非是些「競一韻之奇，爭一家之巧，連篇累牘，不出月露之形，積案盈箱，唯是風雲之狀」[65]的作品。唐太宗是創業英主，作起詩來仍是循規蹈矩、逐句相對，所作文章，也是纖靡淫麗，學庾信為文，嫣然南朝文士。這說明聲律對偶化的文學還沒有定型，因之南方文風仍有廣闊的發展前途。初唐四傑的王勃、楊炯、盧照鄰、駱賓王四人同時稱雄，南方文風更進一步在文苑裡占優勢。四傑詩運用聲律，在古詩向律詩過渡中，大有進境。繼之而起的沈、宋（沈佺期、宋之問），將詩的聲律化定型。沈約、庾信作詩，聲韻調諧，對偶精密，沈佺期、宋之問比沈、庾更加靡麗，一篇中句數有定準，通篇不犯聲病，美得像錦繡成文，士子們都模擬他們的作品，號為「沈宋體」。他們的詩意境平常，與四傑相類，專靠形式華美，供宮廷玩賞。至陳子昂張揚古詩的旗幟，獨闢新境，詩風為之一變，至盛唐融合南北詩風，推出百花盛開的唐文苑。文也如此，唐朝的一切文字，上起詔敕，下至判辭書牘，無不用近體文，即所謂的四六文。這是南朝遺留下來的靡麗文風。四六文經唐太宗親自提倡，地位更加鞏固，文士不能作四六文，即無仕進的可能。作近體詩和近體文的要訣，全在編排古語，廣泛搜羅故事和成語，預先做成各種對偶，以便隨時應用，所以有識之士不屑為。至中唐以後，古文運動興起，逐漸戰勝和取代了四六文體。這說明唐文化之所以能夠取得如此燦爛輝煌的成就，是與南北文化的相互交融和吸收分不開的。

二、圍繞進士科所展開的文化論爭

科舉制創建於隋而定型於唐，自其產生以後，歷代圍繞進士科及其存廢而展開不斷的褒貶議論，這實際上反映出的也是一種文化抉擇上的論爭。

---

65 《後山詩話》。

對科舉制的爭執論議，主要集中在科舉取士到底應該重經學還是應該尚文才，以及與其相關涉的進士科的存廢兩個問題上。隋唐時期，門閥世冑壟斷政權的局面被打破，庶族地主通過科舉取士大批湧入仕途，舊的門閥士族一貫以閥閱自矜，儘管他們的地位已經每況愈下，但他們依然保有深厚的文化底蘊，以德業儒素相標榜，瞧不起庶族地主，不斷抨擊進士科的浮華，用以抵制這一新興勢力，維護自身的封建權益。尤其是中唐以後，世族豪門與庶族地主階級知識分子的矛盾不斷加深，加之科舉制的種種弊病也不斷暴露，所以圍繞進士科所展開的文化論爭也在不斷進行。

科舉自其產生之初，就和經學發生了密切的關係，不僅科舉中的明經、三禮、三傳、經童等均是科舉的重要科目；就是進士科也與經學有著密切的關係。在進士科還未加入文學內容的考試之前，也是經學考試的一個主要方面。自隋朝時廢止九品中正制，開科取士以來，便以掌握經學內容的嫻熟程度作為入仕、做官的依據。入唐初期，統治者繼承隋制，統一了作為考試標準的經書，使天下學子都要研習《五經》，以此為進身入仕的敲門磚。然而，由於南北朝直至隋唐，社會上偏尚文辭，隋朝科舉中最高等第的秀才科就是以試文才為主要標準的。唐高祖武德年間，雖然取消了秀才科，但其主要特點不久就被進士科所取代，成為在唐代科舉中與經學相抵觸的力量，在當時朝野均有很大的影響，幾乎成為科舉的主要內容。

唐代科舉中最重要的是明經和進士兩科。明經主要考帖經，全靠死記硬背。進士主要考詩賦，需要獨立思考，又自南朝以來，詩賦對文士有吸引力，已相沿成習，文士多願應進士科，表現自己的才能，因此唐朝進士科特盛。當時明經的錄取率為十分之一二，進士的錄取率為百分之一二，相差懸殊。中明經容易，中進士難，唐人有「三十老明經，五十少進士」[66]之說，可見朝野都重進士而輕明經。

科舉制度廣泛吸收各地方各階層的地主參與政權，寒門庶族地主通過科舉入

---

66 《唐摭言》卷一。

仕後，形成了唐代政治上一個有勢力的集團，經常和北朝以來的士族勢力相對抗，他們在取得高官厚祿後，本身就轉化為大官僚大地主，反過來把持科舉，營私舞弊，造成科舉考試的種種弊端，這在高宗以後，就明顯表現出來。因此，在統治階級內部很快就出現了對進士科乃至整個科舉制的批評和非議。

對進士科的批評和非議主要是言其浮華無用，不能積極弘揚儒家思想。顯慶二年（657 年），劉祥道上書唐高宗，認為科舉進士過濫，「經明行修之士猶或罕有正人，多取胥徒之流，豈能皆有德行」。儒家經學之不興，學風之敗壞，完全在於「獎進之道未周」[67]。上元元年（674 年），劉曉又向高宗上書，批評了禮部在選人問題上存在著重才、不重德的現象，認為科舉是國家「考孝秀之門」，應以「德行為本，才藝為末」[68]。武則天天授三年（692 年），薛謙光又上疏指責進士科「皆以浮虛為貴」[69]。開元二十五年（737 年）正月，唐玄宗在《重訂明經進士試法詔》中亦對進士及明經考試提出批評，他說：「近日以來，進士以聲韻為學，多昧古今；明經以帖誦為功，罕窮旨趣，安得為敦本復古，經明行修。以此登科，非選士取賢之道也。」[70]因此提出對明經、進士科考試的一些改革內容。

代宗寶應二年（763 年），豪族地主的代表人物之一、華陰大姓禮部侍郎楊綰上疏條奏貢舉之弊說：「……近煬帝始置進士之科，當時猶試策而已，至高宗朝，劉思立為考功員外郎，又奏進士加雜文，明經加試帖。以此積弊浸轉成俗，幼而就學，皆誦當代之詩；長而能文，不越數家之集。遞相黨與，用鼓虛聲。《六經》則未嘗開卷，《三史》則皆同掛壁。……祖習既深，奔競為務。矜能者曾無愧色，勇進者但欲凌人，以毀讟為常談，以向背為己任。投刺干謁，驅馳於要津；露才揚己，喧騰於當代。」[71]在楊綰看來，進士科浮華無用和明經科的不得力同樣重要，因此應該停止二科舉士，恢復古代察舉制度。楊綰上疏後，賈至也上《議楊綰條奏貢舉疏》，支持楊綰改革科舉、振興經學的主張。當時，在廷

---

67 《全唐文》卷一六二《陳銓選六事疏》。
68 《通典・選舉典》。
69 同上。
70 《冊府元龜・貢舉部》。
71 《舊唐書・楊綰傳》。

臣中，同意楊綰主張的，還有李廙、李棲筠、嚴武等人，在當時頗有影響。

到牛李黨爭時期，李德裕強調儒家經學，而牛僧孺則注重文辭詩賦，經術與辭賦之爭便顯得更為突出。李黨的首領李德裕，出身趙郡士族，祖棲筠，天寶末年因「仕進無他歧」，不得不應科舉考試，但中進士後即「不於私家置《文選》，蓋惡其祖尚浮華，不根藝實」[72]。李德裕年輕時，「恥與諸生從鄉賦，不喜科試」[73]，以門蔭入仕。牛黨的首腦牛僧孺，係牛仙客之後，仙客出身胥吏，目不知書，玄宗時雖貴為宰相，但仍遭時人輕視，故牛僧孺偽託為隋吏部尚書牛弘之後。他和李宗閔、楊嗣復都是權德輿的門生，三人「情義相得，進退取捨，多與之同」[74]。牛、李兩黨之間的分歧主要表現在通過什麼途徑來選拔官員上：李黨主張「經術孤立者進用」，牛黨主張「地冑詞彩者居先」[75]。魏晉以降的門閥舊族多以經學傳家，故重經術實即重門第；詩賦詞采是進士科考試的主要內容，所以重詞采也就是重科舉。李黨分子鄭覃長於經學，但不善為詩賦，他「深嫉進士浮薄」[76]，曾屢次向唐文宗請求廢除進士科。李德裕尤惡進士，他曾向唐武宗鼓吹重用門蔭子弟的主張：「朝廷顯貴，須是公卿子弟。何者？自小便習舉業，自熟朝廷間事，臺閣儀範，班行準則，不教而自成，寒士縱有出人之才，登第之後，始得一班一級，固不能熟習也。」[77]牛黨維護科舉制度，注意拉攏進士，甚至為「舉選人馳走取科第，占員闕」[78]，以擴大勢力。沒落的士族遭到庶族大地主的排擠，和中小地主有了共同語言，所以李德裕在和牛黨對抗時，就提出了「獎拔孤寒」的號召，後李德裕被貶崖州時，「八百孤寒齊落淚，一時回首望崖州」[79]，贏得了廣大中小地主對他的同情。唐宣宗是個科舉迷，「愛羨進士，每對朝臣問登第否？有以科名對者，必大喜」[80]，這自然使他同牛黨情趣相合，因

72 《舊唐書·武宗紀》。
73 《舊唐書·李德裕傳》。
74 《舊唐書·楊嗣復傳》。
75 《唐語林》卷三。
76 《新唐書·選舉志》。
77 《舊唐書·武宗紀》。
78 《舊唐書·楊虞卿傳》。
79 《雲溪友議》卷八。
80 《唐語林》卷四《企羨》。

此，牛黨在宣宗的支持下，完全清除了李黨。這樣，持續了四十餘年的牛李黨爭才宣告結束。

其後，趙匡亦著文極言科舉之弊，他指出：「國朝選舉，遵用隋制，歲月既久，其法益訛。……進士者，時共貴之，主司褒貶，實在詩賦，務求巧麗，以此為賢。不惟無益於用，實亦妨其正習。不惟撓其淳和，實又長於佻薄。……明經讀書，勤苦已甚，既口問義，又誦疏文，徒竭其精華，習不急之業，而其當代禮法，無不牆面。及臨民項事，取辨胥吏之口而已。所謂所習非所用，所用非所習者也。」[81] 他列舉了科舉選士的十二種弊病，並提出改革方案。所論樸實，切中時弊，不像楊綰、李德裕等人主張取消明經進士，而是主張在實用、通博、達觀上下工夫。明經要努力變虛為實，有資於政；進士則要通經明史，為文要「有資於用者」，不重詩賦等浮華之文。

除此之外，唐代文人學者及政府要員論科舉之事的還有不少。如肅宗至德年間，有劉秩的《選舉論》，代宗朝有沈既濟的《詞科論並序》和《選舉論》，德宗朝有柳冕的《與權侍郎書》，專論科舉明經之弊及改革之法。唐文宗大和年間，曾多次就科舉停試詩賦的問題進行爭論，或停或復，或改試議論。唐武宗時試進士則強調「但據實才」，並多次對中舉進士進行複試。這類對科舉制度的爭執論議，終唐一代不絕如縷。

三、吏治與文學之爭

唐王朝的建立者出身關隴貴族軍事集團，唐初的勳臣貴戚也大都經歷隋末的風暴洗禮，重事功，主進取，尚武豪放，是他們所具有的時代特色。他們鄙薄浮華靡麗的不實之才，重視實際才幹的發揮。唐代一開國就側重於才能而輕於文學德行，開了不拘流品之端。太宗的謀臣武將中有不少即「自潛偽中拔擢而出者

---

81 《全唐文》卷三五五《舉選議》。

也」[82]，史稱「大唐創歷，任官以才，卜祝庸保，量能使用」[83]。所以，有唐一代「出將入相」型的吏才層出不窮。另外，受南朝靡麗文風的影響，社會上文士聞風效尤，尤其是科舉制度確立以後，重詩賦文章，蔚然成風。高宗時劉嶢上疏說：「禮部取士，專用文章為甲乙，故天下之士，皆捨德行而趨文藝。」[84]玄宗年間，詩賦文章已是「立身之美旨也」，「五尺童子，恥不言文墨焉。是以進士為士林華選，四方觀聽，希其風采」[85]。這樣，在統治階級內部，重吏才還是重文學，就成了一對尖銳的矛盾。

唐太宗時，名士張昌齡等應進士科，都被考官斥退。唐太宗問斥退的緣故，考官對以昌齡等華而少實、文風浮靡，不是好吏才。如果錄取他們，後生相慕成風，擾亂朝廷提倡的風雅之道。所謂風雅之道，就是要符合傳統的溫柔敦厚之道，而浮靡恰恰是敦厚的反面。唐太宗雖然賞識張昌齡等人的文藻，卻只好承認考官所說為有理，也就是承認吏才對文學的壓制。致使張昌齡等人一生沉跡下潦，名聲不顯，無所作為。

唐高宗時，稱為初唐四傑的王勃、楊炯、盧照鄰、駱賓王四人同時稱雄，文名甚盛。文武雙全的裴行儉卻對他們不屑一顧，認為士人要有遠大的前程，首先靠器識，其次才是文藝，王勃等雖有文才，卻都浮躁淺露，哪裡像個享受爵祿的人材！楊炯大概可以做個縣令，其餘諸人得好死就算不錯。裴行儉的這些話反映了唐初吏才對文學之士的壓抑。《新唐書·文苑傳·王勃》說：王勃六歲便能作文，不到二十歲即應舉及第，是個很有文才的年輕詩人，他寫的《滕王閣序》中有「落霞與孤鶩齊飛，秋水共長天一色」，成為千古傳誦的名句。但就是這樣一個立志要有所作為的文學之士，卻不為當世所容，史稱他恃才傲物，為同僚所嫉，曾做一小官，後失職流落，渡海溺死，死時才二十八歲。楊炯幼年便擅長詩文，應神童科試得官，武則天時曾任盈川縣令，也遭同僚嫉恨，誹謗他恃才簡倨。盧照鄰博學善作文，因得風疾，不能仕進，曾拜名醫孫思邈為師，求治病之

---

82 王夫之：《讀通鑑論》卷一一。
83 《全唐文》卷一四九褚遂良《諫窮問張玄素出身疏》。
84 《資治通鑑》卷二○二。
85 《全唐文》卷四七六沈既濟《詞科論》。

方，當時人評價他也是浮躁淺露，最後因不堪忍受病痛的折磨，投潁水自盡，死時年四十。駱賓王也是幼而能詩，唐高宗末年，曾任長安主簿，後被貶為臨海縣丞，怏怏不得志，棄官在江南流浪，後參加徐敬業的揚州起兵反武則天，為掌書記，軍中書檄，多出其手。徐敬業兵敗，駱賓王亡命逃竄，不知所終。據說駱賓王為徐敬業起草了近於人身攻擊的《討偽武氏檄》，武則天看後，憐其不遇：「宰相之過也。人有如此才，而使流落不遇乎！」[86]當時人也說他品行不好。從四傑的遭遇來看，文學之士受吏才的壓抑，在唐初是很嚴重的。

繼四傑之後的沈佺期、宋之問，也是著名的文學之士，他們在詩的聲律化定型方面貢獻巨大，他們的作品稱為沈宋體，是當時文人士子模仿的榜樣，但他們的仕途也有坎坷，同樣遭受吏才的排擠和壓抑，時人評價他們人品卑劣。他們轉而諂奉武則天的寵臣張易之，替他作應制詩，甚至為之捧溺壺。武則天死後，沈宋都被貶竄，先後死去。

隨著高宗、武則天時期科舉制的大發展，庶族地主階級知識分子湧入仕途者的數量明顯增加，他們在政治生活中的作用也越來越重要，力量也逐漸壯大。這樣，吏治與文學之爭也更加激烈。

從武則天後期至唐玄宗初期，人心思定，在朝廷中當政和縱橫捭闔的一班名臣，主要是吏治之才，如狄仁傑、五王（桓彥範、敬暉、張柬之、崔玄暐、袁恕己）、姚崇、宋璟等。他們雖也有出身明經、進士者，如狄仁傑、敬暉、崔玄暐出身於明經科，張柬之為進士出身，姚崇也應過詞科，但他們都不以文學知名，反過來，卻全都長於吏務，而把文士看作齷齪不足道。開元初年，遭斥逐的一班大臣，雖曾擁戴玄宗，卻多數特別以文學見長，如張說被稱為文壇領袖，劉幽求、郭元振、魏知古、趙彥昭等也以文辭知名。重視吏治的姚崇一派，在他們用事的時候，幾乎沒有什麼提倡文辭的措施。姚崇希望他兒子能知吏務，因此對於姚奕，「欲使不越官次而習知吏道」[87]。在朝廷用人方面，也特別看重識見，而

---

86 《資治通鑑》卷二〇三。
87 《新唐書‧姚崇傳附子奕傳》。

不注意文辭。如蕭嵩寡於學術，同僚們都很看不起他，而姚崇對他卻特別垂青，又如嚴挺之本是文士，但因「雅有吏幹」而特別受到姚崇器重。

開元九年（721 年），張說任相。張說本是當時文士們的領袖，他用事以後，特別注重粉飾文治。張說在開元十三年以宰相任集賢學士知院事期間，所引用的人物，大都是文采之士，如徐堅、韋述、賀知章、徐安貞、孫逖、王翰、張九齡、袁暉、許景先等，全是以文辭知名的。張說不但以文章來提拔人士，同樣，他也以「無文」來排斥人。如崔隱甫不由科第出身，而吏治優長，有威名，又有惠政[88]，玄宗把他從河南尹徵召欲加重用時，張說卻因為他無文而上奏擬用為武職金吾大將軍，另外推薦崔日知為御史大夫，玄宗不聽，就用了崔隱甫為御史大夫，而用崔日知為左羽林大將軍，這樣，崔隱甫便懷恨在心。又如宇文融，也長於吏治，官至御史中丞、戶部侍郎兼勸農使，以進獻理財之策，大得玄宗寵信，張說也處處和他為難，這樣，二人也產生嫌隙。[89]於是，宇文融便引用門蔭出身的李林甫為御史中丞，又聯合崔隱甫在開元十四年四月扳倒了張說。這次鬥爭，明顯地分為吏治和文學兩派，可見朝臣結黨，由來已久。[90]

張說死後，玄宗漸次起用張九齡為相，同時又用李林甫為相。張九齡長於文學，李林甫以吏幹知名，這樣，一場文學與吏治之間的衝突就在所難免了。

從文化底蘊上來說，張九齡是個書生，深受傳統文化薰染，形成了以儒學為基調的人生觀與政治觀，以德、孝、忠為立身之道。他之所以得到重用，完全是靠了文學才能，唐玄宗曾說：「張九齡文章，自有唐名公皆弗如也，朕終身師之，不得其一二。此人真文場之元帥也。」[91]張九齡繼張說之後，以其政治地位和文學地位，做了名副其實、當之無愧的文壇領袖。他和一班文學名士吟詩唱和，交游往來，相處十分和洽，並在政治人事安排上，以強烈的感情盡量提拔他們。如大詩人王維、孟浩然等皆曾受知於他。在用人問題上，張九齡所據的是傳

---

88 《新唐書·崔隱甫傳》。
89 《舊唐書·宇文融傳》。
90 唐長孺等編：《汪籛隋唐史論稿·唐玄宗時期吏治與文學之爭》，北京，中國社會科學出版社，1981。
91 王仁裕：《開元天寶遺事》卷下。

統文化觀，主張用熟悉老祖宗治國方略的文人，認為淵博知識使他們清晰地了解時務的性質，能制定出有效的解決方案。他想方設法引進士出身的嚴挺之為相，然在李林甫的阻撓下未果。他不贊成用文化不高的邊將和邊官為相，認為他們雖然有功勳，但粗俗，無教養，不懂典章制度，不懂禮儀文化，難以擔當指導百官的大任。李林甫欲援引范陽節度使張守珪入相，遭他反對而作罷。

李林甫與張九齡完全不同。他多次主持法律修訂工作，產生了以法律治理社會的思想。他是個官僚，一個集官僚特性大成的官僚。他深諳法、術、勢之道，主張以法治人，以術馭人、以勢制人。他不通文學，不喜文學，文化水平也不高，曾鬧出不少讀錯字白字的笑話。他因反感文學之士的緣故，對科舉也有抵觸，尤其是對進士。在他任相期間，他一再對參加科舉考試的士子採取壓制措施。他的才幹主要體現在吏治上。他執政十九年，成為玄宗時代居位最久的宰相。他認為文人附會風雅，迂闊酸腐，缺乏對社會的直觀認識，缺乏社會經驗，用文人只會給社會、朝廷帶來浮誇不實之風，使政治處於無序狀態。由於他自身政治素質的原因，大力主張起用一步一個臺階上來的吏治之才。因他們有豐富的社會經驗和工作經驗，有令人信服的領導能力，可為國家辦實事。

李林甫堅持用吏治之才，張九齡主張用文學之才，相持不下，待李林甫提出胥吏出身的涼州都督牛仙客進入朝廷為相時，兩人的衝突更加激烈。玄宗喜歡文學之臣，不過是出於本身的文學天賦；當他退居深宮享樂時，轉而需要務實的吏治之才，來幫他治理天下，如此才能高枕無憂。所以，在這場吏治與文學的衝突中，張九齡敗下陣來，被罷免了相職。[92]

之後，非科舉入仕的李林甫、牛仙客、李適之、陳希烈以及後來的楊國忠把持朝綱，科舉出身者受到排斥。又由於進士科以詩賦取士，科舉出身者多文學之士，而少政治家，在政治舞臺上仍是吏幹之才居優勢。

安史之亂後，科舉出身者在高級官吏中的地位開始上升。常袞當政時，非文

---

92 參見趙劍敏：《張九齡與李林甫的文化衝突》，《唐文化研究論文集》，上海，上海人民出版社，1994。

辭者不用。這樣，統治階級內部的黨爭起伏不已。從元載、楊炎和劉晏、盧杞的紛爭，到二王劉柳集團的弊政革新運動，都說明了地主階級內部不同集團的對立。其中歷時最久、鬥爭歷程更為曲折的是「排陷紛紜垂四十年」的牛李黨爭。

在這一系列的紛爭中，文學出身者往往把自己扮演成才氣橫溢、通達時變、勇於進取、準備大有作為的革新者，而把門蔭吏幹出身者視為面目可憎、語言乏味的鄉願和腐儒。反之，吏幹出身者總是把自己扮演成品德高尚的君子，而把文學出身者視為浮華囂張、奔走鑽營、氣勢洶洶、舞弄是非的輕薄文人。然而，舊的門閥士族儘管以先德行、吏幹，後文辭相標榜，還是不得不家置《文選》，以備以辭賦應試去取得官位，李黨的陳夷行、李攎夷等便出身進士科；文學出身的寒酸者流也往往隱瞞家世，偽造譜牒，並且未嘗不假借經學，自詡德業。吏治和文學，即使在思想、言行、作風上，也並沒有截然不可逾越的鴻溝。當辭賦的浪潮淹沒一切時，我們看到這一時期幾乎所有的政治家、思想家，無不以文章進身。[93]

---

93 參見侯外廬主編：《中國思想史綱》，上冊，244～245 頁，北京，中國青年出版社，1980。

第四章

交匯‧擷英‧輻射

　　中華文明在經歷了魏晉南北朝多元文化的衝突、激盪、融合之後，終於推出了氣度恢宏、清新燦爛的隋唐文化時代。隋唐文化是中國文化史上的一座豐碑，是東方文明的一顆明珠，同時又是「與印度、阿拉伯和以此為媒介甚至和西歐的文化都有交流的世界性文化」。

　　隋唐王朝政治昌明，經濟繁榮。在政治上堅持「中國既安，四夷自服」，在文化上也表現出足夠的自信，勇於對五花八門的外來文化並蓄兼收，博采其長，在保持中華文明主體性的基礎上，廣泛攝取周邊少數民族和外域文化的營養，成就其博大、昌盛的文化偉業。

　　當唐文化大放異彩的時候，亞歐世界文明尚在低谷中徘徊。先進的唐文化以其強大的輻射力向周邊地區和國家流布，促進了東亞各國文明的形成和發展，同時遠播異域，對世界文明做出了貢獻。

「和同為一家」：
各族文化的交匯

　　隋、唐是中國歷史上統一的多民族國家進一步發展的一個重要歷史階段。

　　隋、唐王朝在中原漢族地區建立起強大的中央集權統治，社會穩定，經濟持續發展，文化高度繁榮，對周邊少數民族產生了強大的吸引力。隋、唐王朝開明的民族政策，更進一步促進了中國多民族聯合體的形成和鞏固。各族人民「和同為一家」，為各族文化的交匯，創造出了良好的氛圍。先進的中原漢族文化在周邊少數民族地區廣泛傳播，促進了周邊少數民族的文明與進步。少數民族文化的優秀成分，也對中華民族文化的進一步繁榮發展，做出了自己的貢獻。

一、隋唐王朝開明的民族政策

　　自古以來，中國中原漢族和周邊少數民族，就有割不斷的歷史聯繫。維繫這種歷史聯繫的重要因素，是各族間經常性的經濟、文化交流。這種經濟、文化交流在隋唐時代空前發展，隋、唐王朝極具特色的開明的民族政策，發揮了很好的作用。

　　一般來說，統一的中央集權王朝時代，也是多民族國家形成、發展的重要時

代。在中國歷史上，秦漢、隋唐、明清，正是這樣的時代。由於政治穩定，社會升平，國力強盛，統治者便會產生「揚國威、徠遠人」的欲望，追求「四夷降服，海內乂安」[1]，實現這一政治目標的手段，不外乎「威惠並用」，文德與武功交施。和親、招撫、賜贈與戰爭，是最基本的方式，特別是以國力為後盾的武力征服，是封建王朝處理民族關係的政策前提。這一點，隋唐與秦漢、明清無大區別。

不過，隋唐與其他時代不同的是，隋唐時的中國，是當時世界上最富強的國家。因而，隋唐人能以一種優越、平和的心態，對待周邊遠近「四夷」，這是其開明民族政策產生的一個前提。而這一政策形成的最主要的因素，還是隋唐統治階級內部構成的局部更新。

兩晉南北朝時期，出現了所謂「五胡亂華」的局面，處於中國北部邊疆地區的匈奴、鮮卑、氐、羌、羯紛紛南下，入主中原。相當多的少數民族人民留在了中原，與漢族交錯雜居，逐步融合。其上層則在與漢族地主階級的對抗、紛爭中，逐步封建化，與漢族地主合流，成為地主階級中的一種新的成分，使隋唐統治集團中增添了許多少數民族的血液，促進了統治階級內部構成的局部更新。

隋、唐王朝統治核心的關隴集團，本身就是一個胡漢合流的統治集團。皇室楊氏、李氏，是胡化較深的漢族，他們數代都與胡姓通婚。隋文帝楊堅的皇後和唐高祖李淵的母親獨孤氏姐妹是鮮卑人。唐太宗的母親竇氏、皇後長孫氏，都是漢化程度較高的鮮卑人。唐太宗的姊妹中，襄陽公主嫁給竇誕，長沙公主嫁給豆盧懷讓，他的女兒也有六人嫁給了這幾家漢化了的鮮卑人。皇族的民族偏見比較淡薄，是顯而易見的。另據統計，隋代二品以上官員中，父系有少數民族血統的就六十三人[2]。唐朝更是番臣番將殷庭，除了長孫無忌、王珪、於志寧、豆盧欽望等漢化已極深的鮮卑族人外，還吸納了許多少數民族首領加入到統治集團中來。如：阿史那社爾、阿史那道真父子和執失思力是突厥人，契苾何力是鐵勒

1　《貞觀政要・災祥》。
2　汪征魯：《隋唐之際地主階級的局部更新》，載《歷史研究》，1983 年第 1 期。

人，高仙芝是高麗人，哥舒翰是突騎施人。多民族混血的文武大臣就更多。隋、唐統治集團中融入如此之多的少數民族血液，使這個集團朝氣蓬勃，使其觀念、統治意識與統治政策，在整個封建社會裡，都表現出一種空前絕後的開明特色，特別是其民族觀與民族政策，不僅遠遠超越了前代的封建統治者，後代的封建帝王也很難企及。

中國傳統的民族意識是在春秋時期形成的，即所謂「春秋大義」，主張「內諸夏而外夷狄」，認為夷狄「非我族類，其心必異」，所以必須謹守「夷夏大防」。[3]這種「大漢族主義」的民族觀念，充滿了對少數民族的歧視和防範。融入多民族血液的隋、唐統治者，從觀念上就反對民族偏見與民族歧視。隋文帝就曾講過：「溥天之下，皆曰朕臣，雖復荒遐，未識風教，朕之撫育，俱以仁孝為本。」[4]大業七年（611年），西突厥處羅可汗歸隋，隋煬帝對他說：「今四海既清，與一家無異，朕皆欲存養，使遂靈性。」[5]唐太宗則更明確地講：「夷狄亦人耳……不必猜忌異類。蓋德澤被洽，則四夷可使如一家；猜忌多，則骨肉不免為仇敵。」[6]他晚年總結自己在「服四夷」方面取得突出成就的原因時又說：「自古皆貴中華，賤夷狄，朕獨愛之如一，故其種落皆依朕如父母。」[7]可見，在隋唐帝王的觀念意識中，「夷狄」雖與漢族存在文化、習俗等方面的差異，但他們也是人，也是自己的臣民，所以不應該歧視他們，應當「愛之如一」。隋唐統治者的這種民族觀念，不是停留在口頭上，而是貫徹到了其處理民族關係的原則和方式中，形成了其特色鮮明的開明民族政策。

為了實現「四夷降服，海內乂安」，隋唐統治者對周邊少數民族政權，難免會使用武力征服。即使其與周邊部分少數民族的關係是通過招撫、冊封、和親等方式確立的，這種關係也大多是以國力的強盛和武力的強大為後盾的。但也有許多少數民族自願歸附唐朝，一方面是出於對唐朝國家強盛的傾慕，另一方面是因

3　《左傳》成公四年。
4　《隋書·吐谷渾傳》。
5　《北史·突厥傳》。
6　《資治通鑑》卷一九七。
7　《資治通鑑》卷一九八。

為唐朝能堅持「中華」、「夷狄」「愛之如一」，不歧視少數民族，因而減弱了民族隔閡，增強了少數民族的向心力。

隋、唐政權在民族政策中貫徹其民族懷柔思想主要表現在以下幾個方面：[8]

第一，根據邊疆地區的不同和各民族的不同特點，採取不同形式的羈縻政策，以確立其與周邊民族的穩定關係。

隋唐王朝對於被征服地區和歸附的少數民族，除在個別漢人較多、漢化較深的地區同中原一樣設立州縣外，大多是採取羈縻的方式。具體做法：（1）設置羈縻州府。唐朝在貞觀四年（630年）平定東突厥後，開始在北方邊境設置羈縻州府，以當地少數民族「首領為都督、刺史，皆得世襲。雖貢賦版籍多不上戶部」[9]。各族酋長可按本民族的習慣統治羈縻州府。這些羈縻州類似民族自治州，體現了唐政府對少數民族習慣的尊重。（2）冊封以定「君臣之位」。隋時突厥染干可汗歸降後，隋文帝就封其為意利珍豆啟民可汗，讓其繼續統治所部，往來畜牧。唐朝繼續採取這種辦法，對於政府不便直接控制的一些少數民族，就冊封其在本民族中有威信的首領為可汗。由於唐朝國力強盛，很多少數民族首領都希望能得到唐的冊封，以穩定自己的統治，避免外族的侵擾。（3）和親以確立甥舅關係。和親是漢代以來處理中原王朝與邊疆少數民族關係時常用的一項措施，隋、唐王朝也繼續利用這種政治聯姻，來加強其與少數民族的聯繫。特別是唐與吐蕃，自文成公主嫁給松贊干布之後，確立了世世代代的甥舅關係，密切了西藏、青海地區與祖國的聯繫。

隋、唐王朝，特別是唐朝，通過實施不同形式的羈縻政策與措施，把周邊各族與中原漢族一起納入到一個民族大家庭中，各族「和同為一家」，為各民族間的經濟文化交流，創造了極好的環境。

第二，優待各族酋長及其子弟，讓其入朝做官或充宿衛。唐朝對歸降、歸附

8　以下內容參見熊德基：《唐代民族政策初探》，載《歷史研究》，1983年第1期。
9　《新唐書・地理志下》。

的各少數民族首長，不僅不加歧視，還給以各種優厚的政治待遇。如貞觀六年（629 年）突厥突利可汗自請入朝，唐太宗授以右衛大將軍之職，封北平郡王，死後還許其子襲爵。貞觀四年（630 年）被俘的突厥頡利可汗，唐太宗對其也賜田宅，歸還其家屬，授官右衛大將軍。奚、契丹酋長歸唐後，唐不僅封官授爵，還賜姓李。對歸降的各級首長，只要其願意入朝，唐大都授以武職，與漢官享受同等的待遇，如貞觀四年平定東突厥後，「其酋長至者，皆拜為將軍、中郎將等官，布列朝廷，五品以上者百餘人，因而入居長安者數千家」[10]。有的還受到特別的恩寵，如阿史那社爾尚南陽長公主、阿史那忠尚定襄公主、契苾何力尚臨洮公主，均典兵宿衛。

唐朝對各少數民族首領、酋長的信任與優待，取得了少數民族上層的敬服與擁戴。這不僅增強了唐朝中央政府對周邊少數民族的吸引力，而且大量少數民族首領入朝做官，也對各族文化的交流，起到了直接的促進作用。

隋、唐王朝開明的民族觀念和民族政策，有利於消除各民族間的隔閡，增強少數民族的向心力，在唐太宗時期，就出現了「四夷大小君長」爭相歸附的局面。貞觀四年，西域與北荒（指內外蒙古地區）君長共推唐太宗為「天可汗」，唐朝天子既是漢人的皇帝，又是各民族的共主，具有雙重的政治身分。直到唐後期，一些少數民族首領仍稱唐天子為「天可汗」，這正是唐代統一的多民族國家進一步發展的象徵。正是在這一背景下，各族經濟、文化的交流，才得以充分地展開。

二、漢族文化在少數民族地區的傳播

隋唐時期民族間的文化交流，是在多層次上展開的。由於這一時期中原漢族封建文明已進入高度成熟期，而周邊少數民族社會發展水平還相對較低，漢族文

10 《舊唐書·突厥傳上》。

明向周邊少數民族地區的傳播，就成為當時文化交流的一個主要方面。

在東北地區，當時活動的少數民族主要有契丹、奚、霫、室韋、靺鞨，大都屬於東胡系。靺鞨的粟末部還曾建立了強大的渤海國。

靠近內地的契丹、奚、粟末靺鞨受漢文化的影響較深。以「逐水草、善射獵」著稱的奚族，在八世紀中葉前，在潢水之北已是「禾稼」遍野，其農作物以穄為主，在史籍中留下了「稼多穄，已獲，窖山下。斷木為臼，瓦鼎為饡，雜寒水而食」[11]的記載。契丹族在阻午可汗時，農業、手工業已有所發展，鄰近中原的迭剌部，在耶律阿保機的祖父時，已「喜稼穡」，「相地利以教民耕」。阿保機之父撒剌時「始置鐵冶，教民鼓鑄」[12]。唐末五代戰亂之中，幽、涿一帶的許多漢人為躲避戰亂，湧入契丹地區，把內地先進的生產技術和文化進一步傳入契丹。幽州人韓延徽入契丹後，成為阿保機的謀主，不但教給契丹農耕、營建等技術，還幫助阿保機確定君臣名分，制定國家的各項制度，對契丹國的崛起發揮了重要作用。

綠琉璃釉獸頭（唐）

粟末靺鞨人在營州附塞時，就從漢人那裡學到很多東西。渤海國建立後，農業和手工業達到相當高的水平。特別是陶瓷燒製技術很高，「渤海三彩」頗負盛名。渤海的城

牡丹紋方磚（唐）
黑龍江寧安渤海上京龍泉府遺址出土

---

11 《新唐書‧奚傳》。
12 《遼史‧太祖紀贊》。

市建築，大多是模仿唐朝，上京的外郭城、宮城、皇城及坊市，布局與建築風格與唐朝長安極為相似。渤海國的政治體制也是效法唐朝，中央政權的核心是政堂、中臺、定詔三省，及忠、仁、義、禮、智、信六部，其職掌也與唐中央的相應機構大體相同。渤海還經常派遣留學生到長安來學習，舊史記載「其王數遣諸生詣京師太學，習識古今制度」[13]，有的還參加唐朝的科舉考試，如曾任渤海國相的烏照度和其子曾先後考中進士，這些人回國後，對唐文化在渤海的傳播起了積極作用。

渤海還派人到唐求取各種典籍，如開元二十六年（738 年），「渤海遣使求寫《唐禮》及《三國志》、《晉書》、《十六國春秋》，許之」[14]。漢字是渤海的通用文字，渤海人的文章大都是用駢體文寫成，文句流暢，對仗工整。渤海人還會用漢語作詩，裴頲、裴璆父子不僅在國內頗有詩名，還被日本推為詩界「領袖」。

渤海人的繪畫與雕刻也表現出濃郁的盛唐風格。一九八〇年發現的孝貞公主墓中的壁畫，人物形象、服飾與唐永泰公主墓中的壁畫所繪極為相似，體態豐頤，著色濃豔。貞惠公主墓出土的石獅，造型古樸洗練，與乾陵石獅極為相似。這是中原文明在東北地區廣泛傳播的實物見證。

在北方草原地區，當時活躍在這塊廣闊的土地上的少數民族，主要有突厥、薛延陀、回紇、黠戛斯等鐵勒系各族，他們大多過著「逐水草而居」的游牧生活，他們先後在大漠南北建立過突厥汗國、薛延陀汗國、後突厥汗國、回紇汗國。由於游牧經濟的脆弱性，他們的政權常不穩定；又由於畜牧經濟的單一性，草原各族常常依賴與中原的物質交流作補充。這種交流有的是在和平環境下進行的，有的則靠戰爭。不論如何，經濟文化方面的聯繫是割不斷的。

北方草原各族在與中原人民的交往中，多方面地接受了漢族文化的感染。在雙方頻繁的經濟交往中，內地的農業、手工業技術和產品大量輸入北方草原地區。唐朝初年，突厥就用馬、羊等畜產品和唐朝交換絲織品。武則天統治時期，

---

13 《新唐書·渤海傳》。
14 《冊府元龜·外臣部》。

應後突厥默啜可汗的請求，賜予農作物「種子四萬餘石、農器三千事以上」。當時還有很多漢人流入草原，默啜可汗一次就從趙州、定州掠走男女八九萬口，這些地區的漢人都是從事農耕的，他們進入草原地區後，必然也把內地先進的農耕技術帶入。回紇在與唐的絹馬貿易中，換回了大量的絲織品、金銀器、茶葉等。回紇商人經常結隊南下，多時達三千人，還在長安開設各種店肆。唐朝曾將三位公主和四個大臣、宗室之女嫁往回紇。頻繁的人員往來，使回紇人學到了不少的東西。從八世紀開始，回紇人逐步走向半定居的生活，在漠北草原建起了好幾座城市，如葛勒可汗在仙娥河（今色楞格河）畔建築了富貴城，弁羽可汗在嗢昆河（今鄂爾渾河）畔建築了城市和宮室。《遼史》中也記載了唐代的好幾個回鶻城和回鶻可敦城。

北方各族當時大多還處於原始社會末期或奴隸制時代，社會制度和政治制度都比較落後，他們在與中原王朝的接觸中，受到內地先進的社會制度的影響，逐步走向封建化，政治組織形式也日益健全。突厥啟民可汗附塞時，隋煬帝曾幾次率百官侍衛到啟民可汗牙帳巡幸。隋亡後，煬帝的孫子楊政道逃入突厥，在突厥的漢人「悉隸之，行隋正朔，置百官於定襄城」[15]。漢人的政治制度對突厥必然會產生一定影響，貞觀四年以後，突厥受漢人政治制度的影響更大，據《闕特勤碑》及《苾伽可汗碑》的記載：「突厥伯克棄本族之稱號，而用唐家的稱號。……其間各地悉尊大唐天子而行其國之法度。」回紇的政權組織主要沿用突厥制度，但其可汗世代接受唐朝的封號，所以也採用了較多的唐朝的官號，在政權組織中設置外宰相、內宰相、都督、將軍、司馬等官。甚至點戛斯的官職中也有宰相、都督、職使、將軍等，這都是受唐朝影響的痕跡。

中原文化向北方草原的傳播是一個漫長的歷史過程。早在北齊時，《淨名》、《涅槃》、《華嚴》等佛經就由漢人傳入突厥。後突厥汗國時，漢族的手工工藝技術傳入突厥。在闕特勤死時，唐玄宗派金吾將軍張去逸等攜帶「高手工匠」前去幫助建立墓碑，並刻石為像，四壁畫其戰陣之狀。唐玄宗還親自撰寫了碑文。考

---

15 《通典‧邊防‧突厥上》。

古學者曾經發掘出了闕特勤的墓葬，發現其墓前雕製有與乾陵墓前少數民族首領形象相同的石像，還發現了與唐代中原建築材料相同的蓮花紋瓦當。到回紇時代，漢文化在北方草原的傳播更廣，回紇的曆法採用的是唐開元曆，直到九世紀中葉西遷後還繼續使用。一九二八年在新疆吐魯番出土一部《菩薩大唐三藏法師傳》的回鶻文譯本，譯者漢文造詣很深，譯筆流暢，這也是漢、回鶻文化交流的一個很好例證。

在西北地區，西域各族自古以來就和內地有極密切的關係，隋唐時期，更成為盛況空前的東西文化交流的紐帶。當時西域有三條大道：南道、中道、北道，即歷史上有名的「絲綢之路」，可通往中亞、西亞各國及歐洲。漢人所生產的綾、錦、羅、縠、繡、絹、紬、絲和金、鐵等，大量輸到這裡，再由這裡運往西方。文化上的交流就更為頻繁。高昌統治時期，由於統治者是漢人，所以高昌無論在政治上、文化上，都極力模仿漢族。當時高昌國的

回鶻文古唱本《彌勒會見記》

教育也學習「《毛詩》、《論語》、《孝經》、歷代子史，集學官子弟以相教授」，並派遣子弟到長安官學中學習。西域的焉耆、龜茲、疏勒、於闐，原本就有漢人居住，如《新唐書》記載在龜茲西北一個地方，「有小城三百，本華人，為突厥所掠，群保此，尚華語」。漢族和各少數民族的雜居，必能促進文化交流與融合。

在青藏高原，中國藏族的先民在七至九世紀建立了吐蕃王朝。吐蕃王朝是一個奴隸制政權，王朝的最高主宰是贊普。在唐太宗時代，吐蕃贊普松贊干布統一了青藏高原，他主動與唐朝修好。自文成公主入藏和親，從此漢藏「和同為一家」，唐與吐蕃世世為甥舅之國。雙方前後舉行較大的會盟八次，西元八二三年立的「唐蕃會盟碑」，至今仍豎立在拉薩大昭寺的門前，成為漢藏人民友好的歷史見證。

中原先進的生產技術和物質文化成就輸入青藏高原，是從文成公主入藏和親開始的。文成公主到吐蕃時，就帶了各種谷物和蕪菁種子及烹飪食物、飲料等，還有金玉書櫥、金玉飾物，各種花紋圖案的錦緞墊被等。文成公主曾對尼泊爾公主講：「世間諸工巧，妝飾與烹飪，耕稼紡織等，技藝亦相敵」。她還從內地「召致甚多木匠、塑匠，建甲達惹毛切殿」[16]，可知內地的烹飪、服用、紡織、耕稼和建築等生產技術，隨文成公主入藏而大量傳入吐蕃。到唐高宗時，松贊干布又派使者使唐，「請蠶種及造酒、碾磑、紙墨之匠，並許焉」[17]。唐中宗時，金城公主又一次入藏和親，中宗「賜錦繒別數萬，雜伎諸工悉從」[18]，大量的絲織品和生產技術，再一次大規模地傳入吐蕃。唐朝生產的茶葉也傳入吐蕃，建中二年（781 年）唐使常魯到吐蕃，贊普向他出示的茶葉就有壽州茶、舒州茶、顧渚茶、昌明茶、㵉湖茶等多種。藏人嗜茶成俗，或許是從唐時始。

自文成公主入藏後，松贊干布就「襲紈綺，漸慕華風」，於是就派遣一些貴族子弟到長安國子監學習「詩書」[19]。金城公主入藏時，又請得《毛詩》、《禮記》、《左傳》、《文選》各一部，漢文典籍由此傳入吐蕃。金城公主還將在唐流行的龜茲樂帶入吐蕃，使吐蕃人對唐樂傾慕不已。長慶時，唐朝使臣到吐蕃時，贊普歡迎唐使，「樂奏《秦王破陣曲》，又奏《涼州》、《胡渭》、《綠腰》、雜曲」[20]，百伎皆漢人。到現在，拉薩還保留有很多唐時的樂器。

佛教傳入青藏高原也與文成公主有一定關係。吐蕃人原本信奉的是苯教，這是一種崇拜自然神靈和精靈鬼怪的多神教。在西元五世紀拉脫脫日年贊贊普在位時，有人曾把梵文佛經帶入吐蕃秘密收藏。文成公主信佛，入藏時車載釋迦佛像，還帶去了三百六十卷經典，加之尼婆羅芝尊公主從印度帶入一些法物，佛教開始流傳。建中年間，吐蕃又請唐朝派遣高僧去講經，唐「遣僧良琇、文素二人行，每人歲一更之」。在赤松德贊贊普在位時（742 年-797 年），正式奉行「無

16 《西藏王統記・松贊岡保王章》。
17 《舊唐書・吐蕃傳上》。
18 《新唐書・吐蕃傳上》。
19 《舊唐書・吐蕃傳上》。
20 《新唐書・吐蕃傳下》。

上正覺佛陀教法」，將佛教定為國教。

文成公主入藏時，曾帶有醫方一百種，醫學論著四種，診斷法五種，醫療器械六種。八世紀赤松德贊的御醫玉妥、元丹貢布，就吸收唐內地以及印度、尼婆羅、大食的醫學成就，總結前人經驗，寫成藏醫藏藥學上的《四部經典》、《居希》（包括《札居》、《協居》、《門阿居》、《其馬居》），成為中國古代醫學的寶典。

大理崇聖寺三塔

在雲南滇池地區，隋唐時期分布著西爨、東爨等一些蠻族部落。西爨又稱白蠻，受漢文化影響較深，經濟文化發展水平較高。東爨又稱烏蠻，經濟生活以畜牧業為主，分為六個大部落，稱「六詔」。八世紀上半葉，南詔王蒙皮邏閣得到唐玄宗的支持，逐步統一了六詔，建立了一個以大理為中心，統治範圍達到今雲南東部、貴州西部、四川南部的南詔奴隸制政權。南詔通過接受唐朝的冊封，確立了與唐的藩屬關係，從而與唐朝在政治、經濟、文化等方面，都保持著密切的聯繫。

南詔對吸收漢文化一直採取非常積極的態度。南詔王閣邏鳳「不讀非聖之書，嘗學御人之術」；異牟尋「頗知書，有才智」，他在給唐西川節度使韋皋的信中也說南詔王室世代「人知禮樂，本唐風化」。在八世紀末九世紀初，異牟尋

派遣許多大臣子弟到成都「就學」,「教以書、數,業成則去,復以他子弟繼之,如是五十年。……學於成都者,殆以千數」[21]。漢族文人流寓南詔的也很多,有的還做了大官,如相州人鄭回,官至清平官。這都促進了漢文化在南詔的廣泛傳播。

有字瓦(唐)

南詔的政治制度大體是仿效唐朝,王下設清平官、酋望、大將軍,清平官相當於唐朝的宰相。中央官署有士、戶、法、兵、客、倉六曹,後又擴為「九爽」,頗有唐六部九寺的影子。

經濟上,南詔也實行授田制度,是效法唐的均田制。從唐高宗、武則天時代開始,唐朝多次賜「錦袍、金帶、繒彩」等絲織品給南詔。大和三年(829年),南詔從成都掠去「子女工技數萬……南詔自是工文織」[22]。此外,南詔人的耕作方法及房屋建築都「悉與漢同」[23],足見漢文化對南詔的影響之大。

滴水瓦·方形花磚(唐)

南詔通行漢文,流傳至今的《南詔德化碑》、《崇聖寺鐘銘》、《石鐘山石窟題記》、《南詔鐵柱銘》等都是用漢文寫成的。唐朝儒學、詩歌、書法、音樂、佛教、道教都傳入南詔。南詔詩人楊奇鯤、楊義宗的佳作《途中》、《題大慈寺芍藥》、《洞雲歌》流傳至今,被收入《全唐詩》。「書聖」王羲之在南詔極受尊寵,被立廟祭祀,學習書法的人很多。唐朝還曾將「胡部龜茲音聲二列」送與南詔。南詔早期信奉天師道,唐朝晚期,「婆羅門」和瑜伽密宗傳入,「阿闍黎教」

---

21 《新唐書·南詔傳上》。
22 《新唐書·南詔傳中》。
23 《蠻書·風俗》。

盛行。

通過上述分析，我們可以看出，隋唐五代時期，唐朝和周邊少數民族地區的聯繫極密切，中原地區的鐵器、金銀器、瓷器、絲織品、茶葉及農業、手工業生產技術，通過經濟交流，大量輸入少數民族地區，豐富了少數民族的物質生活，中原先進的封建生產方式、政治組織制度，促進了少數民族的社會進步；漢族精神文化方面的成就在少數民族地區的傳播，既有利於各民族的共同發展，也發揮了增加中國各民族內在凝聚力的作用。

三、少數民族對隋唐文化的貢獻

中華文明是由中國各民族的先人們共同創造的，絢麗多彩的隋唐文化中，就有不少周邊少數民族文化的成分。

首先，隋唐五代時期，漢族與周邊少數民族的經濟交流極為頻繁，邊疆各族以貿易、進貢的形式，將邊疆地區出產的各種物品，即所謂「方物」，源源不斷地輸入內地，極大地豐富了唐人的物質文化生活。

北邊各族向內地輸送的主要是畜產品和狩獵品。唐朝初年，因內地缺馬，常以互市的形式，向突厥、黨項市馬、牛、羊；唐與回紇的絹馬貿易，換回了大量的馬、駱駝，其中有許多被用作畜力，推動了內地農業生產的發展。西域產名馬，隋煬帝時通西域，就常「責其名馬」[24]。龜茲、焉耆也常向內地進貢名馬。另外，南詔的越睒有一種「日馳數百裡，世稱越睒駿」的良馬，唐時也傳入內地。據統計，唐代引進邊區少數民族及外國馬匹的種類達八十三種之多，對內地馬種的改良，起了較大的作用。[25]各族還常把狩獵品作為珍奇進獻給唐朝，如回紇進送的貂鼠裘，吐蕃進送的獺褐、犛牛尾，南詔進貢的犀、象，及渤海進貢的

---

24 《隋書·煬三子傳》。
25 參見馬俊民：《關於唐代「胡馬」引進及其歷史作用》，載《天津師範大學學報》，1988 年第 4 期。

海豹皮、貂鼠皮、「海東青」等。

金銀、玉器及各種珍奇寶物的進貢，也是一個重點。如：回紇進貢的鴨頭子玉帶，吐蕃進貢的金胡瓶、金盤、金碗，南詔進貢的鐸鞘、浪劍、郁刀、琥珀，渤海進貢的瑪瑙杯及人參等珍貴藥材。還有一些少數民族地區的優質水果，也傳入內地。如南詔傳來的石榴，「子大，皮薄如藤紙，味絕於洛中」，還有一種蔓胡桃，也「出南詔，大如扁螺，兩隔，味如胡桃」[26]。

棉花和棉布傳入內地有兩條路線，一路是自南方少數民族傳入，一路是從新疆傳入。據西晉人華嶠《後漢書》的記載，東漢哀牢夷（居於今雲南保山縣一帶）就產棉布。魏晉時代，交、廣地區也產草棉。唐朝棉布稱作白氎布，從南詔傳來的白氎布質量最好，周去非《嶺外代答》稱：「南詔所織尤精好。白色者，朝霞也。國王服白氎，王妻服朝霞，唐史所謂白氎吉貝、朝霞吉貝是也。」[27]新疆產棉最遲始於六世紀，唐時高昌也盛產白氎布，大量輸入長安。

唐太宗還從高昌引進了葡萄酒的釀造法。《南部新書》記載，唐太宗「收馬乳蒲桃種於苑，並得酒法，仍自損益之，造酒成綠色，芳香酷烈，味皆醍醐，長安始識其味也」。由此，「葡萄美酒」盛傳於唐人之口，甚至在河東太原，也出產一種名為「燕姬葡萄酒」的美酒。

這些物品的輸入，其作用絕不可輕視，每一件小小的東西，都可能以不同的方式引發唐人的想象力，從而有可能改變其生活模式。

其次，隋唐時期，周邊少數民族與中央王朝的人員往來極為頻繁，「萬國衣冠拜冕旒」，盛況屢見。商人、留學生匯聚京師，還有許多突厥人、回紇人、昭武九姓胡人，長期滯留內地，他們的生活方式、風俗習慣，對內地人也產生了極大的影響。

---

26 《酉陽雜俎》前集，卷十八《木篇》，卷十九《草篇》。
27 另一種說法認為朝霞吉貝是一種粉紅色棉布。參見〔美〕謝弗：《唐代的外來文明》，吳玉貴譯，445-446頁，北京，中國社會科學出版社，1995。

貞觀四年（630 年）平定東突厥，許多突厥人入朝為官，入居長安者數千家，突厥人的生活習慣對唐人感染極強烈。史載唐太宗長子承乾，「好突厥言及所服，選貌類胡者，被以羊裘，辮髮，五人建一落，張氈舍，造五狼頭纛，分戟為陣，繫幡旗，設穹廬自居，使諸部斂羊以烹，抽佩刀割肉相啖」[28]。貴為太子的承乾，對突厥人的生活方式如此痴迷，可以想見突厥習俗當時在長安所產生的影響之大。承乾還曾「學胡人椎髻，剪彩為舞衣，尋橦跳劍，鼓鞞聲通晝夜不絕」[29]。這也是當時「長安胡化盛極一時」的反映。到開元時，「胡風」更盛，「太常樂尚胡曲，貴人御饌盡供胡食，士女皆竟衣胡服」。宴飲也以「胡姬壓酒」為時尚，饆饠、燒餅、胡餅、搭納等「胡食」，極受唐人歡迎。從駕宮人騎馬，「皆著胡帽，靚妝露面，無復障蔽」[30]，士庶之家的仕女從而仿效，胡裝盛極一時。回紇裝也曾極受歡迎，後蜀花蕊夫人《宮詞》有「回鶻衣裝回鶻馬，就中偏稱小腰身」之句，說明回鶻婦女緊身裝頗得婦女們的青睞。

　　唐代風行的打馬球，又稱擊鞠，它是藏族人民在中國體育史上的重大貢獻，唐時由吐蕃傳入內地。唐太宗曾在安福門觀看「西蕃」人打馬球，景雲中，金城公主入藏時，吐蕃球隊還與唐皇家球隊舉行過一場盛大的比賽。唐玄宗時代，馬球運動也風行民間。

　　縱觀中國歷史，唐人的社會生活豐富多彩，臂鷹打獵，馳馬擊劍，賦詩沽酒，跳舞唱歌，雜技百戲，色彩紛呈。這和唐人吸納少數民族生活方式和風俗習慣，是有一定關係的。

　　最後，隋唐文化，在藝術方面的成就極高，特別是音樂舞蹈非常發達。這與唐朝能夠博采外來文化的長處，有極大關係。

　　中國樂舞原本較質樸，以後不斷吸收少數民族和外國樂舞進來，隋煬帝確定的「九部樂」中，就有龜茲樂與疏勒樂。唐太宗又增加了高昌樂，合稱「十部

---

28 《新唐書·太宗諸子傳》。
29 同上。
30 《舊唐書·輿服志》。

樂」。後來唐人又將燕樂分為「立坐二部」，屬於立部伎的有《安樂》、《太平樂》、《破陣樂》、《慶善樂》、《大定樂》、《上元樂》、《聖壽樂》、《光聖樂》，凡八部。「八部樂」大多為新制，自《破陣樂》以下，「皆擂大鼓，雜以龜茲之樂，聲振百裡」。屬於坐部伎的有《燕樂》、《長壽樂》、《天授樂》、《鳥歌萬壽樂》、《龍池樂》、《破陣樂》，凡六部，大多為武後、玄宗時所造。「自《長壽樂》以下，皆用《龜茲樂》，舞人皆著靴。」[31] 說明這些新制燕樂吸收了很多少數民族樂舞的優秀成分。另外，開元、天寶時頗負盛名的《霓裳羽衣舞》，也是唐玄宗根據西涼樂舞加工潤色而成的。「胡部新聲」不斷進入隋唐宮廷，是唐代文化融合的一個重要內容。

唐朝還從西域傳入許多雜技樂舞，如健舞、軟舞、字舞、花舞、馬舞等。健舞曲有《稜大》、《阿連》、《柘枝》、《劍器》、《胡旋》、《胡騰》，軟舞曲有《涼州》、《綠腰》、《蘇合香》、《屈柘》、《團圓旋》、《甘州》等。其中胡旋、胡騰、柘枝三大健舞最受唐人歡迎。

在繪畫方面，隋唐之際有名的畫家尉遲質跋那與其子尉遲乙僧，都是於闐人，畫史上稱為大、小尉遲。尉遲乙僧「善畫外國及佛像」，他的畫風屬於凹凸派。中國唐朝以前的繪畫以線條為主，盛唐大畫家吳道子受尉遲乙僧畫法的影響，以凹凸法滲入人物畫中，山水樹石畫也別開生面，發展出後代的暈染潑墨畫法，這是少數民族在中國文化史上的重要貢獻之一。

---

31 《舊唐書‧音樂志》。

長鯨吸百川：
域外英華的東漸

隋唐時代，是中西文化交流盛況空前的時代，隋、唐王朝在文化上執行並蓄兼收的開放政策，外國使節、僧侶、商人紛至杳來，珍禽、怪獸、奇花、異草、香料、藥石、珠寶、金銀與玻璃器皿、織物、礦產品等海外珍奇，隨之紛紛流入中國；佛教盛行，祆教、景教、摩尼教、伊斯蘭教也先後傳播中土；西亞伊朗、中亞昭武九姓（粟特）也把其極富特色的文化（主要是音樂、舞蹈、繪畫）源源不斷地輸入中國內地。面對這多彩的外域文明的東來，隋唐文化猶如「長鯨吸百川」，表現出非凡的吸收力與消化力，對各種外來文化進行合理的抉擇、損益、取捨，得其滋養，使自己的內涵更博大，外貌更燦爛、絢麗。

一、中西交通史上的輝煌時代

古代中國與西方各國間的交通，歷史非常悠久。即使從西元前一二六年漢武帝派張騫通西域開始算起，到隋代也已有近七個半世紀的歷史，就是在魏晉南北朝的大分裂時代，中原南北諸王朝也一直與西域保持著聯係。隋唐王朝的政治大統一，為中西交通輝煌時代的來臨，創造了條件。

漢唐時代的「西域」一詞，原有廣義與狹義之分。狹義的「西域」主要指中國新疆地區，廣義的「西域」則凡通過「絲綢之路」所能到達的地區，如亞洲中部、西部，印度半島，歐洲東部和非洲北部，都包括在內。隋唐使用「西域」概念，一般是廣義的，特別是中亞地區，通常是西域的基本範圍。隋朝中西交通的開通，是從隋煬帝「通西域」開始的，隋文帝時代，張掖是內地與西域接觸的前哨。隋煬帝即位後，十分注重開拓西域，他派裴矩前往張掖主持「通西域」的工作，裴矩是個很有辦法的人，史書上說他對「西域諸胡」，「啗以厚利」，「導之入朝」。大業中，西域「相率來朝者」達三十餘國，既有位於中國今新疆地區的高昌、焉耆、龜茲、疏勒、於闐，也有在今中亞的康國、石國、鍛汗、挹怛、史國、末國、吐火羅、曹國、烏那曷、穆國、曹國等。裴矩在與西域諸胡的交往中，經過「尋討書傳，訪採胡人」，丹青楷寫，完成《西域圖記》三卷，這部書詳細考辨西域諸國，記載了各國山川地理、風俗物產等情況，記下了西域的三條交通幹線：北道是自敦煌出發，從伊吾北經蒲類海、突厥可汗庭，渡北流河水，至拂菻國，達於地中海；中道從高昌、焉耆、龜茲、疏勒，過蔥嶺，又經鍛汗，蘇對沙那國，曹國，何國，大、小安國，穆國，至於波斯灣；南道從鄯善、於闐、朱俱波、喝槃陀，過蔥嶺，又經護密、吐火羅、挹怛、帆延、曹國，至北婆羅門，達於印度洋。《西域圖記》一書是針對當時中原對西域「諸國山川未有名目，至於姓氏風土，服章物產，全無纂錄，世所弗聞」的情況而撰寫的，有很高的科學價值，對隋唐中西交通的發展，具有重要貢獻。

隋煬帝「通西域」，為唐朝西域的開拓做好了鋪墊。唐初，西域受西突厥的控制，貞觀十四年（640 年）唐太宗派遣侯君集平定了高昌，在西州交河城設安西都護府，統領西域內附諸族。顯慶二年（657 年）唐軍征服西突厥阿史那賀魯，西突厥汗國滅亡，其領地納入唐的版圖。臣屬於西突厥的中亞諸國也望風歸附，唐西部邊疆拓展到兩河（阿姆河和錫爾河）流域及波斯北境。唐設昆陵都護統西突厥五咄陸部，設濛池都護統西突厥五弩失畢部，還在天山以北設金山都護府，管轄天山以北，金山以西，巴爾喀什湖以南，兩河流域以東的廣大地區，治所在庭州，隸屬於安西大都護府。武則天長安二年（702），在庭州置北庭都護府代替了金山都護府。景雲二年（711）北庭升為大都護府，與安西大都護府並

列，安西大都護府只領龜茲、於闐、疏勒、焉耆四鎮，管轄天山以南、塔里木盆地及蔥嶺以西諸部；北庭大都護府鎮撫天山以北，巴爾喀什湖以南，遠至兩河流域的西突厥十姓諸部落及各藩國，仍統昆陵與濛池兩個都護府，唐朝在西部邊疆的統治體制基本確立下來。安史之亂以後，關隴失守，東西阻隔，但安西、北庭兩大都護府仍控制著西域五十七國及十姓突厥。大約在貞元七年（791 年）之後，安西、北庭最終淪陷於吐蕃。[32]

唐朝西域的開拓，對中西交通的發展意義深遠，其中最主要的是保證了西域「絲綢之路」的暢通，即裴矩在《西域圖記》中所講到的從敦煌西去，分北、中、南三條幹線而達於西海（地中海）的通道的安全。在隋和唐前期，中西人員往來，主要是通過西域道。安史之亂以後，隴右及安西、北庭先後淪陷，東西阻絕；而與此同時，海船製造和航海技術有了較大的進步；唐朝的經濟重心也南移，揚州成了當時最繁榮的城市，這些因素促進「海上絲綢之路」的興盛。《新唐書・地理志》保存了唐代地理學家賈耽的《皇華四達記》的部分內容，其中「廣州通海夷道」條下記錄了由廣州到波斯灣的航海路線和船行日數等具體情況，也就是所謂海上絲綢之路。大體上說，是從廣州出發，沿越南海岸南下，穿越馬六甲海峽，繞過蘇門答臘，西行至獅子國，再沿沒來國（印度馬拉巴）海岸北上，抵達新頭河（印度河）口。從此沿波斯灣海岸西行，經阿曼灣到達波斯灣頭，最後溯幼發拉底河至阿拉伯首都縛達城（巴格達）；另外，也可從沒來國海岸橫越阿拉伯海，到達東非沿岸和亞丁灣等地，然後再趁季風沿阿拉伯海岸進入波斯灣。全程航行至少需要三個月。[33]

另外，還有「草原絲綢之路」。隋唐時代，中西經濟文化交流，很多是通過北方草原各族作為仲介而實現的。當時回鶻等少數民族政權中有很多中亞胡商，他們轉運物品，走的就是草原道。

此外，還有兩條通往南亞的陸路，一條是從柘東城（今雲南昆明）西去，過

---

32 參見林超民：《安西、北庭都護府與唐代西部邊疆》，載《文獻》，1986 年第 3 期。

33 參見莫任南：《隋唐時期中西經濟文化的交流》，載《湖南師範大學社會科學學報》，1987 年第 1 期。本節撰寫時，參考此文處甚多，不再另注。

太和城（今雲南大理附近）至永昌（今雲南保山），西渡怒江至諸葛亮城（騰越附近），入驃國（緬甸），經萬公（即孟拱），西度黑山至東天竺迦摩波圖（亞薩姆西部），又西南至中天竺國東境，又西至摩揭陀國（巴特那）；另一條是從甘肅經青海，入西藏（即文成公主入藏路線），然後越喜馬拉雅山，過尼泊爾至波特那。

西域的拓展，「絲綢之路」的暢通，使唐朝的聲名遠播異域，外國使者頻繁地到中國來「朝聖」。西域內附諸國來的最多。僅據《冊府元龜》統計，在貞觀元年（627 年）至大曆七年（772 年），康國（撒馬爾罕）使臣來長安朝貢三十一次，石國（塔什干）二十一次，安國（布哈拉）十七次，曹國（撒馬爾罕西北）十次，米國（撒馬爾罕東南）九次，史國（碣石城）七次。另外，吐火羅（在阿富汗境）朝貢約三十五次，拔汗那（費爾干納）朝貢約二十七次，罽賓（克什米爾）朝貢約八次。南亞、西亞甚至歐洲各國也不斷派使者到唐朝來，據粗略統計，大食（阿拉伯帝國）遣使來華達三十七次，五天竺（印度）共遣使來華十九次，獅子國（斯裡蘭卡）三次，拂菻（東羅馬）七次。西班牙在上元元年（760 年）也曾派出一支十八人的訪唐團體。

寫本《大唐西域記》（唐）敦煌莫高窟發現

隋唐王朝也曾派使者出訪外國。隋朝大業三年（607 年），隋煬帝曾經派常駿和王君政出使赤土（在今泰國境內）國，受到赤土國王的熱烈歡迎，赤土王還遣其子那邪迦隨常駿等回訪中國。使赤土成為唐朝從南方輸入印度文化的一個連接點。隋煬帝還曾派韋節、杜行滿等人出使西域諸國，杜行滿在安國得五色鹽而返。唐朝貞觀十五年（641 年），恆河下游的摩揭陀王遣使來華，唐太宗「遣衛尉丞李義表報使」，出訪印度，李義表途經尼泊爾時，受到國王那陵提婆的熱情接待，提婆邀請李義表等參觀「阿耆婆瀰池，池廣數十丈，水常溢沸，共傳旱潦，未始耗溢，或抵以物則生煙，釜其上，少選可熟」[34]。貞觀、顯慶間，唐朝還曾三次派王玄策出訪印度。第一次是作為李義表的副使，從吐蕃、泥婆羅（尼泊爾）道到達印度摩揭陀國的首都巴特耶，使團在印度逗留了一年多，巡禮佛跡。在登五舍城附近的靈鷲山時，鑿石為銘，又立碑於摩訶菩提寺，記下使團的活動和觀感。貞觀二十一年（647 年）王玄策與蔣師仁再次出使印度，並將由玄奘譯成的《道德經》梵文本送到東印度迦摩縷波國（阿薩密）童子王手中。第三

《大唐西域求法高僧傳》（唐）義淨著

大食旅行者陶俑（唐）

---

34 《新唐書·泥婆羅傳》。

次是奉命送佛袈裟到印度摩訶菩提寺，歸國後，仿照摩訶菩提寺的彌勒像，在長安敬愛寺督工塑了彌勒像。三次出使的成就，使王玄策成為中印文化的一位偉大使者。

唐朝還派使臣去過拂菻，唐高宗顯慶年間，曾以阿羅喊「差充拂菻國諸蕃招慰大使，並於拂菻西界立碑」。

除了官方的使節往來外，民間自發的商貿、文化交流活動也極為頻繁。唐朝方面，西去求經的僧徒很多，最著名的是玄奘和義淨。玄奘是一位偉大的旅行家和傑出的文化使者，他在貞觀三年（629 年）從長安出發，踏上了西去印度巡禮佛跡和尋求佛法真諦的旅程，經甘肅入新疆，涉天山，過熱海（伊克塞湖），至突厥可汗庭，而後經中亞石國、康國等地，出鐵門，渡雪嶺，到達印度。他巡游五印度，搜集佛經六百五十七部。還曾應戒日王請求，和五天竺僧徒辯論，開會十八天，受到大小乘佛教僧徒的推崇。貞觀十九年（645 年）他回到長安，前後十九年，翻譯佛經七十五部，一千三百三十一卷，對於佛教文化在中國的傳播做出巨大貢獻。玄奘還撰成《大唐西域記》十二卷，記載了印度等南亞、中亞一百多個古國的歷史沿革、風土人情、宗教信仰、地理位置、城市大小、人口多寡、生產狀況等，是中西交通史的一份極珍貴的歷史文獻。義淨走的是海路，他在咸亨二年（671 年）下南海乘船，經室利佛誓（蘇門答臘），入耽摩立底國（在恆河口），然後遊歷印度各地達二十五年，搜集梵本經律論近四百部，回國後譯出五十六部，還撰成了《大唐西域求法高僧傳》、《南海寄歸內法傳》。其他西遊的名僧，還有悟空、玄照、道希、慧超等。

持壺大食人黃釉陶俑（唐）
傳陝西西安出土

中國商船在西元前二世紀時就已駛達印度，到五、六世紀時便能航至兩河流域了。隋唐時代造船業極發達，有一種名叫「蒼舶」的大船，長達二十丈，可載六七百人。中國商人乘船頻繁出沒於南洋諸國及印度、波斯等地，運銷中國的瓷器等，所以海上「絲綢之路」有「陶瓷之路」的別稱。

　　外國僧侶、商人到中國來得更多。來華僧侶最多的是印度佛教高僧，此外也有許多景教、摩尼教、伊斯蘭教、祆教徒來華立寺傳教。外國商人以昭武九姓胡商和波斯、阿拉伯商人為最多，他們或做珠寶生意，或買賣香料藥材，或轉販絲綢皮毛，或開酒食店。此外，還有許多樂工、舞女、質子、留學生流寓唐朝各地。有許多人長留不歸，娶妻生子，逐漸華化。京師長安匯聚的外國人最多，據《通鑑》記載，唐德宗時檢括長期留居長安的「胡客」得四千人。「胡客」主要是來華經商的粟特人、波斯人、大食人。長安西市有波斯邸，春明門往南，大大小小的胡店星羅棋布，還有許多以回鶻人身分久居長安「舉質取利」（放高利貸）的九姓胡商。廣州是當時最大的外貿港口城市，阿拉伯旅行家麥斯俄迭說：「廣府城人煙稠密，僅僅統計伊斯蘭教人、基督教人、猶太教人和火祆教人，就有二十萬。」有的學者估計，李勉做廣州刺史時，廣州每年來華的外國商人，至少也在八十萬以上。[35]據說唐末黃巢起義軍進攻廣州時，死於戰亂的胡商就有十二萬人。揚州、泉州也麇集了不少外國人，至德初，田神功在揚州搞迫害，「大食、波斯賈胡死者數千人」[36]。

　　中西交通的興盛，頻繁的人員往來，大量外國人的留華，使極具異質特色的西亞、南亞、中亞文化源源不斷地流向「中土大唐」，長安成為中西文化匯聚的中心。多元文化的大聚匯，為唐文化根據自身需要鑑別、吸納、改造外來文化，使其融入自己的血液，創造了良好的條件。

---

35 參見穆實修：《唐末時期穆斯林的來華與留居》，載《雲南社會科學》，1985 年第 5 期。
36 《舊唐書‧鄧景山傳》。

二、唐文化對域外文化的吸收與改造

　　輝煌燦爛的盛唐文化，是在繼承前代文化遺產的基礎上，廣泛吸收外來文化的營養而成就的。隋唐時代的中國封建社會，生產力高度發展，禮儀、政刑、典章制度，在條貫和折衷隋以前數百年的歷史遺產的基礎上，形成了自己成熟的社會運行體制，這構成了盛唐文明的基石。而在宗教、藝術（如音樂、舞蹈、雜技、繪畫、雕塑）和實用器物等方面，卻廣泛地吸收了通過西域、草原各族和南海傳來的中亞、西亞和南亞文明的成果，在共存與融合中使中國文化更豐富多彩。

　　隋、唐王朝實行高度的開放政策，迎來了中西交通史上的一個最為輝煌的時代。在大量的外國人、外族人湧入中國朝貢、經商、傳教、謀生的同時，各種各樣的外域文化也潮水般地湧進這洞開的國門，南亞的佛學、醫學、曆法、語言學、音樂、雕塑、繪畫，西亞世界的祆教、景教、摩尼教、伊斯蘭教、醫術、建築藝術，中亞的音樂、舞蹈，以及各種珍奇物品，都進入唐人的生活和視野當中。面對開放帶來的新格局，唐人的態度，一是兼容並蓄，允許異質文化自生自滅，互相滲透；二是進行合理的遴選和抉擇，那些對中國傳統文化有補闕作用的，與中國文化有親和力的東西，或被全盤吸收，或進行改造、揚棄，將其植入自己的文化體系之中，以彌補自身文化的不足。

　　唐文化對不同層次的外來文化的吸收、改造與融合機制相當複雜，我們可從宗教、藝術和實用器物三個主要方面來進行分析。

　　多種宗教的兼容並蓄，是唐文化的一個特色，但仔細分析，各種宗教在唐代文化發展中的地位和命運卻各不相同。儒、佛、道三教在唐代久爭高下而不決，最後的趨勢卻是各自吸收對方的長處而走向相融。「儒」嚴格地說不是宗教，道教是中國土生土長的，只有佛教是外來的。佛教在唐代中國化的過程，有助於說明外來文化與中國本土文化融合的機制。

　　佛教傳入中原，當在兩漢交替之際，以後逐步流行，至隋唐而達到極盛。佛典譯成漢文，始於後漢、晉初，自東漢迄於隋，著名的譯經大師多籍出安息（如

安世高、安玄）、月支（如支讖、支曜、支亮、支謙）、康國乃至龜茲、於闐等地，所以唐以前的佛教，「不是面目全同於印度的佛教，而是流行於西域的佛教，或經過西域仲介而為漢人揣摩，體會的佛教」[37]。今天熟知的「和尚」一詞，即源出於古代的於闐和疏勒。一方面，從隋代的彥悰到唐代的玄奘等，意識到了源出於梵文俗語或中亞語言的某些譯法的訛略，追求以梵文雅語為準重新翻譯佛典，於是有了唐代玄奘、義淨等名僧的「西天取經」的熱潮。另一方面，唐代又有許多印度高僧來中華說法講經。武德九年（626 年）中天竺僧人波頗（光智）來長安，敕住興善寺，翻譯《寶星經》等佛典。永徽三年（652 年），中天竺僧人阿地瞿多（無極高）攜帶梵經，到長安入住慈門寺。永徽六年（655 年），中天竺僧人布如烏伐邪（福生）帶著從獅子國、南海等地搜集到的大小乘經律論一千五百餘部，來長安住慈恩寺。天寶七載（746 年），北天竺僧人阿目佉跋折羅（不空金剛）帶著從五天竺、獅子國搜求到的密藏及諸經論五百餘部，再次來到長安，譯出《密嚴》等佛經七十七部。此外來華名僧還有金剛智、慧智、淨師子、寂默等。新的佛教經典和譯本的大量出現，是唐代佛教達到極盛的標志之一。

　　佛教在隋唐的興盛，還得益於統治階級的支持和士大夫階層對佛教思辨哲學的濃厚興趣。中國傳統的思維方式，重視實用與直覺，缺少思辨色彩。另外，中國傳統的儒家思想強調「未知生，焉知死」，側重今生今世的躬行實踐，對來生後世缺乏設想，佛教作為一種哲理化的宗教，提供了令人領悟因緣、業報、無常、無我的思辨體系和沖決利、欲羅網，求得「正覺」、「解脫」的修習次第[38]。在來世學方面，佛教也有補充中國傳統思想欠缺的功能。於是，一方面隋唐很多住持、僧人文化程度很高，有很多「詩僧」，另一方面唐代知識層對佛教極感興趣，許多士大夫與僧人唱酬往來，交往密切。在這個過程中，中國文化表現出了很強的吸收、改造、消化外來文化的能力。

　　由於各種佛教經典的大量湧入，由於玄奘等高僧對佛教精理奧義的剖判入微

---

37 參見張廣達：《論隋唐時期中原與西域文化交流的幾個特點》，載《北京大學學報》，1985 年第 1 期。

38 參見張廣達：《唐代的中外文化匯聚和晚清的中西文化衝突》，載《中國社會科學》，1986 年第 3 期。

的研習，隋唐時代中國佛教界形成了眾多的門派，各派在爭論、辯討過程中，發展了印度佛學，如華嚴宗發展出四法界、十玄門、一多六相，法相宗推衍出真似現量比量、八識四智等繁復的觀念體系。同時，佛教教義也受到中國化改造，具有中國特色的佛教教派天臺宗、華嚴宗、淨土宗、禪宗在中國佛教界逐步占據了上風，而一些恪守印度佛學的教派，如玄奘大師倡導的唯識宗，僅流行十餘年就衰落下去了。

經過中國化的佛教哲學，在很多方面適合中國人的心理，比如天臺、華嚴、禪宗所關心的最重要的問題是心性問題和理事問題。在心性問題上，印度佛學主張「心性本淨」，這是說眾生之心本來是清淨的，但在俗世中不斷染上塵埃，需要「時時勤拂拭」，成佛道路異常艱難，因為從清淨到覺悟還有相當長的距離。而中國佛學卻主張「心性本覺」，這是說人人心中都有佛性，所以可以「頓悟」成佛。心性問題是中國傳統哲學的重要問題之一，佛家「心性」論與儒家的「性善」論之間，很容易溝通。在理事關係上，華嚴宗講「理事無礙」、「事事無礙」，實與魏晉玄學中王弼講的「無因於有」、「有本於無」的「體用如一」思想有某種關係。這說明，佛教思想中那些與中國文化有親和力的內容，容易被吸收、弘揚。同時，值得注意的是，宣揚出世和個人「解脫」的印度佛教，經過中國化改造後，具有宣揚功德度人、注重入世的性格。

佛教在隋唐盛極一時，民間甚至出現了佛經多於「六經」數倍的情形，但當時人們並沒有感覺到有必要用印度傳統的價值觀念來重新審查中國的社會制度、倫理準則，所以佛教觀念並未能觸動唐代封建社會的層序結構。但是，從唐代李翱援佛入儒到宋明理學，中國文化關於自然、社會、人生的成套觀點和思想體系，雜糅了很多佛教思想的成分。與此相同，道教中以王玄覽、司馬承禎、吳筠為代表，在理論上向老、莊歸復，與佛教融合，成為主張清靜養性的一支，並從中唐以後，逐步滋生壯大起來。唐代儒、佛、道三教從爭鬥到互相吸收對方的長處，直至使自己發生局部質變的過程，勾勒出唐代吸收、改造、融合外來宗教文化的一幅圖景。

景教、摩尼教、伊斯蘭教、祆教在唐代的命運遠不像佛教那樣幸運。景教來

自拜占廷，摩尼教、祆教來自波斯，伊斯蘭教來自阿拉伯地區，與這些宗教的東漸相伴隨的拜占廷文明、波斯文明、大食文明的許多成就也傳到了中國，實現了四大文明的交匯，這在唐代的中西文化交流史上自然意義深遠。但是，這些宗教在哲學上於中國文化補益之處不多，傳入中國後內部又比較封閉，如景教教士多為外國人，伊斯蘭教的信徒大多是僑居中國的阿拉伯人及其後裔，祆教被定性為「西域之幻法」，武宗會昌毀佛禁教，它們都遭受了毀滅性的打擊。以後，有的變成秘密宗教，有的只在局部範圍內流傳。對中國文化的影響不大。這也說明，各民族在文化交流過程中，並非來者不拒，而是根據自身發展的需要，在外來文化中進行比較、選擇，進而進行改造、綜合，豐富自身。那些不適合自己的東西，在文化發展中自然會被捨棄。

唐文化在樂舞、雜技、繪畫、雕塑和文學藝術方面，受當時西域文化的影響至深。

隋唐樂舞藝術具有濃郁的西域色彩。這裡的「西域」是廣義的，一方面是說龜茲樂、西涼樂等中國少數民族樂舞在中原地區廣泛流行，另一方面是指中亞、印度音樂、舞蹈，通過西域通道，大規模地闖入唐人的生活。中國傳統樂舞，追求雅正，藝術性、觀賞性相對較差，節奏明快、多姿多彩的西域樂舞從北魏就開始湧向中原，北齊胡樂盛行，後主高緯「唯賞胡樂，耽愛無已。於是繁手淫聲，爭新哀怨。故曹妙達、安末弱、安馬駒之徒，至有封王開府者」[39]；北周武帝聘突厥阿史那氏為後，促成了「龜茲、疏勒、安國、康國之樂大聚長安」。隋唐統治核心的關隴集團，融入很濃的少數民族血統，隋煬帝、唐太宗、唐玄宗都在音樂方面有很高造詣，對西域及外國樂舞的引進發揮了推動作用。隋煬帝制九部樂，唐太宗制十部樂，就有康國樂、安國樂、天竺樂。隋初「參定音樂」，鄭譯吸收龜茲人蘇祗婆的八十四調理論，「以雅樂黃鐘均的商音為最低音」，「其實即以清樂林鐘鈞之下徵音為調首。如此一來，既有傳統的清樂理論為根據，而與胡樂理論亦能相應」。蘇祗婆的樂理是來自印度的，鄭譯據以改造中國樂理，意義

---

39 《隋書‧音樂志》。

重大,「遂使胡樂順利為國人所接受而得盛大流行,以致後來胡樂不斷華化,終不聞有理論上的矛盾衝突」。

　　隋唐京師長安,經常會集大批的中亞樂舞人,如曹國的琵琶名手曹保、曹善才一家,米國的歌曲名家米嘉榮、米和父子,安國的歌舞家安轡新、安叱奴,康國的歌唱家康崑崙、康酒等。在樂隊演奏時,來自西方的篳篥和曲項琵琶在管、弦兩大類樂器中占有突出地位。出自康國的胡旋舞和出自石國的胡騰舞、柘枝舞,號稱三大健舞,風行宮廷內外。白居易在《新樂府》中寫道:「胡弦女、胡弦女,心應弦,手應鼓,弦鼓一聲雙袖舉,回雪飄颻轉蓬舞。左旋右轉不知疲,千匝萬周無已時。」中亞樂舞帶著游牧民族豪爽、活潑的氣息,明快的節奏,矯健、俊俏的舞風,與隋唐時代恢宏豁達、開放灑脫、蓬勃向上的時代精神產生共鳴,吻合了當時人們的欣賞趣味和審美理想,因而受到唐人的青睞。值得一提的是,唐德宗貞元十八年(802 年),驃國王雍羌派遣弟悉利移,城主舒難陀,率樂工二百三十五人,帶著「驃國樂」二十二曲,訪唐演出,轟動了京城,白居易賦詩「驃國樂」說:「德宗立仗御紫庭,魑魅不寒為爾聽,玉螺一吹椎髻聳,銅鼓一擊文身踴。」此外,詩人元稹、胡直鈞、唐次等也都寫詩稱贊「驃國樂曲」的優美。此外,來自康國的潑寒胡戲,來自天竺的幻術雜技表演,也極大地豐富了唐人的文化生活。

　　因佛教輸入而興起的洞窟壁畫,在隋唐時代有較大的發展。敦煌莫高窟壁畫,隋代開鑿了三十九窟,占全部五百多個洞窟的六分之一;唐代開鑿二百四十七個,幾占一半。用「佛像來表現釋尊和其門徒」的造像藝術成為美術領域中的一個大熱門。當我們仔細遊覽雲岡、龍門、敦煌及麥積山等石窟時,就會發現,印度傳來的造像藝術在豐富中國藝術寶庫的同時,本身也在向適合中國人的欣賞興趣方面轉化。北朝的佛像具有明顯的犍陀羅與笈多風格,上身袒露,寬額隆鼻,細眉長眼,印度味十足。隋唐時代的塑像,則面相豐滿,臉部線條趨於柔和,龍門奉先寺的盧舍那佛,身著中國式的圓口衲衣,面龐豐腴典雅,目光安詳下視,顯得莊嚴、睿智,同時又含蓄、柔美,這正是中國人向往的崇高之美。佛畫藝術的色彩暈染法,對中國傳統繪畫的線描方式造成猛烈衝擊,吳道子把線條與色彩結合起來,使中國畫進入一個新的境界。

外來文化對唐代語言文學藝術也有一定的影響。伴隨佛經梵文胡語的漢譯，中國語言系統中注入大量外來語，如宿命、清涼、慧眼、橫死、曇花一現、一瓣心香、聚沙成塔等，均出自佛典。佛經翻譯還促使學人借鑑梵音以治漢語音，唐末僧人守溫，在《切韻》的基礎上，歸納反切，制定漢語三十字母，與陸法言、孫恆的漢語韻母系統相配合，建立起聲母系統，漢語音韻學的基礎由此奠定。受以宣傳佛教教義、佛經故事為主要內容的講經文、講唱文的影響，並繼承了中國雜賦傳統而衍變出來的敦煌變文，是中印文學交流結下的果實，它對傳奇小說、白話小說和寶卷、彈詞等說唱文學都有很深的影響。

藝術的魅力首先在於它的民族性，所以唐人對於外來的具有各民族特色的藝術形式，首先採取的是原樣照搬、為我所用的拿來主義，豐富自己的藝術世界。至於消化、吸收，使其融入本民族的藝術中，改造本民族的藝術風格，則是次要的，也是一個相當緩慢的過程。

隋唐五代時期，大量的外國物品從西域「絲綢之路」這條亞歐大陸橋和海道上輸入中國，極大地豐富了隋唐五代人們的物質生活，對當時物質文明的高度繁榮，起到了補闕作用。

外來物品輸入中國，主要方式是進貢與貿易。隋唐五代，外國使臣來華，除進行朝貢、請求冊封、乞師禦敵等政治活動外，一般都要帶一些象徵性貢物進獻給中國皇帝，皇帝也要回賜中土物品，所以這種進貢實際是當時國際貿易的一種特殊形式。特別是中亞昭武九姓胡商，往往以貢使的面貌出現，「以獻為名」，借貢行賈。另一種就是民間駝隊、海船商人進行的貿易。

從外國輸入中國的商品，主要是珠寶、香料及各種珍奇動植物、實用器物等。拂菻出產的玻璃、琉璃、珊瑚、海西布；阿拉伯地區出產的乳香、蘇合香、薝蔔子、瑪瑙、珊瑚樹、薔薇水、鴕鳥、椰棗；印度、斯裡蘭卡、尼泊爾出產的胡椒、白豆蔻、鬱金香、沉香、天竺黃、天竺桂、波棱（菠菜）、酢菜、渾提蔥；東非沿岸地帶出產的龍涎、象牙、犀角、玳瑁、獅子、斑馬；中亞特產康國獅子、猞子、鬱金香、紅鹽、黑鹽、石蜜，等等，五光十色，紛來沓至。西方諸國的一些生產技術，也傳入中國，如印度的製糖法，就是在唐太宗時，由摩揭陀

輸入的。

　　外來物品在當時引起人們的極大興趣和關注。唐人的獵異、獵奇心理非常強烈，北方、西北方草原來的馬和皮革製品、裘皮，南方國家的象牙、珍貴木材、藥材、香料，西方的寶石、紡織品、玻璃以及舞女（胡姬），這些都是唐人非常渴望得到的。通過如此多的奇珍異物，激發了人們的想象力，甚至改變著人們的思想觀念、社會生活模式。

第三節 ·
萬國拜冕旒：
隋唐文化的向外輻射

　　文明強盛的隋、唐王朝，在當時世界上有很高的聲望，《資治通鑑》記載，在貞觀時，「四夷大小君長，爭遣使入獻見，道路不絕。每元正朝賀，常數百千人」。這些入覲的使臣，有的來自今屬中國境內的少數民族政權，更多的是外國古代國家派來的。唐朝設有專門接待外國使臣的機構——鴻臚寺，入華的外國使節都要接受朝見。這種朝見的儀式是莊嚴、盛大的，外國使節在鴻臚寺官員的陪同下走上朝堂，遞上國書，向頂戴冕旒的皇上行跪拜禮，並獻上象徵性的貢物。皇帝要向進貢國國王和使臣虛授榮譽官銜，並頒發銅魚符，作為正式建立外交關係的象徵。這種「萬國拜冕旒」的盛況的出現，其深層的原因就是世界各國對唐文化的欽羨、欽慕。七世紀初回教創始人穆罕默德有句名言，叫「求學問尤當去中國」；一位來中國禮謁五臺山的印度僧人，曾作偈云：「天長地闊杳難分，中

國中天不可論。長安帝德誰恩報,萬國歸朝拜聖君。漢家法度禮將深,四方取則慕華欽。文章浩浩如流水,白馬䭾經遠自臨。」日本、朝鮮等則向中國派遣大批留學生。可以說,中國是當時世界的一個文化中心,中國文化以強勁的穿透力向外輻射。儒家思想和中國化佛教、中原地區的律令制度、漢字表達的種種文化模式,傳播於鄰近的日本、朝鮮、越南,構成了東亞文明的基本特徵。同時,隋唐文明「澤被遠西」,對世界文明的進步,做出了自己的貢獻。

《禮賓圖》(唐)1977 年陝西乾縣章懷太子墓

一、隋唐文化與東亞文明

　　東亞文明受以儒學為中心的中國傳統文化影響至深。隋唐時期是中國文化向這一地區輻射擴散最為強烈突出的階段。

　　朝鮮半島是中國的近鄰,早在西元前四至前三世紀,儒學和漢字就開始輸入朝鮮。隋唐之際,朝鮮半島處於新羅、高(句)麗、百濟三國並列時期。隋王朝和高麗進行了多年的戰爭,但文化交流是經常的。根據史書的記載,三國當時都有很多漢人,在文化上受漢文化的影響都比較深。如高麗和百濟人都讀中國書

史，百濟人信佛教，採用南朝劉宋的元嘉曆法，婚娶禮儀也略同中國。新羅是農業國，文字、甲兵、物產也同於中國。隋朝杜正藏的《文章體式》在高麗、百濟極受歡迎，被譽為「杜家新書」，足見漢文化在朝鮮半島影響之深。

從唐朝貞觀年間開始，中國和朝鮮半島的文化交流大規模地展開。新羅、高麗、百濟都派了很多留學生到長安國子學中學習，尤其是新羅，在學習唐文化方面邁出的步伐很大。貞觀二十二年（648 年），新羅王真德弟春秋來長安朝見唐太宗，還「詣國學觀釋奠及講論，太宗因賜所制《溫湯》及《晉祠》碑（銘）並新撰《晉書》」[40]。七世紀中葉，新羅得到唐朝的支持，滅掉高麗和百濟，至西元七三五年統一了朝鮮半島南部，大同江以南都歸入新羅版圖。於是，新羅開始更全面地吸收唐文化。

唐高宗永徽元年（650 年），新羅開始採用唐朝曆法，並使用唐朝年號。同時，開始按照唐朝典章制度對官制、財經制度、教育制度等進行系統的改革。在政權機構方面，中央設置了相當於唐尚書省的執事省，下設六部。地方上設置州郡縣。財政制度方面，實行丁田制和租庸調法。教育方面，在唐開耀二年（682 年），設立國學，置卿一人，博士、助教若干人，其教學方法是「以《周易》、《尚書》、《毛詩》、《禮記》、《春秋左氏傳》、《文選》公而為之業」。還仿照唐科舉制，設立「讀書出身科」，通過考試選拔人才。

新羅派往唐朝學習的留學生人數很多，在唐朝登賓貢科的就有五十八人，這些人對將唐文化輸入朝鮮半島，貢獻極大。唐朝還派人到新羅講學，如開元二十五年（736 年），唐玄宗派邢璹出使新羅時就說：「以卿學術，善與講論，故選使充此。到彼宜闡揚經典，使知大國儒教之盛。」同時，還把許多中國典籍輸入新羅，經書、諸子書、《文選》以及張鷟、白居易等名人的詩文集，大量流入新羅。由於學校和社會廣泛使用漢文漢字，使新羅在接受漢文化方面並不感到費力，許多新羅人用漢字寫文章，如崔致遠的《桂苑筆耕》二十卷，收錄他用漢文寫的賦五百零一首，五言七言詩一百首，雜詩三十首。《三國史記・崔致遠傳》

---

40 《新唐書・東夷傳》。

還說他有「文集三十卷行於世」，足見漢文學在新羅的影響之大。七世紀末，新羅人薛聰創造「吏讀」法，用漢字作為音符來標注朝鮮語，為以後朝鮮創造自己的文字開了先河。

此外，唐朝的醫學、建築技術、種菜技術、樂器、佛教、道教也傳播到新羅。中國文化全面地浸潤到新羅文化的血液中，中國文化與朝鮮半島文化由此結成一個有機的文化體系。

和同開珎　日本古代銀幣
1970 年西安何家村出土

日本與中國隔海相望，一衣帶水。隋文帝開皇二十年（600 年），日本第一次派出遣隋使。隋煬帝大業三年（607 年），日本欽慕大隋為「禮儀之國」，且又「重興佛法」，派小野妹子一行來華學習參觀，隋煬帝派文林郎裴清回訪日本。在推古朝（574 年-622 年）時期，聖德太子主持改革，以儒教思想為指導，仿效中國制度，強化中央集權，制定「冠位制」，用不同顏色的冠服來表示官吏之身分高低。在法令中還寫入了「國靡二君，民無二主。率土兆民，以王為主。所任官司，皆是王臣」之類的話語，可以明顯地看出以儒家思想為改革指導思想的痕跡。

到了唐朝，日本更大規模地學習唐文化，先後十九次派出遣唐使，有大批留學生、學問僧在中國接受唐文化的薰陶之後，回到日本，推動了中國文化在日本的迅速傳播，為唐文化與日本文化的融通築起了橋梁。

唐文化大規模移植日本，是從「大化革新」開始的。西元六四五年，在返日學問生、僧高向玄理和僧旻等的策劃下，日本掀起了一場以「唐化」為目標的改革運動。在經濟上，推行班田制、租庸調制；在官制上，從皇帝的年號、謚法、陵寢制到二官八省制，都是直接照搬唐制。京城設立太學，郡國設立國學，以儒家經典為主要教學內容，甚至也分大經、中經、小經，也仿唐制進行考試。西元七一八年頒布的法律《養老律令》，其中有關官制、兵制、田制、稅制、學制的規定，幾乎都是唐制的翻版。「大化革新」後，日本仿照唐長安的布局營建首

都，先後建成平城京（奈良）和平安京（京都）。

中國化的佛教也傳入日本，並廣泛傳播開來。中國有什麼教派，日本就有什麼教派。許多日本學問僧都有很高佛學造詣，道昭從玄奘學法相宗，圓行從義真學密宗，最澄和圓仁學天臺宗，空海創真言宗。天臺宗鑑真大師東渡日本後，在奈良東大寺設立戒壇授教，被稱為「日本律宗太祖」、「日本文化的恩人」。

唐文化對日本的影響是多方面的。在文學方面，日本人特別喜愛唐代詩歌，唐代大詩人白居易的作品，在日本最受歡迎。許多日本人也能作律詩，如阿倍仲麻呂（晁衡）在準備歸國時，十分留戀自己生活多年的中國和中國友人，寫詩云：「西望懷恩日，東歸感義長。平生一寶劍，留贈結交人。」非常真切地道出了自己的依依惜別之情。在八世紀中葉，日本就出現了第一部漢文詩集——《懷風藻》，九世紀初，又出現了模仿唐人張志和漁歌詞的《漁歌》。學問僧空海在回國後，寫成《文鏡秘府論》六卷，這是一部論述中國詩文修辭和文學批評的重要著作。中國書法藝術也在唐代傳入日本，並出現了號稱「三筆」的三位書法大師：空海、橘逸勢、嵯峨天皇。空海在長安從擅長八分書（隸書）的韓方明學習，獲得「五筆和尚」的美稱，據說他能用口及左右手足各挾一支筆，同時書寫五行字；橘逸勢在中國從柳宗元學習書法，擅長楷書，行、草、隸、篆無所不能；嵯峨天皇學歐體，所書《李嶠百詠》，結構嚴整，筆法俊逸，為書苑精品。日本在隋代尚「無文字，唯刻木結繩」[41]，是空海仿漢人草書制定平假名，吉備真備取漢字偏旁制定片假名，假名與漢字混合使用，奠定了文字的基本格局。

在日本人的社會生活中，「唐化」的傾向也表現得極為明顯。嵯峨天皇在弘仁九年（817 年）曾下詔：「天下儀式，男女衣服，皆依唐制。」行唐禮，吃唐「菓子」（點心），用唐式餐具，聽唐樂，觀唐舞，甚至其休閒生活，也「好棋博、握槊、樗蒲之戲」。圍棋在隋代傳入日本，藏在日本正倉院的螺鈿棋局，與安陽出土的隋代圍棋為同一制度。中日兩國高級別的圍棋比賽也從唐代就開始了。唐宣宗大中二年（848 年），日本王子與唐第一國手顧師言對弈，「至三十三

---

41 《隋書·東夷傳》。

下，勝負未決」[42]，最後顧師言險勝，足見當時中日圍棋水平已相當接近。被稱為「足球的祖先」的蹴鞠活動[43]，在唐初也傳入日本，日本「大化革新」中的主要人物中臣鐮子與中大兄皇子都喜愛這種踢球運動，當時分為三人場、四人場、八人場。另外，隨著夏曆的傳入，日本也出現許多中國傳統節日，如七夕乞巧、中秋賞月、重陽登高及四月八日浴佛、端陽龍舟競渡等。「唐風」已經深深浸透到日本社會的方方面面。

唐文化向朝鮮、日本的大規模移植，促進了朝鮮與日本社會的進步，也促進了東亞地區文化的發展與進步。

二、隋唐文化對世界文明的貢獻

隋唐時代，中國通過歐亞內陸交通線和南海航路與中亞、西亞、南亞及歐洲、北非都發生過接觸與聯繫，隋唐文化也由此而西傳。不過，由於文化傳統的巨大差異和地理上的差距較大等因素，中國文化對西部世界的影響遠不如東亞那樣強烈，西傳的隋唐文明成就主要是物質與科學技術，隋唐時代中國對世界文明的主要貢獻也在這些方面。

隋唐時代，中國絲織業相當發達，處於世界領先水平，中國的絲織品極受西方人的喜愛，絲織品是中國輸出物品的大宗。同時，中國的種桑、養蠶、繰絲、織綢技術也經中亞傳到西亞及歐洲。八世紀中葉杜環在大食就發現當地留居著中國去的紡織工匠和畫匠。中國的紡織金花緞技術傳入波斯，巴格達的錦緞產品也因而馳譽西方各地。

在人類的童年，世界各民族的先人們幾乎都會用土燒製陶器，但瓷器卻是中國人的獨特發明。大量的中國瓷器通過海路運抵東南亞諸島、波斯灣沿岸，甚至

---

42 《舊唐書·宣宗紀》。
43 參見王永平：《唐代游藝》，西安，西北大學出版社，1995。

遠達敘利亞、埃及、坦桑尼亞等地。歐洲瓷器製造也是從研究中國瓷器開始的。

中國造紙技術是從西藏傳入尼泊爾、印度，在八世紀傳到中亞。西元七五一年的怛邏斯戰役中，一些造紙出身的中國士兵被大食俘虜，先在撒馬爾罕建了造紙廠，後來又在巴格達、大馬士革建了造紙廠。大馬士革的紙主要供應歐洲，造紙技術也傳入歐洲，逐步結束了歐洲用羊皮紙作為文化資訊傳播材料的歷史。正像有的學者所指出的那樣：「紙對後來西方文明整個進程的影響，無論怎麼估計都不過分。」

中國的「煉丹術」在唐代傳入阿拉伯，阿拉伯煉金術的基本原理和方法與中國相同之處極多。現代化學實際上是從煉丹術的基礎上發展起來的。中國的十進位記數法傳入印度，直接推動了「印度數字」（現代通用的印度——阿拉伯數碼的前身）的產生，中國《九章算術》中講的「盈不足」，在阿拉伯和歐洲早期數學著作中被稱為「中國算法」。中國的醫學也西傳，唐人孫思邈的《千金要方》被譯成波斯文、阿拉伯文廣為流傳，阿拉伯「醫學之王」阿維森納所著《醫典》，其中關於切腸術、糖尿病的記載，就是吸收了中國醫學的理論。

隋唐文化在世界文明史上的地位是顯著的，它對世界文明的貢獻是不可磨滅的。

墨綠地狩獵紋印花紗（唐）
1968 年新疆吐魯番出土

第五章

哲學光華

　　隋唐五代時期是中國哲學和宗教思想發展的重要時期。傳統的儒學在繼承和總結前代成果的基礎上，援佛、道哲學入儒，進一步完善了其唯心主義思想體系的建構。與此同時，樸素唯物主義和無神論思想，也取得了巨大發展，湧現出了許多有代表性的人物。中國的宗教神學和迷信思想也處於一個重要的發展階段，傳統的讖緯符命有宗教化的傾向，土生土長的道教加強了理論化建設，佛教哲學則更處於繁盛時代，有隋唐佛學之稱。各種各樣的哲學和宗教思想競放異彩，迸發出一連串耀眼的燦爛光華。

第一節 ·

承上啟下
的儒學

結束了魏晉以來的紛爭亂離局面，隋唐大一統開始重新創建，儒學又恢復了正統地位，得到總結、發展，呈現出承上啟下的新特點。

唐太宗以崇儒重道為本，他即位不久，便以大儒顏師古考定五經原本，孔穎達及諸儒撰定五經義疏，分別定名為《五經定本》和《五經正義》，頒令天下諸生習讀。《五經定本》和《五經正義》的頒布，結束了漢魏以來關於經文、經義的今古文之爭，總結了經典章句的疏證和經義闡釋的成就，從而將五經經義與闡釋重新統一，不僅給唐代的儒學，而且也給整個封建社會中後期儒學的發展奠定了基礎。

在整個唐代，思想領域內儒、佛、道三教的鬥爭仍然沒有止息，然而，三教在鬥爭中互相吸收和融匯的趨勢也是明顯的。隋朝大儒王通的弟子及家人，整理匯集王通生前言論，取名《中說》，間接參與了這些思想鬥爭。「安史之亂」、軍閥混戰、藩鎮割據的政治風雲，再次掀起思想領域內的波瀾，促成了新經學運動和維護儒學正統地位活動的興起。以啖助、趙匡為代表的新經學運動，是從儒學本身尋找理論依據，發揮了反對藩鎮割據、維護中央集權的思想。而以韓愈、李翱為代表的衛道實踐活動，則是從反對佛老出世無為，破壞封建秩序出發，宣揚儒學的性命、道統論，從而維護封建統治的。

新經學運動和韓、李的衛道活動，雖然在政治上沒有取得實際效果，但新經學運動者們對經義的主觀發揮，韓、李及《中說》提出的性、道、命、理等一系列哲學命題，都為宋代儒學的理學化開闢了道路。

一、王通和他的《中說》

自儒學被官方把持，成為統治學說以後，民間儒學的傳播就逐漸衰微，只是士大夫們為升官進階，還須背誦儒教的一些章句，而其精髓義理逐漸被淡化了。這種情況，持續了相當長的一個時期。到了隋朝統一後，一些人開始重新用儒學的義理審視以往的歷史，總結經驗教訓，為現實尋找出路，於是，民間儒學的傳播又開始活躍起來。在隋朝統一以後，在民間傳播儒學的代表人物是王通。

王通，字仲淹，河東龍門（今萬榮縣）人，生於隋文帝開皇四年（584 年），卒於隋煬帝大業十三年（617 年），卒後，門人私諡為文中子，故亦以諡號稱。據其門人杜淹所撰《文中子世家》稱，其先世本為祁（今山西祁縣）人，曾隨晉室東渡，居於江左，至其五世祖仕魏，始居於河東。世代在朝為官，家傳儒學，並以《春秋》、《周易》等典籍教訓鄉里，有儒門之稱。王通生於隋朝，一生只做過短期的蜀郡司戶書佐，以闡述儒教，教授生徒為業，著述過《禮論》、《樂論》、《續書》、《續詩》、《元經》等著作，但因「遭時喪亂，並未及行」，留至現在的，就只有一部敘述歷史的《元經》了。

《中說》十卷，是王通去世後，他的門人集錄他闡述儒教的言論而成的。他的門人將他比做孔子，以《中說》比作《論語》，說他「建義明道，垂則立訓」[1]，功蓋千古。但後人並不這樣看。宋以後，因為書中述及的某些史實的錯亂，有人曾懷疑其為偽作；也有人貶其為家書，說它虛相誇飾，未足為訓。經過長期的辨證，到清代修撰《四庫全書》時，基本上肯定了《中說》為王通遺言的集錄，其

1　《王氏家書雜錄》。

主旨「不甚悖於理」，將它列入儒家類，且收入了《四庫全書》。

現存《中說》十卷，為宋代阮逸的注本，分為《王道篇》、《天地篇》、《事君篇》、《周公篇》、《問易篇》、《禮樂篇》、《述史篇》、《魏相篇》、《立命篇》、《關郎篇》。這十篇，從內容上看，並沒有嚴格的界限，而往往互相穿插，所以，可以大致綜合其主要的思想觀點有以下幾方面。

其一，關於「道」的思想。

儒家所講的「道」，是一個含義十分廣泛的概念，包括對天地運行的自然現象和規律的闡釋、人類社會規律的闡釋，即所謂天道、地道、人道，以及三者之間協調發展的思想，而三者中，重在闡釋人道。其中包括治國之道、人倫之道以及人們日常生活中的道德規範。眾所周知，儒家在治國之道方面，提倡王道、仁政，反對霸道、暴政；在人倫之道方面，提倡忠孝節義，反對背信棄義；在日常行為規範中，提倡誠實謙恭，反對虛飾詐偽。王通「道」的思想，基本上沒有離開傳統儒學的這些範疇，用《中說》的話來說，就是因為自兩漢以後，道德淪喪，而王通以宣昭仲尼之業為己任，起而大聲疾呼儒學之道，匡救世俗。因而，《中說》所講的「道」，主要是儒家的王道，也稱「聖人之道」。《中說》以「王道」開篇，其意義就在這裡。如孔子所主張的那樣，實行王道，首先要嚴格等級的劃分，就要正三綱，敘五常，君君、臣臣、父父、子子、夫夫、婦婦、兄兄、弟弟，界限分明，不得逾越。《中說》謂王通「游孔子之廟，出而歌曰：『大哉乎，君君、臣臣、父父、子子、兄兄、弟弟、夫夫、婦婦，夫子之力也。其與太極合德、神道並行乎！』」真是贊嘆備至。在植名教、正綱常的基礎上，《中說》還主張施行禮樂教化的仁德之政，「五行不相沴則王者可以制禮矣，四靈為畜則王者可以作樂矣」[2]。也就是說，只有社會像自然運行那樣有秩序，像金、木、水、火、土互不相剋，像龜、龍、麟、鳳四靈各棲其所，然後才談得上制禮作樂，實行仁政，否則，綱常不正，是無法施以禮樂教化的。而綱常名教並非自然形成，有待於聖人的培植。如何培植呢？那就要像孔夫子那樣，述《書》、述

2　王通：《中說・王道篇》。

《詩》、述《春秋》。王通認為，「道之不勝時久矣」，所以，他以孔子自命，續《詩》、續《書》、修《元經》、續《春秋》，起而整齊風俗，培植綱常，倡明王道。他認為，《詩》、《書》、《禮》、《易》經過後人的解釋，都失掉了原有綱常名教的本來面目，鬧得白黑相渝，是非相擾。用他的話來說，就是「九師興而《易》道微，《三傳》作而《春秋》散」，「齊、韓、毛、鄭，《詩》之末也，大戴、小戴，《禮》之衰也。《書》失於古今，《詩》失於齊、魯」[3]。他作《續書》、《續詩》、《元經》，就是要把這是非相擾的局面改變過來。他自稱其《續詩》有「四名焉，有五志焉」，所謂「四名」，「一曰化，天子所以風天下也；二曰政，蕃臣所以移其俗也；三曰頌，以成功告於神明也；四曰嘆，以陳誨立誠於家也」[4]。「凡此四者，或美焉，或勉焉，或傷焉，或惡焉，或誠焉，是謂五志。」[5]這「四名」、「五志」，就是《詩經》的「風」、「雅」、「頌」與「賦」、「比」、「興」，可以上達帝王，下化黎庶，使綱常名教確立起來、王道復興起來。他又將他的《元經》比做《春秋》，說「《春秋》、《元經》於王道是重輕之權衡，曲直之繩墨也，失則無所取衷矣」[6]。可見他對綱常名教的輕重曲直是多麼重視。儘管王通的《續書》、《續詩》、《元經》在當時沒有引起什麼效應，但作為一位王道的倡導者，其苦心孤詣，確可比擬孔夫子退而作《春秋》、刪《詩》、《書》了。

如果說孔夫子的王道、仁政是以唐虞為準繩，更多地含有自己的理想，那麼，王通則比較現實，他的王道之治的現實社會是兩漢。因為到了王通所處這個時代，再去追蹤唐堯虞舜之足跡，未免渺不可涉。他盛贊漢高祖、漢文帝、漢武帝、漢昭帝及後漢光武帝、明帝、章帝所謂「七制之主」的治道，說那個時候「以仁義公恕統天下乎！其役簡，其刑清，君子樂其道，小人懷其主，四百年間，天下無二志，有以結人心乎。終之以禮樂，三王之舉也」[7]。但是，與孔子

3　《中說・天地篇》。
4　《中說・事君篇》。
5　同上。
6　同上。
7　《中說・天地篇》。

向往的唐堯虞舜相比，王通覺得兩漢畢竟還有點遜色，所以當他的弟子薛收問他兩漢的帝制是否出於王道時，他回答說：「不能出也。後之帝者非昔之帝也，其雜百王之道而取帝名乎，其心正，其跡譎，」比不上三代的純懿。所以，他們只配稱王，而配不上稱帝。說明王通所講的王道、仁政的標準已經不能是聖賢在上，天下皆君子了，而只要是「仁義公恕」處天下，以禮樂刑罰治天下，那就是王道、仁政了。因為兩漢以後長期的分裂混戰，恢復這樣的局面也是困難的。他稱讚為恢復統一的、政治清平的局面而做出過努力的前秦、後魏，以及王猛、諸葛亮、後魏孝文帝等人，說他們應天順命，安國濟民，功績是不可磨滅的。

《中說》強調國家的統一和安寧，認為統一和安寧是實行仁政的基礎，這無疑是合理的。但對於在統一的情況下，如何實行統一的政治，卻是迷惑的。他仍然把統一國度內諸侯分封的制度作為完美的制度加以提倡，而否定郡縣制度。他說「宗周列國八百餘年，皇漢雜建四百餘載，魏晉已降，滅亡不暇」，他不懂郡縣制到底有什麼好處，並進一步申述理由說：「堯舜三載考績，仲尼三年有成」，現在的牧守「旬月而易」，「吾不知其道也」。像這樣「無定主而責之以忠，無定民責之以化，雖曰能之，末由也已」。他把東漢以後長期的分裂混戰歸結到郡縣制的實行上，顯然是缺乏歷史眼光的。所以，儘管他反覆地宣揚王道、仁政，但最終還是把王道、仁政寄托在一種過時的制度上，這就不能不使他的主張落空。

其二，關於「中」的思想。「中」的思想是貫穿於《中說》的一條線索，也是《中說》最主要的哲學思想，《中說》所以以「中」名篇，其意義也就在這裡。

儒家的「中庸之道」，亦即王通「中」的思想，既是對客觀事物運行規律的概括，也是人們處理各種關係的準則。在儒學家看來，天地萬物都在一定條件下處於一種平衡發展狀態的，這種平衡狀態就是「中」，失去了平衡，走到極端，事物就會向相反方向發展。因此，人們在處理人與自然、人與人之間的關係時，就應盡可能地把握住這個「中庸之道」，而不要失去平衡。在《中說》中，也是從這種觀點出發，構築了一個「中」的哲學理論。

《中說》首先把萬事萬物的運行分為天道、地道、人道，合稱為三極，亦稱為三才。天地與人三者，人居天地之中，受到天地的制約，而天圓地方，「圓者

動，方者靜」，是天地運行的規律，人必須適應和順從這個動靜的規律，才能求得生存和發展。「智者樂其存物之所為，仁者壽其忘我之所為」[8]，順應自然，忘記自我，就是「中」，就是智者、壽者。如果違背了這個動與靜的規律，那就要受到懲罰。

因為天主動，地主靜，動與靜之間，又會出現各種不同的變化，所以，人們就應當「仰觀天文，俯察地理，中以建人極」，那就可以與萬物共生息了。「渺然小乎，所以屬於人；曠然大乎，獨能成其天。」[9]一個人一旦能隨天地萬物的變化而變化，那就是得到了「天道」。

正因為「中道」是一個客觀的存在，所以《中說》認為，先聖所以制禮作樂，都是為了規範人們的道德行為，使之合於「中」。「《書》以辨事，《詩》以正性，《禮》以制行，《樂》以和德，《春秋》《元經》以舉往，《易》以知來，先王之蘊盡矣。」只要循著先王所制定的這些規範行事，那就可以達到「中」，可以成為有道君子。

在「中」的原理指導下，《中說》處處在教導人們行之「適中」。《中說》按照人們各自所處地位的不同，提出了與之相應的中道。他認為，人世中，處於最高地位的是帝王，而帝王的命令，也就是唐代所稱的「制」，具有最高的權威，而這個權威就體現在「中」字上。「帝者之制，恢恢乎其無所不容，其有大制，制天下而不割乎。其上湛然，其下怡然。天下之危與天下安之，天下之失與天下正之，千變萬化，吾常守中焉，其卓然不可動乎，其感而無不通乎。此之謂帝制矣。」這就是說，所謂「帝制」，就是用以權衡天下的，不可使之失去平衡，如果這個「制」失去平衡，不能「守中」，天下就會大亂，「紛紛無主」了。像漢文帝廢肉刑，他的皇後衣弋綈，一則害於義，一則傷於禮，都不符合中道，只是漢文帝這樣的英主可以實行，「不可格於後」，不能作為一種典範格制後代的帝王。

8　《中說‧天地篇》。
9　《中說‧天地篇》。

為了保持「帝制」不失「中」，就要有諫議。「議，盡天下之心乎。」只有「議」，才能「並天下之謀，兼天下之智而理得矣」，才能「取泰於否，易昏以明」，「恭己南面而已」[10]。這也就告訴人們，作為帝王，必須以天下之心為心，才可稱為「守中」，逆天下之心就是失中，守中就可為堯舜，失中則為桀紂。

　　帝王而下，是輔佐明王聖帝的聖賢。這些聖哲賢人中，道德最高尚的莫過於周公，周公之道所以不可廢，就因為它能夠在迂迴曲折衷取中，在獨自專斷中取其公恕，也就是所謂「曲而當，私而恕。」並且能夠隨時變通，不偏執一隅，「亹亹焉若寒暑進退，物莫不從之而不知其由也」[11]。正是在不斷變通中取中，才使得天下自然而然地得到治理。輔佐帝王的聖人賢哲，就要懂得周公之道，實行周公之道，才能使天下達到治化。

　　從這個變通的觀點出發，《中說》認為，所謂諸子百家九流，以及釋、道、儒三教，都是關於治化的理論，都各有其長處和弊病，關鍵在將它們變通而歸於一，即歸於儒教，那就能夠真正發揮其輔治的作用。《中說》稱讚司馬談善於辨析九流，「知其不可廢而各有其弊也」，假若真正能像司馬談那樣知其九流的作用與利弊，從而通融達變，那就可以達到周公之道了。同時，也稱讚王通先祖所撰的《洪範讜議》，說讀了它，就知道「三教於是乎可一矣」[12]。因為三教變通，也是可以歸宗於儒的。《中說》感慨其時已經沒有「圓機之士」、「皇極之主」與之共言九流、共敘九疇，行周公之道的人已經難以出現了。因此，世道凌夷，就不可避免，只有等待時機，使之復正了。

　　除了帝王、聖哲，對於一般人，《中說》更注重教導他們處中而不偏，諸如教育王通的弟子們「清而無介，直而無執，太和為之表，至心為之內，行之以恭，守之以道」[13]，「言而信，未若不言而信；行而謹，未若不行而謹」[14]，等

10　《中說·問易篇》。
11　《中說·周公篇》。
12　《中說·問易篇》。
13　《中說·事君篇》。
14　《中說·周公篇》。

等，不僅從多方面把儒學的「中庸之道」加以發揮，而且把老子的無為思想也深深地融入了「中」的思想中。

天地運行、萬物變化既然有一定的規律，要適時而動，不斷變通才能適應這種規律，達到「守中」，那麼，何以了解天地運行、萬物變化的時序呢？在認識論上，《中說》沒有提出新的見解，仍然在神秘論的圈子裡轉悠，把了解和認識天地萬物的變化歸結為「祀天、祭地、享祖宗」，說這是「接三才之奧」的唯一道路，這就不可避免地陷入了神秘的不可知論，從而也使這一套「中」的說教成為空談。這是時代造成的局限，也是王通本身思想的局限。

其三，關於命與性、理的思想。

《中說》在談論「仁政」、「中道」的同時，也經常談到「命」與「性」、「理」的問題，把「窮理盡性以至於命」作為儒學聖人的標準來看待，王通還自命為「樂天知命」、「窮理盡性」，與周公相齊而「無憂」、「無疑」。

那麼，《中說》所說的「命」、「性」、「理」到底指的是什麼？三者的關係又如何呢？

關於「命」，《中說》在一段師徒對話中講得倒是比較清楚，在《問易篇》中，薛收問什麼是命，王通回答說：「稽之於天，合之於人，謂其有定於此而應於彼，吉凶曲直無所逃乎。非君子，孰能知而畏之乎？非聖人，孰能至之哉！」對於這段話，阮逸的注釋是這樣的：「天時人事稽合曰命。此，人事也；彼，天時也。知人而不知天，與知天而不知人，皆非知命也。故君子修性以合天理，所以定命矣。」按照這個注釋，所謂命，就是天時與人事之間相互作用而產生的結果。如果把天時看作客觀，人事看作主觀，那麼，主客觀之間，也即此與彼之間的相互作用與結合，便是命了。這樣一來，倒是頗符合唯物辯證法主客觀既相矛盾又相適應的法則了。仔細品味王通的原意，其實並非如此。所謂「命」，實際上還是指的天命，「稽之於天合之於人」，主要還在於「稽天」，如果不了解上天的安排，也就是不知天意，又何能知命呢？又怎能使之合於人呢？服從天意，不逆天意而動，這才是知命。「有定於此而應於彼」，人事是有定的，是可知的，

但天意是不可測的，人事與天意的應與不應，只有天知道了，所以，歸根結柢，天就是命，命即天。用王通的話說，也許更明確一點，「命之立也，其稱人事乎，故君子畏之。無遠近高深而不應也，無洪纖曲直而不當也，故歸之於天」[15]。

關於「性」與「理」，《中說》沒有作具體解釋，只說「性」為「五常之本」[16]，也就是仁、義、禮、智、信的本源，即人的本性。所以，阮逸的注釋說：「本謂善也。」人性原本是善良的，故而仁、義、禮、智、信都源於這善良的本性。本性受到外界的刺激，就會產生情欲，情欲往往是與善良的本性相矛盾的，所以，要成為至仁至義的聖人，就要不斷地正性，達到以性制情的境界。至於「理」，也就是儒家一貫講的天理。這個「理」，有時也朦朧地透露出一些客觀事物的規律和法則，但主要的還是指上天那不可抗拒的意志。

「命」與「性」、「理」三者的關係，《中說》中沒有明確地論述，不過，通過其對「命」、「性」、「理」三者內涵的闡釋，使我們了解到，這三者之間，命是上天的，性是屬於人事的，而理則是溝通二者之間的一種方法。上天對人事起著主宰的作用，因而命與性之間就是主從關係。上天是主善的，因而人性就來源於這個善，背離了這個善，那就是違天逆命，就要受到懲罰。而要想溝通性與命之間的關係，求得二者的一致，則須用「理」，即用一種神秘的方法去探究，這樣，就構成了三者之間不可分割的聯繫。

命、性、理三者既然有如此不可分割的聯繫，那麼，「窮理盡性，以至於命」就成為一個探究天理、歸復本性的實踐過程。而這個實踐的目的，是要達到性命相同，天人合一，最終達到無所不能的聖人的境界。《中說》對儒家崇奉的聖人周公有這樣一段評論，說他對於天地鬼神之事雖然敬而遠之，但並非束之高閣，而是將其「置諸心」，「心者，非他也，窮理者也，故悉本於天」。也就是仔細地探究天理，探究命之所在。在這個前提下，「近則求諸己也，己者，非他也，盡

---

15 《中說‧立命篇》。
16 《中說‧述史篇》。

性者也」[17]。只有懂得天理所在，才能以天理制人性，達到聖。周公無疑是「窮理盡性，以至於命」的榜樣，成為聖人就需通過這個實踐。然而，天命如何去探究呢？《中說》教給人們的，仍然是一種高深莫測的「祭禮」，這就在不可知論中又深陷了一步。

《中說》除了比較集中地體現了上述三方面的思想之外，還有一些關於宇宙、人生問題的看法，更多地則是在評品人物、談論儒家的處世哲學，在字裡行間，留有魏晉士人的遺風。《中說》在中唐的出現，既是時代與社會的呼喚，同時也對儒學正統地位的恢復起了一定的推動作用，它在中唐以後引起士人的注視是很自然的。

二、啖、趙新經學運動

王通生於隋朝，儘管他終生不懈地傳播儒學之道，培養了眾多弟子，但他的弟子們多數在唐朝做了官，沒有繼續他的事業，而且從《中說》來看，他也是希望弟子們以儒術為宗，經邦治世，並不見得要他們去做經學家。所以，到唐朝建立，王通的學說幾至湮沒無聞了，代之而起的，是官方的儒學。

唐朝建立，又開創了一個統一的王朝。作為一個空前大一統的王朝，自然要有一個統一的政治思想，這樣，儒學的整理和闡釋就被提上了日程。

漢魏以來，儒學經典由《詩》、《書》、《易》、《春秋》逐步擴展到《春秋》三傳、三《禮》，並經過經學家的解釋，都帶上了鮮明的時代色彩。唐朝的統治不會完全因襲前代，因而也就不會全部接收這些解釋而不加以修改。唐初，在審定和確立漢以來儒學經典的基礎上，開始了對這些典籍的整理和闡釋。確定以漢代毛萇所傳《詩經》、孔安國所注古文《尚書》、鄭玄所注三《禮》、魏王弼所注《周易》、晉杜預所注《春秋左傳》以及《公羊傳》、《穀梁傳》為五經，以大儒

---

17 《中說‧立命篇》。

顏師古、孔穎達等人考定訛誤，加以義疏，綜成一百七十卷，名為《五經正義》，傳習天下。

《五經正義》的目標基本上是對唐以前的各種注釋加以辨證，以恢復儒學經典的原本含義。用孔穎達的話說，就是「覽古人之傳記，質近代之異同，存其是而去其非，削其繁而增其簡」[18]，基本上恪守章句的訓釋，闡發儒學的原意，對五經作了一次較為全面系統的整理，也可以說是對漢魏以來儒學研究的一次總結。

唐代以科舉取士，雖然有經學的考試，但主要還是注重士人的詩文，而且，儒學經典注釋的繁瑣，又使士人至皓首難窮一經，這樣，就阻滯了《五經正義》的廣泛流傳。在其修成後的幾十年內，可以說只是統治者的門面裝點而已，並沒有引起士人們的注重。但是，作為統治者是不能失去這個門面的，所以到了唐文宗開成年間，又將《五經正義》略作校釋，刊刻勒石，名為《開成石經》。至此，唐代對五經的整理就算完成。

經過唐初對五經的整理和開成年間的刊刻勒石，五經的基本思想和對它的解釋就確定下來，為儒學的發展奠定了一個新的基礎。

從《五經正義》的撰修到《開成石經》的刊刻，整個儒學思想領域似乎是平靜的。但自魏晉以來，經學家們實際就已經分為章句派和義理派，到了唐朝，這種分化仍在進行。一部分人不滿足於死守經學的章句和注疏，力圖從經典中尋求新意，借助經意，闡發自己的思想。這樣，就在中唐時期，出現了以啖助和他的高足趙匡、陸質為首的新經學運動。

啖助，字叔佐，趙州（今河北趙縣）人，後徙居關中，天寶末年，曾做過縣尉、主簿等小官，任滿後，便屏人家居，專門研究《春秋》三傳，用十年時間，著成《春秋集傳》。《新唐書·儒學傳》說他「淹該經術」、「善為《春秋》」。因為《春秋左傳》是以魯史解經，對經外之意的闡釋比不上《公羊傳》和《穀梁

18　《尚書正義序》。

傳》，故啖助解經亦主公羊、穀梁，而不喜《左傳》。按照他的解釋，孔子修《春秋》的本意，不是要回復到西周盛世，而是主張用夏代的忠誠質樸。《新唐書》說，他認為「夏政，忠，忠之敝野；商承之以敬，敬之敝鬼；周人承之以文，文之敝僿。救敝莫若忠。夫文者，忠之末也。設教於本，其敝且末；設教於末，敝將奈何？武王、周公承商之敝，不得已而用之。周公沒，莫知所以改，故其敝甚於二代」。這意思是說，夏代以忠厚質樸立教，其弊病是未免還帶有人類的原始性；商代承襲夏代，為改變社會的原始性，以敬神祀鬼立教，不免發展到以鬼神主宰社會；周代承襲商代，在敬神祀鬼的基礎上，以禮義仁愛設教，對社會加以文飾，結果導致了人們的不忠實，甚至虛詐。社會到了這個詐偽相侵的地步，那就難以救藥了。所以周代的後期就遠不如夏商了。

這一論斷，顯然離開《春秋》經義十萬八千里了。然而，他還振振有詞地說，孔子就對三代的治道感慨地說過：「虞夏之道，寡怨於民。商周之道，不勝其敝。」「後代雖有作者，虞帝不可及已。」由此，啖助進一步推論說：「《春秋》以權輔用，以誠斷禮，而以忠道原情雲。不拘空名，不尚狷介，從宜救亂，因時黜陟。……是知《春秋》用二帝、三王法，以夏為本，不壹守周典明矣。」[19]這一套理論，到底是孔子的《春秋》，還是啖助本人的《春秋》，人們一看就明白了。

啖助的弟子趙匡、趙匡的弟子陸質，在啖助死後又集錄他生前擬定的《春秋》例統，取名為《春秋集注纂例》，進一步發揮啖助的思想，掀起了一場以意說經、借經發揮的新思想運動。到唐代宗大曆年間，這場新思想運動達到了高潮。一時間，「助、匡、質以《春秋》，施士 以《詩》，仲子陵、袁彝、韋彤、韋 以《禮》，蔡廣成以《易》，強蒙以《論語》，皆自名其學，而士匄、子陵最卓著」[20]。

任何一種學術思想的興起，都不是空穴來風，都有一定的條件和背景。啖、

---

19 《新唐書·儒學傳》。
20 同上。

趨新經學運動的興起，有兩方面的原因：一是在前面提到過的魏晉以來以意說經的繼續和發展，二是唐朝中後期的政治形勢的推動。

「安史之亂」的鐵蹄不僅驚破了陶醉於霓裳羽衣曲中的李唐王室，而且也在一夜之間改變了整個社會的形勢。往日至尊無上的皇上，被玩弄於閹豎、權臣、軍閥的股掌之上。昔日君臣敦睦的氣氛蕩然無存，留在君臣、臣僚之間的，是爾虞我詐的明爭暗鬥。地方上，軍閥們擁兵自重，展開激烈的爭奪，終於導致了藩鎮割據。什麼仁愛節義、禮義廉恥，全被踐踏在軍閥爭奪的鐵蹄下。這種局面促使當時的思想家們都去思考，到底為何會造成如此劇烈的變化？用什麼思想和方法才能挽救這種頹勢？唯一的辦法是從經學裡找出路。經學中，《春秋》是直接依照一國的史實，判斷天子、諸侯、卿大夫的是非，衡量三代的得失的，從《春秋》中尋找理論依據，最為適宜，所以，新經學運動的發起者們便首先把注意力放到了《春秋》。然而，《春秋》宣揚的是尊崇周天子的地位，遵守西周的禮法，抑制諸侯卿大夫的勢力，動不動就拿出一套周禮來說教，這顯然已經對安史之亂後的唐朝政治不起作用了。因為安史之亂前的唐朝，不正是一個文質彬彬的禮儀社會嗎？一場戰亂，鬧得君不君、臣不臣，文質彬彬的周禮不是破產了嗎？所以新經學運動的發起者們很巧妙地從《春秋》中另找依據，說孔子十分崇尚和贊揚虞夏以忠立教，使人們回歸到原始的敦樸，對此大加宣揚，形成一套新的理論體系。這就不難看出，新經學運動的目的，是在極力維護唐朝的統一，反對藩鎮勢力的割據的。這無疑是值得肯定的。

新經學運動者們既然製造了一套崇尚忠厚敦樸、貶抑文飾虛矯的理論，就要在實踐中把它貫徹下去，這種實踐，主要表現為利用周禮的軀殼，來抑制跋扈的權臣和藩鎮將領。具體的例子，有陸質關於周公、孔子配享問題的議論。

唐初，以周公為先聖，孔子為先師，立廟祭祀，並不斷增加古之名臣良將配享，其現實的政治意義是以古鑑今、維護唐王朝的最高統治，但同時，也提高了名臣武將的地位。開元時，又為姜子牙立太公廟，以張良配享，定時祭祀。此後，又謚孔子為文宣王，尚父為武成王，對姜子牙的祭祀典禮與孔夫子等同，並不斷增加古代名將配享，更進一步抬高了武將的地位。這種祭祀典禮的濫設，自

然引起朝中的爭議。唐德宗貞元四年（788年），兵部侍郎李紓請革除對姜子牙的祭祀，時任刑部員外郎的陸質乘機發表議論，支持李紓的請求。他說，武成王是殷朝的臣僚，理應忠實於殷朝。然而，他看到殷紂王暴虐卻不去諫止，而是夥同西周一起傾覆殷朝。學道者必定師其人，對姜子牙給予如此隆重的祭祀，那讓「天下之人入是廟、登是堂、稽其人、思其道，則立節死義之士，安所奮乎」[21]？那不是要人們公開地去學他背叛本朝、傾覆本朝的行為嗎？當時，儘管因為朝廷兵革未靖不敢觸怒武人，因而不敢徹底取消對姜子牙的祭祀，但陸質這番強烈針對現實的議論卻也可說是對那些驕兵悍將的有力一擊。

新經學運動力圖重振綱紀，將安史之亂後唐朝的分崩離析的局面改變過來，但藩鎮已是尾大不掉，朝廷又財力困乏，缺乏遠圖，不得不聽任這種局面繼續維持下去，新經學運動者所發出的吶喊更是無力回天了。五代分裂割據的局面形成，他們的理論就更受到排斥了。五代修的《舊唐書》，不僅不為這些新經學運動者列傳，使人們幾乎不知道唐代曾有過這樣一次思想運動，而且還指斥其為儒學異教，要人們防止這種邪教的侵入。即使到了宋代，他們的新經學理論仍然沒有為社會所接受。《新唐書》在評論新經學時，說《春秋》三傳，雖各有乖舛，還是本之於經，其得失還是相半，不敢改動經義。可「啖助在唐，名治《春秋》，摭黜三家，不本所承，自用名學，憑臆私決」，實在是「穿鑿詭辯，詬前人，捨成說，而自為紛紛」[22]。

新經學運動的不成功，除了當時的社會原因，其本身的「憑臆私決」也是一個重要原因。因為從魏晉以來，經學家們雖有章句派和義理派的分化，但義理派還是在努力探求經學的原意，沒有發展到借題發揮。新經學家們借題發揮，把自己的理論強加於孔夫子，自然會引起人們一時的新奇，但當人們冷靜下來，領略到他們的政治目的之後，那自然就只把它當作一種政治宣傳來看待，而不把其當作一種學說去深味了。

---

21 《新唐書·禮樂志》。
22 《新唐書·儒林傳》。

但是新經學運動打破了經學史上多年沉寂的局面，為經學的經世致用開闢了道路，增強了儒學的時代感。正像唐文宗所說，「學者如浚井，得美水而已，何必勞苦旁求，然後為得邪」？他們的以意說經，無疑是浚出了一泓美水。這一泓美水，徜徉為宋代理學的先河。只不過，宋代以意說經的經學家們比他們高明，還創立了一套天理人性的哲學體系，作為其以意說經的哲學基礎，這就使得宋人的以意說經為人們所信服而傳之數世。

三、韓愈、李翱的衛道理論

新經學運動的餘波尚未平息，在唐朝後期的思想領域內，又興起了一場以反對佛、老，維護儒學正統地位的活動，這場活動的代表者，是著名的古文運動家韓愈和他的學生李翱。

唐朝統治者為了維護和加強自己的統治，提倡佛教、道教，然而中後期的藩鎮割據證明，佛、道二教並沒有使李唐王朝長治久安，歷史又回復到魏晉南北朝的紛爭時代。而魏晉以來的一些統治者信佛、佞佛，導致國亡身死的悲劇，頗有在唐後期重演的危險。面對這種危險，一些關心國家前途命運的思想家們從維護唐朝統治出發，向佛教、道教發起反擊，率先提倡排佛老的就是韓愈。

韓愈像

韓愈反佛排道、維護儒學正統、從而維護唐中央集權統治的思想，集中地反映在他的《原道》和《原性》兩篇文章中。

在《原道》中，韓愈首先對儒學仁、義、道、德提出了一個標準的解釋。他說，博愛之謂仁，適合一定的環境施行博愛就是義，從仁、義走出去就是道，不待外界的影響而能自行仁義就是德。仁義是有確定的內容的，是好的，但道德是

不確定的，有好的，有壞的。儒家的仁義道德是一個統一的整體，都是好的。而佛家、道家所說的道與德，則是離開仁義而言的，他們的道德，是一家之私言，而不是天下之公言，是背離天下的公理的。但是，自佛老盛行以來，儒家的弟子們甚至也數典忘祖，奴事佛老，背仁義而言道德，真是「人之好怪」、「惟怪之欲聞」。

他說，儒者尊崇聖人，嚴君臣父子之等差，分別社會各業，使君主出令，臣行其令而致之民，民出粟米絲麻，作器皿，通財貨，以事其君主，整個社會秩序井然。但佛、老認為，「聖人不死，大盜不止，剖斗折衡，而民不爭」，主張棄君臣，離父子，禁相生相養之道，以求清淨寂滅，那實在是「滅天常，子焉而不父其父，臣焉而不君其君，民焉而不事其事」，是舉夷狄之法而加之先王之教之上。像這樣下去，家不為家，國不為國，哪有不亡國滅身的道理呢？

《昌黎先生文集》

他針對佛老的道統論，也提出了一個儒學的道統論。他說，他所說的儒學的仁義道德，是修身、齊家、治國、平天下的唯一準則。這個道，由堯傳至舜，舜傳至禹，禹傳至湯，湯至文王、武王、周公，周公傳至孔子，孔子傳至孟子，到孟子，其道不傳。周公以前，奉行這個道的都是君主，所以就能按照這個準則治理好國家。周公以後，奉行這個道的都是臣子，故只能闡述其學說，不能按照這個準則來治理國家了。而要恢復等級秩序，繼續儒學的道統，那就要出家的僧侶道士歸復為民，焚毀其書，用儒學之道引導全社會回復到君臣、父子、兄弟、夫婦的境地。

韓愈的《原道》，論證了儒學的正統地位，為排斥佛老提供了理論基礎。與此同時，他還針對佛教滅情以見性的人性論，寫了另一篇文章《原性》，論述情與性的關係。他認為「性也者，與生俱生也；情也者，接於物而生也」。也就是說，人性是生來就有的，而人情是感受外物而產生的。人性分為上、中、下三

品，上者性善，下者性惡，中者善惡相混。構成性的內容有五種，即仁、禮、義、智、信。上品者守五德之中的一德，並能通於其餘四德；中者對五德之一稍許具備一些，因而對其餘四德也就不能全通；下者則與五德全相背離。而情也分為上、中、下三品，構成情的內容有七種，即喜、怒、哀、懼、愛、惡、欲。上者對於七情可以克制，動之適中；中者於七情之中，有的過甚，有的不足；下者則任情而動。性的三品和情的三品是相對應的，也就是所謂「性之於情視其品」，「情之於性視之品」。上品的性具有上品的情，下品的性具有下品的情，這是不可改變的，只有情、性居於中品者，才可以教之去惡向善。情與性是密不可分的，不可能使一個情性居於下品的人去惡向善，所以，佛教宣揚的離情見性，使人人都以慈悲為懷的理論是行不通的。

韓愈的這個「性三品說」雖然使儒家長期爭論的「性善」、「性惡」問題得到了調和，但他仍然是用唯心主義的觀點來解釋性與情以及兩者之間的關係的。這個「性三品說」，與佛教宣揚的離情見性，即離開凡塵的情繫、恢復人的本來的善性相比，顯然更缺乏充足的論據。他用「性三品」不可改變的理論去反對人們皈依佛教，顯然也是難以做到的。

繼承韓愈衛道活動的，是他的學生李翱。李翱似乎也覺得他的先生的「性三品說」還比較籠統，說服力不強，於是，又寫了一篇《復性書》，專門談論性與情的關係和如何復性的問題。

在《復性書》中，李翱堅持「性善論」，認為人的本性是善的，而情是惡的。「人之所以為聖人者，性也；人之所以惑其性者，情也。」七情循環交來，淹沒了人的善性，所以世界就顯得渾濁了。正像水本來是清的，火本來是明的，但是沙渾入水，煙郁於火，就看不到水的清澈和火的明亮了。然而，性和情並不是完全對立的，「情不自情，因性而情，性不自性，因情而性」。「性情者，天之命也，聖人得之不惑者也；情者，性之動也，百姓溺之而不能知其本也。」這就是說，情本身並不能產生情，而是來自於性，性也不是來自於性，而是來之於情，性與情都在互相作用。聖人和百姓都是有性有情的，但聖人得之天命，能以性制情，不為情所動，性情就表現為一體，就是仁善；而百姓為情所動，溺於情

而淹沒了本來的善性。聖人懂得人性都是善的，人人可以循善不息而成為聖人，所以「制禮以節之，作樂以和之」。而一般的人要想回復本性，那就要去思去慮，格物致知。「物者，萬物也。格者，來也，至也。物至之時，其心昭昭然，明辨焉而不應於物者，是致知也，是知之至也。」一句話，不為情之所動，不為外物所惑，就可恢復本性。

李翱的這一「復性」說，雖然比他的先生的人性不可改變的理論有所進步，但他主張人們完全超然於物情之外去用仁、義、禮、智、信修身養性，達到至聖的境界，同樣是一種空想，與佛家的離情見性並沒有本質的區別，因而，以此來反對佛家的出世思想，同樣是軟弱無力的。

韓愈、李翱反對佛老，維護儒學正統，目的是維護封建社會的政治統一，代表了中唐以後反對藩鎮割據、維護中央集權的一股政治勢力，在中下層知識分子中有較為廣泛的影響，韓愈的學生以及與他同時代的一些文人，大多是持這種態度的。然而，藩鎮割據造成的分裂局面已無可挽回，儒學的道統在這種局勢面前同樣顯得軟弱無力，所以，他們的衛道活動雖有其積極的政治意義，但並沒有多少實際效果。

從思想領域來看，自魏晉以來，儒、佛、道三家經過長期的較量，各自都在發展中增添了新的思想內容，同時也在互相吸收，互相融匯，在原來各自為政的基礎上，孕育著一種新的學說和思想。唐代後期的新經學運動，韓愈、李翱的衛道活動，從表面上看，都是儒學自身的思想活動，實質上，是儒、佛、道三教融匯的結果。新經學宣揚的回歸原始的忠厚敦樸，韓、李宣揚的性命說，都在一定程度上融匯了佛老的思想。這種吸收和融匯，終於導致了宋代理學的產生，從而結束了儒、佛、道三教的鬥爭，中國的思想史從此又步入了一個新的領域。

樸素唯物主義
與無神論思想

　　隋唐五代時期，佛、道等宗教興盛，儒家唯心主義的哲學思想也占有重要的地位。但與此同時，樸素唯物主義和無神論思想，在與佛、道及儒家唯心主義鬥爭和相互滲透中也得到了發展；又由於唐後期以來政局動盪，人民生活困苦，也使一些唯物主義思想家對封建專制有了深刻的認識，從而能對現實社會進行較為深刻的剖析和批判。

一、呂才、李華的反世俗迷信思想

　　神學迷信是一種落後的迷信思想，反對神學迷信，是唯物主義和無神論思想一個相沿已久的主題。初唐的呂才和盛唐的李華是隋唐五代時期反神學迷信的代表人物。

　　呂才（600-665 年），博州清平（今山東聊城）人，仕唐，歷任太常博士、太常丞、太子司更大夫等職，以博學多識聞名於世，通曉陰陽、方伎、輿地、歷史、樂律等方面的知識。他著作甚豐，但多已散佚，現存《舊唐書》本傳中的引文和《全唐文》中的《敘宅經》、《敘祿命》、《敘葬書》等遺文都是反神學迷信

的。

《敘宅經》是批判建築住宅選擇方位的。按照迷信的說法，住宅建築方位的不同，會給人帶來不同的吉凶禍福。中國在商周之際已有卜宅之文，到唐代更發展到五姓之說，即人的姓氏按發聲分為宮、商、角、徵、羽五類，並分別與木、火、土、金、水五行相配，以決定住宅及門戶的方位。呂才在《敘宅經》中首先指出這種說法的自身矛盾，他說：「言五姓者，謂宮、商、角、徵、羽等，天下萬物，悉配屬之，行事吉凶，依此為法。」如果這樣，姓張與姓王的屬商，姓武和姓庚的屬羽，這可以說是按聲韻劃類的，但如果以姓柳的屬宮，姓趙的屬角，這就與音韻無關了。而且遇到複姓，就更不容易區分類別了。其次，又指出三點：（1）五姓之說不見於經典記載，過去陰陽諸書，也沒有這種說法，只是「野俗口傳」而已。（2）中國遠古「黃帝之時，不過姬、姜數姓」，後來，因賜姓，及「因邑因官，分枝布葉」，衍變出很多，這些是五姓之說所不能包容的。（3）按《春秋》記載，陳、衛、秦為水姓；齊、鄭、宋為火姓，但這些姓「或承所出之祖，或繫所屬之星，或取所居之地，亦非宮、商、角、徵，共相管攝」。全文簡短，分析周密，批駁有力。

《敘祿命》是駁斥算命可以推算和預言人生貴賤壽夭之說的。呂才先引前人之語稱：算命者是「高人祿命以悅人心，矯言禍福以盡人財」。但因「多言或中，人乃信之」。對此，他依據史實駁斥說：「長平坑卒，未聞共犯三刑；南陽貴士，何必俱當六合。」又進一步說：「今時亦有同年同祿，而貴賤懸殊；共命共胎，而夭壽更異。」之後，他又列舉了魯莊公、秦始皇、漢武帝、孝文帝、宋高祖五個國君帝王的年月生辰為例，核以史實，以證其不驗。如秦始皇的生辰是「歲在壬寅，此年正月生者，命當背祿，法無官爵」，「為人無始有終，老而彌吉」。但史實卻與這種說法正好相反，秦始皇身為皇帝，「有始無終，老更彌凶。唯建命生，法合長壽，計其崩時，不過五十」。又如漢武帝，「乙酉之歲七月七日平旦時生。亦當祿空亡下，法無官爵」，「老而方盛」。但漢武帝即位時，「年始十六，末年已後，戶口減半」。此外，魯莊公、孝文帝、宋高祖按生辰推算的祿命也與史書記載的實際祿命不符。呂才的駁斥論證非常充實。

《敘葬書》是駁斥喪葬主人富貴吉凶的。呂才引證經典認為：古代本「無吉凶之義」，而近代才有陰陽葬法，「或選年月便利，或量墓田遠近，一事所失，禍及死生，巫者利其貨賄，莫不擅加妨害」。但天地之間自有常理，「喪葬之吉凶」不過是妖妄之說。之後又進一步論述說：

　　（1）古代王、諸侯、大夫、士及庶人死後，「葬有定期，不擇年月」。

　　（2）據葬書「己亥之日用葬最凶」，但按《春秋》記載：「此日葬者凡有二十餘件。」

　　（3）夏、商、周喪葬「直取當代所尚，不擇時之早晚」，春秋以後也「葬不擇時」。

　　（4）「葬書云：富貴官品，皆由安葬所致；年命延促，亦曰墳壟所招」，而「《孝經》云：『立身行道，則揚名於後世，以顯父母。』《易》曰：『聖人之大寶曰位，何以守位曰仁』」，葬書與這些儒家經典是不相合的。

　　（5）「古之葬者，並在國都之北，域兆既有常所，何取姓墓之義？」而「今之喪葬吉凶，皆依五姓便利」。這也是不合古葬之義的。

　　（6）依據葬書，「卜葬一定，更不回改，冢墓既成，曾不革易」。而「人臣名位，進退何常，亦有初賤而後貴，亦有始泰而終否」，「無時暫安」。

　　（7）「皆信葬書」，也有悖人之常情，如「擗踴之際，擇葬地而希官品；荼毒之秋，選葬時以規財祿。或云辰日不宜哭泣，遂莞爾而對賓客受弔；或云同屬忌於臨壙，乃吉服不送其親」。

　　上述三篇是唐太宗命呂才等人刊正《陰陽書》的一部分，而這部分所講的住宅方位，人生祿命，葬地風水，可以說是中國古代迷信的最主要部分。呂才本著「救俗失，切時事」的宗旨，並引證儒家經典一一進行了批判，雖然呂才所刊正

的《陰陽書》「為術者所短」，但因為「詔頒行之」[23]，應該說是對當時社會產生了一些影響的。

李華，生卒年不詳，開元二十三年中進士，天寶年間，任監察御史、侍御史及禮部、吏部員外郎等職，「善屬文」，著作頗多，是古文運動的先驅者之一，他反對神學迷信的思想主要表現在《卜論》一文中。

《卜論》是批判龜卜迷信的，而龜卜是中國古老而重要的迷信活動之一。龜與鳳、龍、麟合稱四靈，也是四靈中唯一實有的動物，並以其長壽而著稱。「古之聖者，刳而煐之，觀其裂畫，以定吉凶。」李華認為：龜既是人們崇拜的靈物，「而夭戮之，脫其肉，鑽其骸，精氣復於無物，而貞悔發乎焦朽，不其反耶」？也就是將靈物殺死，使其精氣消失，然後企望從其焦朽的餘骸中求得神明啟示，這怎麼可能呢？靈龜自身難保，又怎麼會以神意去啟示人呢？再說「人與天地合其德，與日月合其明，與四時合其序，與鬼神合其吉凶」。而將靈龜殺死也是不合於德、明、序及吉凶的，如果這樣，用死龜殼是得不到什麼的。

李華又講述了歷史上迷信的發生發展過程，如遠古祭祀用屍，「自虞夏商周不變」，這種做法到戰國就廢除了。又如古代新制的鐘鼓器械，要塗上牲畜的血以避鬼，現在也不這樣做了。但也「未聞屋室不安身，而器物不利用」。因此，「卜筮陰陽之流，皆妄作也」。這種「妄作」不是從來就有的，也不是不會消亡的，龜卜只是迷信形式的一種，也是可以廢除的。

李華對龜卜的批駁是從儒家不語怪力亂神的觀點出發的。他不可能用現在的科學常識去解釋龜卜迷信，更沒有辯證唯物主義的理論可以利用，所以在對占卜的批駁中，也沒有否定鬼神的存在。

---

23 《舊唐書·呂才傳》。

二、盧藏用、李筌的「天人觀」

儒家的始祖孔子主張唯心主義的「天命」論，以論證君權神授。西漢董仲舒發展了這一思想，建立起天人感應的神學理論，在天人關係上，加強了天的權威。另外一些唯物主義思想家，如荀子提出了「明天人之分」的觀點，認為自然有它自己的客觀規律，並不以政治的好壞而改變。入唐以後，佛道二教興盛，尤其是佛教思想，給思想界注入了新的活力，在天人關係上出現了一些新觀點。盧藏用和李筌繼承了唯物主義傳統，吸收了佛教等思想，對「天人觀」作了具有一定進步意義的闡述。

盧藏用（約 656-713 年），字子潛。幽州范陽（今北京西南）人。以辭學、篆隸、琴棋著稱於世，曾任魏州司馬、中書舍人、吏部侍郎、尚書右丞等職，先天年間，因附太平公主罪，配流嶺表，開元初去世。他在中宗神龍年間，有感於「俗多拘忌，有乖至理」，著《析滯論》對之論述。

《析滯論》採用答客問的論證方式。主要闡述天與人事的關係，並對卜筮和禱詞等迷信做了一定的揭露和批駁。

文章以客人首先發問引出論題曰：「天道玄微，神理幽化，聖人所以法象，眾庶由其運行。」「從之者則兵強國富，違之者則將弱朝危。」「先生亦嘗聞之乎？」盧藏用以主人回答的表達方式，引前人經典中「國之將興，聽於人；將亡，聽於神」、「禍福無門，唯人所召，人無釁焉，妖不自作」之語，明確表示「得喪興亡，並關人事；吉凶悔吝，無涉天時」。然後強調了人事的作用：「古之為政者，刑獄不濫則人壽，賦斂蠲省則人富，法令有常則國靜，賞罰得中則兵強。所以禮者士之所歸，賞者士之所死，禮賞不倦，則士爭先。苟違此途，雖卜時行刑，擇日出令，必無成功矣。」又證以史實說：「太公犯雨，逆天時也，韓信背水，乖地利也，並存人事，俱成大業。」又說：「金雞玉鶴，方為楚國之殃；《萬畢》、《枕中》，適構淮南之禍。」在天人關係上，盧藏用鮮明地堅持了重人事的觀點，但他並沒有完全否定天道的作用，有著「天道所以從人」的觀點，認為天也有意志，輔助有德的人，災降不善的人。而當「客」聽了「主人」的宏論

要「焚蓍龜，毀律曆，廢六合，斥五行，浩然清慮」時，盧藏用又以「主人」的身分闡述自己的觀點說：「此所謂過猶不及也。夫甲子所以配日月，律曆所以通歲時，金木所以備法象，蓍龜所以筮吉凶。聖人以此神明德行，輔助謀猷，存之則協贊成功，執之則凝滯於物。」

盧藏用還不能以科學知識，解釋「天」等自然現象，完全否定龜卜的作用，所以也不能徹底地堅持唯物主義觀點。

李筌，生卒年代不詳，仕於開元、天寶時期，曾任左羽林兵曹參軍、翰林學士等職，現存文僅《大唐博陵郡北岳恆山封安天王銘並序》一篇，反映了他的天人觀思想。

五岳，歷來被統治階級所尊崇，李筌在文中對五岳之一的恆山威靈作了描述：「恆之靈，藏往知來，威遠懼近」，並肯定了神的存在和作用：「陰陽不測之謂神，神聰明正直，害盈福謙，裨我淳黎。荒扎不勃，拯膏雨，佐秋成。」但歷代統治者因敬畏於五岳的神聖而未敢加封，然玄宗則「王五岳而公四瀆」，把五岳四瀆置於自己的封賞之列，對此，李筌極力進行了贊譽：「昔省方展禮於虞帝，敬鬼尚祀於殷人，未有加望秩之榮，錫封崇之號，斯蓋我皇之能事也。」李筌雖然沒有觸動天，否定天命，也沒有否定神和神的作用，但與前代統治階級比較起來，已經突出了人的作用。

盧藏用和李筌的觀點都觸犯了儒家視為神聖的「天」，這與當時佛教藐視「天」的說教有一定的關係，對此，後於他們的柳宗元和劉禹錫表現得更為明顯一些。

三、柳宗元、劉禹錫的「天人觀」

柳宗元和劉禹錫不僅是政治家、詩人和文學家，而且也是著名的唯物主義思想家。

柳宗元的唯物主義思想主要表現在對天人關係的探討上。柳宗元的《天說》一文，是針對韓愈唯心主義天人感應說所作的批判。韓愈認為天有意志，能賞罰，柳宗元則針鋒相對地指出：「彼上而玄者，世謂之天；下而黃者，世謂之地；渾然而中處者，世謂之元氣；寒而暑者，世謂之陰陽，是雖大，無異果蓏、癰痔、草木也。」「天地，大果蓏也；元氣，大癰痔也；陰陽，大草木也，其烏能賞功而罰禍乎？功者自功，禍者自禍，欲望其賞罰者大謬；呼而怨，欲望其哀其仁者，愈大謬矣。」也就是說天和人事是互相不干涉和沒關係的。

戰國後期，楚國的浪漫主義詩人屈原著《天問》一詩，對宇宙、自然、歷史和神話傳說諸問題，提出了疑問，柳宗元著《天對》加以解答，主要對宇宙的構成提出了自己的看法，並對宇宙的無限性有所認識。

關於宇宙的構成，柳宗元認為：「龐昧革化，惟元氣存，而何為焉？」這就是說，宇宙是由混沌的、龐大的、沒有意志的、運動著的元氣構成的。他還進一步認為：元氣是天和陰陽二氣的基礎，「合焉者三，一（元氣）以統同，籲炎吹冷，交錯而動」，從而形成了千變萬化的物質世界。

關於宇宙的大小，《天問》問道：「斡維焉繫？天極焉加？」是問天不停的運轉，是否有繩子繫著，又繫在何處，天的邊際又放在何處？《天對》回答說：「烏僕繫維，乃麾身位。無極之極，漭彌非垠。或形之加，孰取大焉。」就是說，天沒有邊際，廣大無限，怎麼能找一個更大的東西來放置天呢？

柳宗元被貶永州後，又寫了《非國語》六十七篇及《時令論》等文章，系統地闡述自己的唯物主義見解，批判神學迷信思想。如柳宗元在《非國語·三川震》中講到周幽王二年，三川發生地震，伯陽父認為是周亡的預兆，柳宗元認為：山川是天地間的「物」，「陰與陽者，氣而游乎其間者也，自動自休，自峙自流」，是不以人的意志為轉移的。山崩地震是「自崩自缺」，是與人事沒有關係的，為什麼要互相聯繫起來呢？柳宗元在《非國語·卜》中還教人不要相信占卜迷信；在《貞符》中教人不要相信「符瑞」；在《時令論》中指出：「聖人」是不侈談神怪而注重人事的；在《非國語·神降於莘》中還進一步指出：「力足者取乎人，力不足者取乎神。」說明那些鼓吹神道的，正是力量虛弱的表現。

劉禹錫著《天論》上、中、下三篇，進一步補充了柳宗元關於天的唯物主義思想，他說：「天，有形之大者也；人，動物之尤者也。天之能，人固不能也；人之能，天亦有所不能也。」也就是說天是物體中最大的，人是動物中最突出的，天和人都有自己獨特的職能。劉禹錫認為天的職能是「生萬物」，人的職能是「治萬物」。萬物弱肉強食而生存，人則通過禮法制度來維持其社會秩序，天人互不干涉。也因此，「人道明，咸知其所自，故德與怨不歸乎天」，否則「人道昧，不可知，故由人者舉歸乎天，非天予乎人爾」。

劉禹錫還認為：天「形恆圓而色恆青」，「恆高而不卑，恆動而不已」，「不能自休於俄頃」，這些都是由於有合乎必然規律的「數」的存在和不可阻擋的「勢」在作用，天體不能「逃乎數而越乎勢」，而且「以理揆（度量）之，萬物一貫也」。也就是說萬事萬物的原理、原則是一樣的。那麼為什麼會這樣呢？因為「萬物之所為無窮者，交相勝而已矣，還相用而已矣」，也就是萬物互相存在的作用，是事物發展的根本，在這個物質世界中的人，應該「與天交勝，用天之利，立人之紀」，發揮人的作用。

柳宗元、劉禹錫關於天人關係的一些觀點，戰國時期的荀子、東漢時期的王充，都已大致提出過，但他們反對人們對天進行探討研究，認為自然界的事物是「不為而成，不求而得」的，這叫做「天職」。人對天職，不慮，不察，「不與天爭職」，聖人也「不求知天」[24]。而君子對於天地萬物，更「不務說其所以然」[25]。這種主張限制了人們的研究，使問題不能深化。王充在《論衡·命義篇》中「為了說明人的富貴貧賤是由於稟氣受命，把人的地位、財產和天上星象的大小尊卑聯繫起來，這實際上等於背離了天道自然的主張，把天神秘化了」[26]。

柳宗元、劉禹錫在天人論上繼承了荀子、王充的主張，又有了一定的發展。柳宗元、劉禹錫對天人觀的發展，與他們受佛教的影響有關，如柳宗元認為佛教

---

24 《荀子·天論》。
25 《荀子·君道》。
26 任繼愈主編：《中國哲學史》，第 2 冊，135 頁，北京，人民出版社，1963。

「往往與《易》、《論語》合，誠樂之，其於性情爽然，不與孔子異道」[27]。而劉禹錫也廣讀佛書，交際僧人，「深入智地，靜通道源，客塵觀盡，妙氣來宅，猶煎煉然」[28]。柳宗元和劉禹錫在思想認識上受佛教影響甚深。

「世俗觀念認為君主是人世間的主宰，而天是宇宙間的主宰，比君主還高一等。君主可以無法，但不可以無天。這種觀念將天神秘化、權威化，人們對天只能敬畏，不能藐視，更不能褻瀆，也就談不上把天同大自然中的其他現象一樣，加以考察研究了。而佛教則認為天和人同屬於六凡，都處在遷流不息的輪迴之中，只有修持佛道，超凡入聖，達到涅槃境地，才能擺脫輪迴之苦。天的地位遠在佛、菩薩之下。人可以成佛，天若不成佛的話，地位也就在成佛的人之下。這一說法解除了天的權威和神秘感，也才有可能把天置於被考察、被研究的地位。柳宗元、劉禹錫對天的唯物主義研究，應該說是在佛教這些說法的前提下進行的。」[29]

四、皮日休的無神論與《無能子》的自然觀

晚唐時期，官吏腐敗，強藩橫行，戰爭頻仍，人民大眾困苦不堪，這時，產生了關心時局、同情人民的唯物主義思想家皮日休和能反映現實的唯物主義著作《無能子》。

皮日休，字襲美，又字逸少，自號鹿門子、間氣布衣、醉吟先生、醉士等，襄陽（今湖北襄樊市）人，咸通八年中進士，曾任著作佐郎、太常博士、毗陵副使等職。後又參加黃巢起義軍，任大齊政權翰林學士，黃巢兵敗，下落不明。工詩，多揭發統治階級的腐朽和反映人民疾苦之作，又擅長小品文，借古諷今，簡短犀利。中進士前自編詩文集《皮子文藪》十卷，這也是他遺留於世的最重要著

---

27 《柳宗元文集》卷二十五《送僧浩初序》。
28 《劉禹錫集》卷二十九《送僧元暠南遊》詩序。
29 郭紹林：《唐代士大夫與佛教》，202 頁，開封，河南大學出版社，1987。

述。

　　皮日休在《皮子文藪》序文中講到他的為文宗旨是：「上剝遠非，下補近失，非空言也。」在《正樂府》詩序中又強調樂府詩的功用在於反映「國之利病，民之休戚」。「詩之美也，聞者足以觀乎功；詩之刺也，聞之足以戒乎政。」這些都是說，他的詩文是指陳時弊反映現實的。他的《三羞詩》、《貪官怨》、《橡娟嘆》、《哀隴民》等，都反映了當時官貪民怨，戰亂、災害不休的情景。如在《貪官怨》中寫到官吏的腐敗情景曰：「素來不知書，豈能精吏理。大者皆尉史。愚者若混沌，毒者如雄虺。傷哉堯舜民，肉袒受鞭笞。」他在《三羞詩》之三寫到當時飢民逃荒的悲慘場景曰：「天子丙戌歲，淮右民多飢。就中穎之汭，轉徙何累累。夫婦相顧亡，棄卻抱中兒。兄弟各自散，出門如大痴。……荒村墓鳥樹，空屋野花籬。兒童齕草根，倚桑空羸羸。斑白死路旁，枕土皆離離。」血淋淋的現實，使他看透了當時社會的黑暗。他在《鹿門隱書》中，用精粹的短句，通過古今對比，尖銳地指出了當時社會的黑白顛倒現象：

古之隱也志在其中，今之隱也爵在其中。
吏不與奸罔期，而奸罔自至。
古之殺人也，怒；今之殺人也，笑。
古之置吏也，將以逐盜；今之置吏也，將以為盜。
古之官人也，以天下為己累，故己憂之；今之官人也，以己為天下累，故人憂之。

　　這些見解反映了他對當時社會黑暗的深刻認識，基於這種認識，他產生了民本思想和反暴君思想。他在《讀司馬法》中指出：「古之取天下也以民心，……唐虞尚仁，天下之民從而帝之，不曰取天下以民心者乎？」而後之「取天下以民命」，如「漢魏尚權，驅赤子於利刃之下，爭寸土於百戰之內，由士為諸侯，由諸侯為天子，非兵不能威，非戰不能服」。也就是說後世的君王取得天下，不是靠贏得民心，而是靠殘害民眾得來的。因此，他在《原謗》中進一步指出：「後之王天下者，有不為堯舜之行者，則民扼其吭，摔其首，辱而逐之，折而族之，不為甚矣。」也就是說，後世的君主，既然不是靠行仁義得來的，又不行仁義之

事，民眾把他趕下臺，也是理所當然的。皮日休在《心箴》一文中還認為，「君為穢壤，臣為賊塵」。也就是暴君是天下一切壞事的總根子。這些認識，正是他能以朝廷命官身分加入黃巢起義軍的思想基礎。

皮日休反對後世君主爭天下的思想，是從儒家觀點出發的，他在《讀司馬法》中還說：「孟子曰：我善為陣，我善為戰，大罪也。」因此，他也不否認封建社會的制度，而是站在儒家的立場上提出了一系列的改革主張，首先他在思想領域呼籲重振儒家的道統權威，推崇韓愈和韓愈的道統說。他在《請文公配饗太學書》中稱韓愈「身行聖人之道，口吐聖人之言。行如顏、閔，文若游、夏」。尤其是韓愈的文章，裨造化，補時政，「蹴楊、墨於不毛之地，踩釋老於無人之境，故得孔道巍然而自正」。因此建議將韓愈列入太學供奉的聖賢之列，說：「夫孟子、荀卿，翼傳孔道，以至於文中子。」「文中之道，曠百祀而得室授者，惟昌黎文公。」因此，「請命有司定其配享之位」。此外，皮日休還推崇王通，在所作《文中子碑》中，將王通比於孔孟，自稱為王通的學生，以道統傳人自居。

皮日休在《請〈孟子〉為學科書》中，又稱孟子之文「繼乎六藝，光乎百氏」，「孟子之功利於人」，所以建議朝廷在科舉考試中增加《孟子》科目，而「去莊、列之書，以孟子為主」。他推舉孟子的原因也是從孟子「翼傳孔道」出發的。

從皮日休的上述觀點可以看出他在唐朝日益衰敗的情況下，認識到強化思想統治的必要，他發揚了韓愈的道統說，受到宋儒及其以後儒家學者的贊同。宋代《孟子》被列入科舉考試科目，說明皮日休的思想符合封建統治者強化思想統治的需要。

皮日休不僅強調思想統治的需要，而且還提出了一些解決當時危機的主張。他在《請行周典》中依據《周禮》說：「宅不毛者有里布，田不耕者出屋粟，凡民無職事者出夫家之征。」如果現今「勢家亦出里布，則途無裸丐之民矣」；「勢家亦出屋粟，則途無餒斃之民矣」；「凡民無職事者，出夫家之征，則世無遊惰之民矣」！他認為「此三者，民之最急者也。有國有家者，可不務乎」？

皮日休所注意的土地兼並、輕視農桑、賦稅不合理、遊民問題，是當時社會經濟普遍而主要的問題。他提出的改革措施和把賦稅作為調解經濟的一種手段的認識是很有見地的。

關於把賦稅作為調解經濟手段的認識和做法古已有之，如商鞅在頒布墾荒田的命令時，提出了二十種重農辦法，其中之一是：「祿厚而稅多，食口眾者，敗農者也」，所以主張對「祿厚而稅多」的官僚地主，徵收其食客的人口稅，並加重徭役。[30] 又《管子・國蓄篇》中說：「夫以室廡籍，謂之毀成；以六畜籍，謂之止生；以田畝籍，謂之禁耕；以正（征）人籍，謂之離情；以正（征）戶籍，謂之養贏，五者不可畢用，故王者偏行而不盡也。」也就是說，如果按房屋收稅，就是毀壞建築；如果按家畜收稅，就是禁止牲畜的飼養繁殖；如果按田畝收稅，就是禁止耕種田地；如果按人口收稅，又不符合情理；如果按戶籍征稅就是對富家大戶有利。因此五種稅不能同時徵收，「王者」要有所選擇而側重。皮日休關於稅收的理論是對這些理論和做法在新的歷史條件下的一個繼承和發展。

皮日休非常推崇孔子，他在《襄州孔子廟記》中稱：「堯之德，有時而息，禹之功，有時而窮，夫子之道，久而彌芳，遠而彌光，用之則昌，捨之則亡。」但他在具體事情和觀點上有著自己的看法，如他在《陵母頌》中稱：「孔子稱惟小人與女子為難養也。夫女子之忠貞義烈，或聞於一時，小人之奸詐暴亂不忘於一息，使千百女子如小人奸詐暴亂者，有矣；使千百小人如女子忠貞義烈者，未之有也。」此外，皮日休在他的著述中，還有很多無神論的思想觀點，如他認為世上萬物是由氣自然形成的，其《霍山賦》稱「太始之氣，有清有濁。結濁為山，峻清為岳」。他還對世俗迷信觀點作了一些批判，這主要表現在《相解》一文中。

《相解》是專駁相面術的。所謂「相面」就是從觀察人的容貌特徵和氣色判定人的吉凶禍福。

---

30 《商君書・墾令篇》。

《相解》首先揭示了迷信相面自相矛盾的心態。他說，現在給人看相者，稱某人有龍相，某人有鳳相，某人有牛馬相，而其日後成為公侯，或卿相，是因為「其相類禽獸，則富貴也」。這真是怪哉！天地之間，萬物之中，人最尊貴，難道「人有真人形而賤貧，類禽獸而富貴哉」！

接著皮日休還以性三品的理論作了進一步闡述，即「上善出於性，大惡亦出於性，中庸之人，善惡在其化者也」。也就是說，上善和大惡之人都是出於本性，而中品之人，或善或惡取決於環境對他的影響和改造，面臨著從善從惡方向的選擇，命運根本不能預先安排好。皮日休還舉以史實進行了論證。

接著文章又引申論述「相面」與「相見」的不同。所謂「相見」，皮日休認為是「見人知其賢愚，見國知其治亂」。也就是人們常說的有識人料事之見。皮日休還認為「相見」是有根據的，如堯看中舜而天下太平，舜看中禹而水災消除。因為從人的常識體會，從某些人的外貌大約可以推知其善、惡、忠、奸的；從以往行事也可以推知其才幹的，而這些不是靠運氣、靠命運能夠做到的。因此，「聖人之相人也，不差忽微，不失累黍，言其善必善，言其惡必惡，言其勝任必勝任」。靠的完全是非常準確的觀察力。然而世人對聖人之相人的精神實質並沒有領會，而孜孜以求於古代的相工之術，寄希望於相面，不在德行上增加修養。聽到相面者的誇贊就自負，忘乎自己，有些窮困的讀書人為了看相也不惜錢財，都是「不能自相其心者」。皮日休還清楚地知道自己的觀點得不到世人的理解，在文章最後他感嘆地說：「嗚呼！舉世從之，吾獨戾也，其不勝明矣！」這正是一個先行者的孤獨感。

此外，皮日休在《祀瘧癘文》中，還批判了鬼怪可以為災禍之說，認為人之患病，是由於「飲食不節，哀樂失所」，瘧癘「病者，又非天也」。

又當時有農民逢氏被雷擊死，人們說是他不愛惜和虐待牛，而被上天處以「雷刑」。皮日休在《惑雷刑》中駁斥說：如果「今逢氏苦其力，天則震死，如燕趙無賴少年，椎之以私享，烹之以市貨，法不可戢，刑不可威，則天之保牛，皆不降於雷刑哉」。

晚唐除皮日休外，《無能子》一書所反映的思想也頗引人注目。

《無能子》，據該書序，作者為唐懿宗、僖宗時人，「博學寡欲」，唐末戰亂時期，他避亂流寓，與百姓雜居，白天無事時，躺在「民舍」床上沉思冥想，偶有所得就記錄下來，在光啟三年（887年）春天，共記「數十紙」，於是整理成篇。

《無能子》全書共四十二篇，現存三十四篇，分上、中、下三卷。《無能子》的哲學思想主要表現在該書的《聖過》篇中。其在自然觀上繼承了前代思想家關於「氣」的一元論觀點，並有所創新。關於天地與萬物的形成，該書認為：「天地未分，混沌一炁。一炁充溢，分為二儀。有清濁焉，有輕重焉。輕清者上，為陽為天；重濁者下，為陰為地矣。天則剛健而動，地則柔順而靜，炁之自然也。」所謂「炁」，同「氣」，也就是說宇宙初始是一個混沌一體的大氣團，在自然的變化過程中，演變為天地，這就排除了天有意志說和神秘的造物主說。

《聖過》談到，動物和人都是天地間的生靈，認為「天地既位，陰陽炁交，於是裸蟲、鱗蟲、毛蟲、羽蟲、甲蟲生焉。人者，裸蟲也，與夫鱗、毛、羽、甲蟲俱焉，同生天地，交炁而已，無所異也」。也就是說，人只是動物的一種，與其他動物是沒有差別的。

在《聖過》中，作者還認為：人和動物都求生怕死，營造住處，養育後代，其「智慮、語言，人與蟲一也，所以異者，形質爾」。又進一步講到：「太古時，裸蟲與鱗、毛、羽、甲雜處，雌雄牝牡，自然相合，無男女夫婦之別、父子兄弟之序；夏巢冬穴，無宮室之制；茹毛飲血，無百谷之食；生自馳，死自僕，無奪害之心，無瘞藏之事。任其自然，遂其天真，無所司牧。濛濛淳淳，其理也，居且久矣。」也就是說，遠古時期的人類是和動物沒有區別的，憑著本能，順乎自然的生活，經歷了很長的時間。後來，人類向文明社會轉變，「聖人」「強立宮室飲食以誘其欲，強分貴賤尊卑以一其爭，強為仁義禮樂以傾其真，強行刑法征伐以殘其生，俾逐其末而忘其本，紛其情而伐其命，迷迷相死，古今不復，謂之聖人者之過也」。也就是說，人類向文明社會轉變的過程，是給民眾造成損害的過程。所謂等級制度，仁義禮樂，刑法征伐，都是在這個轉變過程中，強加給人

的，並不是生來就有的，也不是神聖不可侵犯的。文章的結論，也就是人類社會的爭利、爭貴、爭強，社會所出現的「弓矢之伐」、「覆家亡國」、「生民困窮」等問題，追根溯源都是聖人的過錯，文章篇名「聖過」，也即此意。

《無能子》中的《范蠡說》也指出過天地的自然性：「夫天地無心，且不自宰，況宰物乎？」《嚴陵說》還借東漢隱士嚴陵之口，大膽地說：「自古帝王與公侯卿大夫之號，皆聖人強名，以等差貴賤而誘愚人爾，且子今之帝王之身，昔之布衣之身也。」「夫強名者，眾人皆能為之。我苟悅此，當自強名曰公侯卿大夫可矣。」這即戳破了帝王將相神聖尊貴的外衣。

安史之亂以來，皇室衰微，強藩林立，及至唐末農民起義又風起雲湧，帝王將相在人們的心目中，已失去了神聖和尊貴，《無能子》貶斥帝王將相的言論，也就是在這樣的歷史條件下產生的。

《無能子》一書還提出了「無欲而無私」的為人處世觀。主要表現在《答華陽子問》一篇中。「華陽子」是「無能子」的好友，因不便於駁朋友的面子，勉強出來做官，但他學無心已經很長時間了，做官覺得違心，於是向無能子請教該如何是好呢？無能子答覆說：「無心」不是可以學的，「無心」也不在於是否做官，心中越疑惑雜念越多，這就像是見到盲人已在陷阱邊卻仍讓他向前走。接著無能子又闡明了自己的立身處世原則：

夫無為者無所不為也，有為者有所不為也。故至實合乎知常，至公近乎無為，以其本無欲而無私也。欲於中，漁樵耕牧有心也；不欲於中，帝車侯服無心也。故聖人宜處則處，宜行則行。理安於獨善，則許由、善卷不恥為匹夫；勢便於兼濟，則堯、舜不辭為天子。其為無心，一也。

也就是「無為」的實質就是「無不為」，而「有為」則一定「有所不為」。因而最切實的行事是合乎常理，最大的公心是「近乎無為」，因為他本來「無欲」方能「無私」。自身藏有私欲，即使做漁民、樵夫、農夫、牧民也會有心理負擔；自身不藏有私欲，即使當帝王公侯也沒有心理負擔，所以「聖人」能入世就入世，該歸隱就歸隱，客觀條件宜於獨善其身，就像上古高士許由、善卷那樣「不

恥為匹夫」；客觀形勢允許便於兼濟天下，就像堯、舜那樣不辭天子之位。這樣做，在「無心」這一點上是一致的。

唐末吏治腐敗，藩鎮割據，征戰不休，人民困苦，無能子認為一切禍亂都是出自人們的私欲；認為無欲才能無私，無欲方能做到進退不爭。早在先秦時期，老子、莊子已提出了「無為」觀，但無能子的「無為」思想，已不同於老、莊，而是有著積極向上的意蘊，其目的在於「無不為」。也就是在當時的歷史條件下，首先做到「無為」，即無欲、無私，然後再去有所作為，這是身處亂世、衰世，一種積極的入世思想。即是將「道家之『無為』觀點與儒家之『入世』觀點，以『不欲於中』為基礎而有機地結合起來」[31]。

五、羅隱的反君主專制思想

晚唐朝政腐敗，這使一些有識之士對封建王朝的弊病有了較深刻的認識，從而對現實社會進行較深刻地剖析和批判，這其中的代表人物是羅隱。

羅隱（833-909 年），本名橫，字昭諫，自號江東生，新城（今浙江富陽）人，《舊五代史》本傳稱其「詩名於天下，尤長於詠史，然多所譏諷，以故不中第」。遂改名隱，後因戰亂返歸鄉里，在杭州鎮海節度使錢鏐屬下為幕僚。錢鏐為吳越王後，又任著作郎、轉運使、給事中等職。著作甚豐，現存有《羅昭諫集》八卷，《甲乙集》十卷，《讒書》五卷。羅隱的反君主專制思想主要表現在《讒書》中。

《讒書》之「讒」，是壞話的意思，對此羅隱在《讒書》自序中說：

丁亥年（咸通八年，867 年），春正月，取其所為書讎之曰：他人用是以為榮，而予用是以為辱；他人用是以富貴，而予用是以困窮。苟如是，予之書乃自

---

31 謝保成、趙俊：《中國隋唐五代思想史》，228 頁，北京，人民出版社，1994。

讒耳，目為《讒書》。

他在《讒書》重序中，還進一步闡明了編撰此書的目的：

蓋君子有其位，則執大柄以定是非；無其位，則著和節而疏善惡，斯所以警當世而誡將來也，自楊、孟以下，何必以名為？

羅隱這樣一再毫無隱諱地抒寫自己的觀點，反映了他耿直不屈的性格，這種性格是他在《讒書》中反君主專制思想的基礎。

據傳統的說法，唐堯的兒子丹朱不肖（品行不好），故傳位給虞舜，虞舜的兒子商均也不肖，故舜又傳給禹。羅隱在《讒書・丹、商非不肖》篇中認為「陶虞之理，大無不周，幽無不照，遠如不被，苟不能肖其子，而天下可以肖乎？自家而國者，又如是乎？蓋陶虞欲推大器於公共，故先以不肖之名廢之，然後俾家不自我而家，而子不自我而子，不在丹、商之肖與不肖矣」。羅隱的論證並不精密，他也不是在推考歷史，更不是為丹朱、商均鳴冤，而是借以說明，天下是天下人之天下，而不是帝王一家之天下，君位的世襲也不是從來就有的，與古代聖君「推大器於公共」的做法是大相徑庭的。

羅隱在《英雄之言》中認為：強盜「視玉帛而取者，則曰：『牽於寒飢』」；「英雄」「視國家而取者，則曰：『救彼塗炭』」。強盜聲稱救飢寒，用不著評論，值得評論的倒是那些英雄之言。那些英雄既然說要救百姓於「塗炭」，那麼就「宜以百姓為心」。但實際上這些英雄所考慮的是一己之私利。劉邦見到秦始皇富麗壯觀的宮殿，則說：「居且如是」；項羽見到秦始皇出遊的盛況，則說我「可取而代」。這說明他們的救百姓於「塗炭」，不過是滿足自己私利的幌子而已。君王奪取天下，與強盜劫掠財物的本質是一樣的。

羅隱在《漢武山呼》中還認為「左右之諛佞者」、「窮遊極觀者」、「發於感悟者」，其「三者有一於是，則為國之大蠹」。他舉例說：漢武帝繼位時，國家富庶，他「聽左右之說，窮遊觀之靡，乃東封焉」，目的是「祈其身」。上之所好，下必逢迎，「由是萬歲之聲發於感悟」（據說，漢武帝登中岳太室之山時，隨從官員聲言在山下聽到山在呼喊「萬歲」）。之後，漢武帝更加意滿志得，好

大喜功，「然後逾遼越海，勞師弊俗，以至於百姓困窮者，東山萬歲之聲也」。因此，羅隱指出：「是以東封之呼不得以為祥，而為英主之不幸。」

晚唐時期君主專制的弊病日益顯露，羅隱抨擊專制弊病雖為正統的士大夫們所不滿，但卻很受下層人們的歡迎，以致「率成譌作，頃刻相傳」、「齊東野人，猥巷小子，語及譏誚，必以隱為稱首」[32]。可見羅隱的思想是有一定社會基礎的。

羅隱還著《兩同書》十篇，分別論述十對矛盾範疇，即《貴賤》、《強弱》、《損益》、《敬慢》、《厚薄》、《理亂》、《得失》、《真偽》、《同異》、《愛憎》。

在《貴賤》篇，羅隱認為，人與人之間的貴賤差別是自然的，但地位上的貴與賤，不等於人與人之間的貴與賤，比如「殷紂居九五之位，孔丘則魯國之逐臣也；齊景有千駟之饒，伯夷則首陽之餓士也。此非不尊卑道阻，飛伏理殊。然而百代人君，競慕丘、夷之義；三尺童子，羞聞紂、景之名」。羅隱還認為，真正評價貴與賤的標準，是視其修德與否，若修德，「不求其貴而貴自求之」；若不修德，「欲離賤而賤不離之」。貴與賤是可以轉移的，其條件就是有德與無德，如舜「處於側陋，非不微矣」，但由於有德，終於得到了堯的禪位。地位由賤而貴，相反，桀為君王，「親御神器，非不盛矣」，但由於失德，終至放逐，地位由貴而賤。羅隱在這裡形象地闡明了「貴者愈賤，賤者愈貴，求之者不得，得之者不求」的辯證關係。

《強弱》篇是講強與弱的辯證關係的。羅隱認為，是依據對方相比較而言的，強弱存在著「上下相制」的關係，是「自然之理也」。

羅隱認為強弱的根本關係不是力而是德，他說金屬是物質中最剛的，但折斷後就接不上；水，是物質中最柔的，但卻無法折斷，「則水柔能成其剛，金剛不輟其弱也」。接著又以人為例，認為晏嬰是侏儒，甘羅是童子，但智謀「可以制一國」；而狄人僑、南宮萬勇壯，但卻不足以全身，因此，君王應重德輕力，「唯慈、唯仁」，否則，不免「社稷為墟，宗廟無主，永為後代所笑」。

---

32 《唐才子傳》卷九。

《損益》之「損」，為減少蒙受害處，「益」為增加得到好處。

羅隱認為「損益」對君王尤為重要，「益，莫大於主儉；損，莫大於君奢」。聖君節儉，即「薄賦斂，省徭役」，那麼就「天下歡娛，各悅其生矣」。而暴君「厚賦斂，煩徭役」，那就使「天下困窮，不畏其死矣」，這樣百姓就會作亂，對此，君主是應慎重考慮的。此外，君主和百姓又是相互依存的，如果社會出現禍亂，百姓「不能免塗炭之禍」，而君主也「不能逃放戮之辱」。反之，百姓富庶安寧了，君主也會得到保全。

損與益還可以向對方轉化，如堯、舜損己以益物，成為「上聖」，「克保期頤之壽也」；而桀、紂益己以損物，淪為「下愚」，「自取誅逐之敗也」。總之，「彼之自損者，豈非自益之道歟！此之自益者，豈非自損之道歟！損益之道，固亦明矣。」

《同異》篇探討一般與特殊、現象與本質等問題。

首先，羅隱認為同與異，不僅是「同聲相應，同氣相求」，而且還存在著同中之異和異中之同，如「父子兄弟，非不親矣，其心未必同；君臣朋友，非不疏矣，其心未必異」。又如煙和灰同出而分途，這是同中有異；膠漆分別形成，放在一起則無法區分，這是異中有同。

其次，大千世界是豐富而複雜的，同異的表現也是多種多樣的，所以對客觀的同異現象，要「徐視而審聽，高居而遠望也」。並根據不同情勢決定自己或同或異的對策。

最後，羅隱把自己的觀點歸結到治理國家上，主要表現在兩點上：其一，「同而同之」，即變異為同，把不屬於自己的人才引為己用；其二，「異而異之」，即能夠認識到親近人中有異心者，並能斷然除掉。也就是要正確識別忠奸，不被假象所迷惑，對君王來說，「同異之際，不可失其微妙也」。

以上是羅隱《兩同書》中一些主要辯證觀點。辯證的觀點，早在先秦時期，老子已經作過闡述。唐代佛教發達，佛教中有著豐富的辯證法思想，對當時社會

產生著較大的影響。羅隱的辯證法思想是對這些辯證法思想的繼承和發展。唐末皇室衰微，政局動盪，羅隱用辯證的思想去解釋社會問題，又多是針對君主講的，這在當時有一定的進步意義。

第三節 ·
讖緯符命
和宗教思想

隋唐五代時期，是中國宗教神學和迷信思想的一個重要發展階段。具體表現在：傳統的讖緯符命有宗教化的傾向，本土生長起來的道教的理論化建設加強，外來的佛教哲學逐漸完成中國化的過程。

一、讖緯符命的宗教化

讖緯神學是在西漢末年形成的一股社會思潮。它作為漢代儒學的一個重要組成部分，在東漢時曾盛極一時，居於統治地位。漢代儒學以董仲舒為代表，吸取了陰陽五行的神秘思想，建立起了天人感應的神學目的論，形成了漢代儒學的新體系，這成為讖緯神學興起的思想基礎。

讖緯神學受儒家「神道設教」和「民德歸厚」思想的指導和影響，具有強烈的為現實世界政治服務的色彩。它不追求靈魂的超升，也沒有一個彼岸世界；它

的神學體系和信仰與封建政治與封建倫理道德密切聯繫，與整個封建意識及民俗混在一起。所以，在宗教還沒有廣泛開始流行的漢代，讖緯成為統治思想宣傳的神學世界觀。

可是隨著魏晉以降，玄學的興起和佛、道宗教的流傳，儒學卻陷入深刻的危機中，這率先表現在經學的失落和讖緯的日漸衰頹上。在動亂時世，讖緯符命往往成為野心家和群眾運動手中的利器，對封建統治的穩固極端不利。所以，屢遭焚禁；而作為中國封建統治主導思想的儒學也與之日漸分途。隋唐以來，讖緯符籙已大量散亡，讖緯神學的一些內容卻為佛教、道教所吸取，呈現宗教化的色彩。

隋唐五代時期，僧道中講圖讖和天人感應的頗不乏人。隋文帝代周建隋時，有不少和尚、道士和尼姑為他大造輿論。《隋書‧高祖紀》記載，楊堅生於馮翊般若寺，當時「紫氣充庭。有尼來自河東，謂皇妣曰：『此兒所從來甚異，不可於俗間處之。』尼將高祖舍於別館，躬自撫養」。一次楊堅墜地，尼自外入見曰：「已驚我兒，致今晚得天下。」並且編造說，高祖少時「忽見頭上角出，遍體鱗起」，「為人龍顏，額上有五柱入頂，目光外射，有文在手曰『王』」。道宣在《集古今佛道論衡》卷乙中也編造說：隋文帝乃「天佛所佑」。他還在《續高僧傳‧道密傳》中進一步編造：「兒大當貴，從東國來，佛法當滅，由兒興之。」一個剛呱呱墜地的嬰兒，如何就能預見到他日後代周建隋？這顯然是一派胡言。至於手掌紋理呈「王」字，顯是看花了眼，望紋生義，不值一駁。至於指望他興佛法，則是反映了北周武帝滅佛後，佛教徒的心理向背。至於道教徒更是積極為隋文帝改朝換代而鼓吹，《隋書‧藝術‧來和傳》說：「道士張賓、焦子順、雁門人董子華，此三人，當高祖龍潛時，並私謂高祖曰：『公當為天子，善自愛。』」後來，隋文帝果然代周建隋。

隋王朝建立以後，宗教圖讖仍在社會上秘密地和公開地流傳。蜀王楊秀案，就是受到益州道士韓朗、綿州道士韓儒林的唆掇，他們獻上道教圖讖，煽動造

反。[33]據《隋書・文四子・楊秀傳》載隋文帝詔數其罪曰：

> 汝地居臣子……容納不遑……我有不和，汝便覬候……汝假托妖言，乃云（皇太子）不終其位。妄稱鬼怪，又道不得入宮，自言骨相非人臣，德業堪承重器。妄道清城出聖，欲以己當之，詐稱益州龍見，託言吉兆。重述木易之姓，更治成都之宮，妄說禾乃之名，以當八千之運。橫生京師妖異，以證父兄之災，妄造蜀地征祥，以符己身之籙。……輒造白玉之珽，又為白羽之箭……鳩集左道，符書厭鎮。……

所謂「木易」乃「楊」，「禾乃」為「秀」，合為楊秀；青城為蜀中道教名山，四川乃道教勃興之地。所以，楊秀可謂「名應圖讖」。此外，隋文帝的老朋友郳國公王誼也搬弄左道圖讖[34]。這些足以動搖隋王朝統治的現象引起隋文帝的高度重視，開皇十三年（593 年），明令「私家不得隱緯候圖讖」[35]，煬帝即位以後，又「發使四出，搜天下書籍與讖緯相涉者，皆焚之，為吏所糾者至死」[36]。對宗教圖讖實行了嚴厲的禁毀政策。

　　隋王朝的高壓政策並沒能從根本上阻止讖緯符命在社會上的流傳，反而激起了隋末道教圖讖的大流行，成為李唐代隋的重要輿論工具。隋末社會上廣泛流傳的「李姓當為天子」和「老子子孫當治世」的讖語，顯然為道教徒所編造，它反映了關隴貴族軍事集團內部不滿情緒的滋長[37]。隋煬帝時李遠家族冤案，即因煬帝聽信方士安伽佗「李氏當為天子」的讖語，「帝疑其名應讖，常面告之，冀其引決」[38]。李遠家族中有名李敏者，小字洪兒，李敏父李渾。據說隋文帝曾夢見洪水淹沒都城，所以遷都大興城。在道教經書《老子音誦誡經》中有「老君當治，李弘應出，天下縱橫反逆者眾。稱名李弘，歲歲有之」[39]的記載，魏晉南北

33　《廣弘明集》卷十二釋明概《決對傅奕廢佛僧事》。
34　《隋書・王誼傳》。
35　《隋書・高祖紀下》。
36　《隋書・經籍志一》。
37　參見王永平：《道教與唐代政治》，首都師範大學 1995 屆博士學位論文，16 頁。
38　《資治通鑑》卷一八二。參見《隋書・李穆傳》。
39　《道藏》第 18 冊。

朝及隋代，託名「李弘」起義的事件不斷見諸史載[40]。洪、渾與弘同音，所以煬帝懼怕李遠家族名應圖讖而將其滿門滅絕。

隋煬帝製造李敏冤案後，恨不能「盡誅海內凡李姓者」[41]。這種濫殺無辜的做法，只會加速統治集團內部的離心力。大業九年（613 年），楊玄感起兵，貴族子弟紛紛參加，李密成為楊玄感的主要謀主。後來，李密受瓦崗軍擁戴成為主要領導者，也主要得益於「李氏當王」的道教讖語。隋末社會上流傳著一首眾人皆知的《桃李謠》，當時許多人認為李密當應之。據《資治通鑑》卷一八三載：李密謀為瓦崗軍首領，「會有李玄英者，自東都逃來，經歷諸賊，求訪李密，云：『斯人當代隋家。』人問其故，玄英言：『比來民間歌有《桃李章》曰：桃李子，皇後繞揚州，宛轉花園裡。勿浪語，誰道許！桃李子謂逃亡者李氏之子也；皇與後，皆君子；宛轉花園裡，謂天子在揚州無還日，將轉於溝壑也；莫浪語，誰道許者，密也。』既與密遇，遂委身事之。」隋煬帝對此類道教讖言頗為懼怕，《大唐創業起居注》卷二載：「隋主以李氏當王，又有《桃李子歌》，謂密應於符讖，故不敢西顧，尤加憚之。」李密也利用道教圖讖做宣傳，以便收攬人心。有一個泰山道士徐洪客還「密獻書於密」，勸他「直向江都，執取獨夫，號令天下」[42]，為李密作政治軍事上的戰略策劃。可以說，李密集團的壯大和瓦崗軍之成為當時最強大的一支反隋武裝，是與道教圖讖的應用分不開的。

占據武威，自稱大涼皇帝的李軌集團也利用了道教圖讖，《舊唐書·李軌傳》載：大業末，軌與同郡曹珍等「謀共起兵，皆相讓，莫肯為主。曹珍曰：『常聞圖讖云李氏當王。今軌在謀中，豈非天命也。』遂拜賀之，推以為主」。

盤踞洛陽的王世充集團，則接受了道士們另外製作的圖讖。據《隋書·王世充傳》載：

---

40 參見湯用彤：《康復札記·「妖賊」李弘》，《湯用彤學術論文集》，北京，中華書局，1983；唐長孺：《史籍與道經中所見的李弘》，《魏晉南北朝史論拾遺》，北京，中華書局，1983；方詩銘：《關於李弘、盧悚兩位農民起義領袖的事蹟》，載《文匯報》，1962-02-03；《與張角齊名的李弘是誰？》，載《社會科學輯刊》，1979 年第 5 期；王明：《農民起義所稱的李弘和彌勒》，《道家和道教思想研究》，北京，中國社會科學出版社，1984。
41 《隋書·李弘傳》。
42 《資治通鑑》卷一八四。

有道士桓法嗣者，自言解圖讖。充暱之。法嗣乃以《孔子閉房記》，畫作丈夫持一干以驅羊。法嗣云：「楊，隋姓也。干一者，王字也。居羊後，明相國代隋為帝也。」又取《莊子》、《人間世》、《德充符》二篇上之。法嗣釋曰：「上篇言世，下篇言充，此即相國名矣。明當德被人間，而應符命為天子也。」充大悅曰：「此天命也。」再拜受之。即以法嗣為諫議大夫。充又羅取雜鳥，書帛繫其頸，自言符命而散放之。或有彈射得鳥而來謝者，亦拜官爵。

桓法嗣說王世充的這一套理論，是天人感應的神學目的論。他的方法是用圖讖的形式，「詭為隱語」，先做暗示，再加解釋，說明「天」意。由此可見，讖緯之學在隋代已直接為道教所吸取，以後歷代道士對於圖讖都有所繼承和發展。

在隋朝這場應運讖緯符命的活動中，最成功者莫過於李淵、李世民父子。大業十二年（616年），李淵出任太原道安撫大使時，曾對李世民說：「隋曆將盡，吾家繼膺符命。」[43] 所以，他有意識地禮賢下士，接納豪傑。道教徒們也體會到李淵喜好符命的真實動機，有一批政治嗅覺較為靈敏的道士開始賣勁地為他鼓吹。隋末樓觀派道士歧暉故弄玄虛，預言：「當有老君子孫治世，此後吾教大興。」[44] 暗指李淵。出身道教世家的李淳風，則直指假託老君傳言：「唐公當受天命」[45]。道教茅山派領袖王遠知更不遠千里來向他「密傳符命」[46]。李淵晉陽起兵時，也利用了《桃李子歌》，「以符冥讖」。史稱「汾晉老幼，謳歌在耳。忽睹靈驗，不勝歡躍」[47]。李淵父子在做了這些輿論準備工作以後，成功地舉行了晉陽起兵，並最終代隋建唐。

在為李淵製造讖緯符命的這場活動中，佛教徒也積極參與。《大唐創業起居注》記載，「有僧俗姓李氏，獲白雀而獻之」；被稱為「神人」的太原慧化尼有詩讖曰：「東海十八子，八井喚三軍。手持雙白雀，頭上戴紫雲。」「十八子」

43 溫大雅：《大唐創業起居注》卷一。
44 《道藏》第17冊《混元聖紀》卷八、卷一。
45 同上。
46 《舊唐書·隱逸·王遠知傳》。
47 溫大雅：《大唐創業起居注》卷一。

為李，諭指李淵。又曰：「丁丑語甲子，深藏入堂裡。何意坐堂裡？中央有天子。」丁丑年為李淵晉陽起兵之年（617 年），「堂」意「唐」，李淵攻克長安後，立煬帝孫代王侑為恭帝，自封為唐王。又曰：「西北天火照龍山，童子赤光連北斗，童子木上懸白幡，胡兵紛紛滿前後。拍手唱堂堂，驅羊向南走。」「童子木上」為李，「羊」喻楊，指李淵晉陽起兵向突厥借兵。又曰：「興伍伍，仁義行，武得九九得聲名。童子木底百丈水，東家井裡五色星。我語不可信，問取衛先生。」這些謠讖都是為李淵建唐製造輿論準備的，李淵正是在做了這些準備後，才下決心踢開隋恭帝自立為帝，建立唐朝的。

佛教徒製造讖言符命，迎合統治者的需求，最為顯著的是武周奪權時。《舊唐書·則天本紀》載：「載初元年（689 年）……有沙門十人偽撰《大雲經》，表上之，盛言神皇受命之事。」武則天收到這部經書之後，如獲至寶，立即「制頒於天下，令諸州各置大雲寺。……九月九日，壬午，革唐命，改國號為周，改元為天授」。僧人雲宣等還作《大雲經疏》，注疏的宗旨無非兩條，一曰李唐天祚已盡，當由武氏代之。如「讖云：隴頭一叢李，枝葉欲凋疏，風吹幾欲倒，賴逢鸚鵡扶」。二曰武則天為天女化身，應該做中國女皇。如疏云：「爾時釋迦牟尼為大眾說法，云……淨光天女……今得天身，值我出世，復聞深意，舍是天形，即以女身，當王國土，得轉輪王。」「以女身當王國土者，所謂聖母神皇是也。」[48]可見，佛教徒在為武則天登基大造輿論活動中，真是不遺餘力。

縱觀隋唐兩朝，讖緯符命為佛、道二教利用來為各種政治勢力服務的情況很多。如唐初劉蘭事件，據《新唐書·劉蘭傳》曰：「劉蘭，字文郁，青州北海人。仕隋鄱陽郡書佐。涉圖史，能言成敗事。」隋末起兵，歸唐，貞觀時謀叛被殺。「初，長社許絢解讖記，謂蘭曰：『天下有長年者，咸言劉將軍當為天下主。』蘭子昭又曰：『讖言海北出天子，吾家北海地。』會鄠縣尉游文芝以罪系獄當死，因發其謀，蘭及黨與皆伏誅。」又如唐初功臣張亮案，也因「亮名應圖讖」。讖言「有張之君當別都」，而被殺[49]。所以，唐王朝對事涉左道圖讖的事件

48 敦煌寫本《大雲經疏》殘卷。
49 《舊唐書·張亮傳》。

鎮壓也很堅決。

唐律規定：「諸造祅（妖）書及祅（妖）言者，絞」。這裡的造祅書及祅言是指「自造休咎及鬼神之言，妄說吉凶，涉於不順者」。因為這些言行對國家的統治和長治久安構成了威脅，所謂「構成怪力之書，詐為鬼神之語」，「妄說他人及己身有休征」，「妄言國家有咎惡。觀天畫地，詭說災祥，妄陳吉凶」，「傳用惑眾者」，[50] 都在嚴厲禁止之列。如貞觀二十年（646 年），吉州犯人劉紹略妻王氏從道士手裡得到一份《五岳真仙圖》及《三皇經》，「受持州官，將為圖讖」，上云：「凡諸侯有此文者，必為國王；大夫有此文者，為人父母；庶人有此文者，錢財自聚；婦人有此文者，必為皇後。」唐政府獲悉後，大為震驚，立即下令「諸道觀及百姓人間有此文者，並勒送省除毀」[51]。此外，唐政府還多次下令禁斷圖緯。大曆二年（767 年），唐代宗下詔說：

> 讖緯不經，蠹深於疑眾。蓋有國之禁，非私家所宜藏。……去左道之亂政……自四方多故，一紀於茲，或有妄庸，輒陳休咎，假造符命，私習星曆。共肆窮鄉之辯，相傳委巷之譚，作偽多端，順非僥澤。熒惑州縣，註誤閭閻，壞紀挾邪，莫逾於此。其玄象器局，天文圖書，《七曜曆》、《太一雷公式》等，私家不合輒有。今後天下諸州府，切宜禁斷。[52]

即使如此，讖緯圖略隨著民間宗教的傳布仍在悄悄流傳，由此影響下的暴動事件此起彼伏，終唐不絕。

不過，從總體而言，「讖緯與道教的關係比讖緯與佛教更為密切」[53]，讖語大量流入道教，製造讖語成為道教的一項重要宗教活動。

---

50 《唐律疏議》卷十八。
51 《法苑珠林》卷六十九。
52 《舊唐書·代宗紀》。
53 鍾肇鵬：《讖緯論略》，203 頁，瀋陽，遼寧教育出版社，1991。

二、道教思想的義理化

道教興起時，其來源頗為複雜。它是以中國古代社會的鬼神崇拜為基礎，吸收了原始巫術的某些成分，又混雜以先秦道家、陰陽五行理論、儒家讖緯學說中神秘主義成分和古代神仙信仰而形成的混雜體系，其中還包容有先秦墨家、兵家、醫家以及少數民族信仰的成分，帶有濃厚的萬物有靈論和泛神論性質。這種龐雜的性質，決定了它在興起時就派別林立，始終也沒有形成完整的體系和穩定的信仰，並且早期道教是以反對暴政的面目出現，處於封建統治的對立面。這種狀況，使它在魏晉南北朝、隋唐時期與佛教的對壘中屢屢敗北。道教中的有識之士早就洞察到了這一點，早在南北朝時期，就有寇謙之、陶弘景、陸修靜等人清理道教，從事理論化建設的嘗試。到唐代，唐高宗明確指出：「道士何不學佛經」[54]。在這種情況下，道教學者們一方面融入儒家的政治思想與倫理思想，另一方面吸取了佛教義理以融入道教，更依托道家，使道教的理論化建設加強，並進一步向義理化方向發展。具體表現在四個方面：

其一，用神仙信仰來闡發老莊思想，大興注老解莊之風，老子正式由先秦道家的創始人成為道教尊奉的教主。

道教與老莊道家的關係，人們往往混為一談。其實，就道教的起源來說，無論是先秦老莊道家，還是秦漢之際的新道家，與之都無多大關係。甚至在原始道教經典中的有些思想，還和老、莊思想是相對立的。老莊基本上是無神論，他們提出道作為最高範疇，超越於鬼神、天地、陰陽之上，道教則主張粗糙的有神論；另外，老莊思想作為自然哲學，把天、地、人、物的生死成毀都看作是自然的氣化過程，反對長生，道教則以長生不死作為基本信念。二者旨趣迥然不同。

漢末宮廷已神化並祭祀老子；張道陵創立五斗米道，也曾奉老子，每日誦五千言，但並未附會教義加以解釋。至於張角兄弟、於吉、孫恩、盧循等開展的民間符水道教以及後來形成的金丹道教，均與老莊思想沒有直接關係。

---

54 《集古今佛道論衡》卷丙。

南北朝時，道教流派眾多，主要有太平道、正一道、靈寶道、上清道和樓觀道五派。各道派自造道書，除正一道尊奉老子為「太上老君」外，其他四派中樓觀道奉老子弟子尹喜為祖師，似乎與老子還有點關係，餘三派則均看不出與老莊有何瓜葛。在陶弘景《真靈位業圖》所構築的龐大神仙群，一共排列了七個等級，連魏華存、許穆、許翔等都列入第二神階，徐來勒、葛玄等也進入第三神階，而被尊為太上老君的老子僅列為第四神階的主神。

道教興起之後，尊老、注老，以老、莊、文、列作為道經文本，對它們進行大量的宗教性詮釋，作為建構自身理論的材料，應該是隋唐時事。

由於李唐王室認老子為祖，竭力神化老子，於是老子被神化為最高天神，並被尊為道教教祖。老子的《道德經》被奉為最崇高、最奧妙的經典，視為最根本的信仰，並與莊、文、列諸子被國家欽定為道教四大經書。注老解莊之風大興。唐末五代道教學者杜光庭（850-933 年）曾就注老諸家作過一番整理和總結，著《道德真經廣聖義》五十卷指出，歷代注老者不下六十家，僅隋唐時期即有三十二家，占半數還多。其中較著名的有王玄覽、成玄英、唐玄宗及杜光庭諸家。

這股注老解莊之風的主旨，是以道教神仙信仰來闡發老莊思想。他們大論老子所提出的「道」並神化其「道」，通過對「道」的闡發來論說神仙長生的信仰。第一步是論證「道」是宇宙的本體，是永恆的存在。第二步是論證「道」與「物」的關係，認為「道」生天地萬物，但萬物有生滅，而道與天地能長久。第三步是論證「道」與「眾生」的關係，認為「眾生稟道生」，但「眾生非是道」，只能說「道中有眾生，眾生中有道」，眾生欲得道，必須是「能修而得道」。得「道」則可以長久。第四步則進而論「道應內求」，認為一切事物皆是人的意識所產生、決定的，一切事物皆存在於人的意識之內。第五步則歸根到底論證要修道、得道而成仙，則必須修持「是常是清淨」的「識體」，才能使「真體」不死。著名道士王玄覽注老解老的成果《玄珠錄》，就是按這五步來展開論述的。

另一著名道士吳筠，將老子之「道」與神仙信仰更緊密結合，以發展道教義理。類似王玄覽、吳筠用神仙信仰闡發老莊之道的道教思想，在唐代十分盛行，

對後世道教有著深遠的影響，也可以說是完成了道教的基本教義[55]。

通過注老解老及神化老子，到杜光庭的《道德真經廣聖義》中，老子已經成為無所不能，無所不包，神力無邊，甚至先天地生的道教尊神，並最終完成其作為道教教祖的神化，這也是唐代道教日益發展的重要標誌。

其二，道教著力於融攝佛教的思辨成果，援佛入道，用以建構自身的理論體系。

援佛入道，是隋唐道教義理發展的一種趨勢。這不僅表現在一些表層的宗教儀注、名詞術語的模仿、引用上，而且還在深層的思辨結構和理論內容上有所吸取。王玄覽所倡導的道教教義，就明顯是本於道教而雜糅有佛教理論，特別是佛教法相宗（慈恩宗）「萬法唯識」、「唯識無境」的思想。

隋唐時期道教理論化建設的重要成果，即道教「重玄」學的盛極一時。重玄理論，作為隋唐道教理論建構中的主幹思想，始於注解老子《道德經》，它以融攝佛教的思辨成果和發揮老莊哲學為特色，被稱為「老莊哲學在佛學影響下的新發展或道家、佛學融合的產物」。[56]其代表人物有隋朝道士劉進喜，唐朝道士成玄英、李榮、孟安排、王玄覽、司馬承禎等。

所謂「重玄」，語出《道德經》第一章「玄之又玄，眾妙之門」。它以祖述道經而融合佛、道為特色，明顯吸收了佛學「中觀論」的精華。據成玄英《老子義疏》第一章解釋：

> 玄者，深遠之義，亦是不滯之名。有無二心，微妙兩觀，源乎一道，同出異名。異名一道，謂之深遠，深遠之玄，理歸無滯。既不滯有，亦不滯無，二俱不滯，故謂之玄。

> 有欲之人，唯滯於有，無欲之士，又滯於無，故說一玄，以遣雙執。又恐行者滯於此玄，更祛後病；既而非但不滯於滯，亦乃不滯於不滯，此則遣之又遣，

---

55 參見李養正：《道教概說》，122-129 頁，北京，中華書局，1989。
56 任繼愈主編：《中國道教史》，250 頁，上海，上海人民出版社，1990。

故曰玄之又玄。

妙，要妙也。門，法門也。前以一中之玄，遣二偏之執；二偏之病既除，一中之藥還遣，唯藥與病，一時俱消。此乃妙極精微，窮理盡性，豈獨群聖之戶牖，抑亦眾妙之法門。

這種解釋，大體為後來的重玄諸家所沿襲。如李榮《道德經注》第一章云：

道德杳冥，理超於言象；真宗虛湛，事絕於有無。寄言象之外，論有無之表，以通幽路，故曰玄之。猶恐達方者膠注，失理者守株，即滯此玄，以為真道，故極言之，非有無之表，定名曰玄。借玄以遣有無，有無既遣，玄亦自喪。故曰又玄。又玄者，三翻不足言其極，四句未可致其源，寥廓無端，虛通不礙；總萬象之樞要，開百靈之戶牖，達斯趣者，眾妙之門。

這種雙遣二邊之論，顯然來自鳩摩羅什所傳龍樹之學以及他注老對「損之又損」的詮釋。到孟安排還把佛教言真如破除妄執之義引進對《老子》本體論「道」的詮解。他在《道教義樞・道德義》中說：

道者，理也，通也，導也。……言理者，謂理實虛無。……言通者，謂能通生萬法，變通無礙。……言導者，謂導執令忘，引凡入聖。

這裡所說的「導執令忘」，還是「重玄」雙遣之義的引申發揮。這種「以重玄為道，以三一為歸」的理論，頗與中國化的佛教，如吉藏的四重二諦義相近，而又別有進境[57]。

重玄家們還吸取了佛教天臺宗的止觀論，著重闡發了修持之道在於「主靜」、「坐忘」。在這方面，司馬承禎做出了突出貢獻，他的《坐忘論》和《天隱子》對後世道教徒影響很大。他以老莊思想為主體，吸取佛教的止觀、定慧學說，闡發養生修真理論，強調了所謂成仙，並非肉體的飛升，而在於「收心離境」，「守靜去欲」，便會「自入虛無」，「與道冥一」，達到這種精神境界，就是

---

57 參見蕭萐父：《隋唐時期道教的理論化建設》，載《海南大學學報》，1991 年第 1 期。

「神人」，也就是《莊子・大宗師》中所說的「墮肢體，黜聰明，離形去知，同於大通」的「坐忘」境界。

這種靜心坐忘的修真理論，成為後世道教在養生修真方面的圭臬。到五代時，這種靜定之功進而又與模擬自然的金丹（外丹）理論相結合，遂演變而為鐘呂金丹（內丹）道。

總之，重玄家們所闡發的重玄之道內容豐富，包羅萬象，有宇宙論、人生論、道德論、人性論、政治論等思想內容，但其核心點還在哲學。而核心的核心是人的生命問題。他們的思想體系融匯佛學和老莊哲學，而兼及儒學，在當時道教中獨標一幟，別具一格，最富有思辨性和理論性，對當時和後世產生了一定的影響。

其三，納儒入道，將孔孟之道融入為老君之道，使之更適合統治者的口味，更好地為封建統治服務。

道教是中國土生土長的宗教，在長期的發展和不斷完善中，把許多封建倫理教條變成道教的教義，以適合封建統治的需要。從表面上看起來，道教與封建政治的主導思想儒學是相互矛盾的，而在實質上並不矛盾，是統一的。重玄家成玄英所提倡的重玄之道就深受儒家思想的影響，如他在談到修道時即側重於靜，主張修行人以動中求靜為高，靜為本根，守住虛靜則能長存，若處俗世能超然物外方為高明，這種思想是對傳統的內聖外王之道的發揮。另外，他在談到體用關係時，說：「返樸還淳，歸於妙本」，「從本降跡，以救蒼生」，[58]表現出體用一源的思想，其中包含了儒家經世致用的觀念，顯示了儒道合一的精神。

唐玄宗時道士吳筠納儒入道的思想更為明顯，這大概與他本為「魯中儒士」的經歷大有關係。[59]他的「與道同一」的修道觀，就是從漢儒天人合一的宇宙觀出發的。他的社會政治思想也是從天人合一的宇宙觀出發的。他說：

---

58 《道德經開題序訣義疏》卷二。
59 《全唐文》卷五〇八權德輿《吳尊師傳》、《舊唐書・隱逸・吳筠傳》。

道德者，天地之祖；天地者，萬物之父；帝王者，三才之主。然則道德、天地、帝王一也，而有古今澆淳之異，堯桀治亂之殊者，何也？夫道德無興衰，人倫有否泰，今古無變易，情性有推移。故運將泰也，則至陽真精降而為主，賢良輔而奸邪伏矣；時將否也，則太陰純精升而為君，奸邪弼而賢良隱矣。天地之道，陰陽之數，故有治亂之殊也。[60]

從天道陰陽的變化去推究人世治亂的終極原因。之後，又怎樣去根治呢？他主張：

夫仁義禮智者，帝王政治之大綱也。而道家獨云：遺仁義，薄禮智者，何也？道之所尚，存乎本，故至仁合天地之德，至義合天地之宜，至禮合天地之容，至智合天地之辯。皆自然所稟，非企羨可及。[61]

這樣吳筠就將老子之道與孔孟之道由對立而歸於統一。接著他又說：

道德為禮之本，禮智為道之末。執本者易而固，執末者難而危。故人主以道為心，以德為體，以仁義為車服，以禮智為冠冕，則垂拱而天下化矣。……捨道德而專任禮智者，非南面之術。[62]

這又表明了他以道為本、納儒入道的宗旨。唐末五代的杜光庭，便正是承襲和發揚了吳筠的這一宗旨。他所撰《道德真經廣聖義》便是具體體現。如卷三第九說：

仲尼謂敬叔曰：吾聞老聃博古而達今，通禮樂之源，明道德之歸，則吾師也。

表明了所持儒道既相契合，而道又高於儒的態度。杜光庭稱道教為「本朝家教」，以老子為至尊，既是道教的需要，也是唐朝政治的需要。又卷五第二十曰：

---

60 《玄綱論·化時俗章》。
61 《玄綱論·明本末章》。
62 《玄綱論·明本末章》。

又道德玄序，開元二十一年頒下。……其下卷自第一盡第九章明仁德；次第十盡第十八章明禮德；第十九盡二十七章明義德；從第二十八盡三十章明智德；從第三十七盡四十五章明信德。仁以履虛一，禮以不恃不宰，義以柔弱和同，智以無識不肖，信以執契不爭，其大旨亦以玄虛恢廓沖寂希微為宗。

又卷一第七：

夫載仁伏義，抱道守謙，忠孝君親，友悌骨肉，乃美之行也。

他在解釋老子的「不尚賢」乃是不尚「矜徇誇衒之行」；老子的「絕聖棄智」，並不是絕仁義聖智，乃是在於「抑澆詐聰明」，欲使君君、臣臣、父父、子子，見素抱樸，「臻於忠孝」。總之，其目的在於以道為主，融合儒道。這一宗旨，也為後世道教所沿用。

其四，文飾齋醮儀式並使之規制化，初步完成了道教理論從形式到內容的系統化過程。

道教自創立始，就存在著組織混亂、科律廢弛的現象。南朝宋道士陸修靜，針對這種情況，曾進行過整理道教齋醮儀範的努力，但由於當時國家分裂，他所倡導的以齋儀為主的道教，僅局限於南朝行道，故又稱為南天師道。隋唐大一統局面的相繼出現，為道教科儀的重新整理提供了有利的社會條件。這個時期道教科儀的整理卓有成效，對此做出貢獻的有張萬福和杜光庭。

張萬福，約活動於盛唐時期。他在陸修靜齋法的基礎上，進行了進一步完善。他所編撰的科儀經文計有：《傳授三洞經戒法籙略說》、《三洞法服科戒文》、《洞玄靈寶道士受三洞經戒法籙擇日歷》、《洞玄靈寶三師名諱形狀居觀方所文》、《醮三洞真文五法正一盟威籙立威儀》等。《傳授三洞經戒法籙略說》分上下兩卷，簡述道教的經戒，根據信教對象的品位不同而授之的種種戒律。與這一著作相關的《洞玄靈寶道士受三洞經戒法籙擇日歷》，旨在說明道士受經戒以什麼日期為最佳。這兩部著作是他對經戒所作的清整。《醮三洞真文五法正一盟威籙立威儀》則是他在醮儀方面作的整理。而《三洞法服科戒文》，則是他對道教服飾制度所作的解說。張萬福編錄整理的齋醮科儀散佚較多，但僅從現存資料來

看，亦足以說明他是繼陸修靜之後、杜光庭之前對道教科儀做出貢獻的一位道士。他的工作為杜光庭在道門齋儀上的繼續發展創造了條件[63]。

杜光庭，生活在晚唐五代。他是道門科儀的集大成者。他曾師從天臺山的茅山派道士應夷節，既得了上清大法，也受過龍虎山天師的法籙。他嘗謂道法科教，自漢天師及陸修靜撰集以來，歲月綿邈，幾將廢墜，於是他考訂真偽，條例始末，將茅山道與天師道兩派的齋醮儀式，分門別類，整理成《道門科範大全集》八十七卷。一方面是將道教主要道派的齋醮儀式統一起來，並加以規制化；另一方面則是將其表奏、辭章、疏啟、頌贊、咒、願加以文飾，並且對各種儀式敷衍以藝術的內容。他最終完成了道教齋醮儀式的制定，他所制定的道門科範，至今仍為道教所沿用。

隋唐五代道教向義理方面發展做出貢獻的，還有梁丘子（白履忠）、胡愔（見素子）之闡發《黃庭經》，張志和（玄真子）之闡發《易》理，吳筠之闡發《西升經》，李筌、張果之闡發《陰符經》，彭曉之闡發《參同契》，閭丘方遠之闡發《太平經》等。

總之，唐代統治者抬高道教，尊奉《道德經》，道教徒便從宗教角度來闡發老莊思想，造作或文飾其以神仙信仰為核心的教義；援佛入道，納儒入道，完成了道教齋醮科儀的規範，使道教從低層次的粗俗的宗教形式發展為高層次、有教養的理論形態。這不能不說是中國道教發展史上的一個重要轉變。

三、佛教哲學的中國化

佛教傳入中國以後，與中國傳統的思想文化之間存在著差異和對立。為了在中國本土上生根、發芽、成長，佛教在漫長的歷史演變中，不斷吸取中國傳統思想文化的養分以滋補和改造自身，經過了一個日益中國化的過程，形成了具有中

---

63 參見卿希泰主編：《中國道教史》，第 2 卷，282-290 頁，成都，四川人民出版社，1992。

國特色的宗派體系，成為中國封建社會上層建築的一個組成部分和中國古代思想文化的重要內容。佛教哲學的中國化過程，在隋唐五代時期已基本全面完成。

隋唐時期是中國佛教的鼎盛階段，這一時期的佛教宗派紛紛創立，競標異彩。在眾多的佛教流派中，有一類以繼承印度佛教原型的宗派，如吉藏創立的三論宗、玄奘及其弟子窺基創立的唯識宗、善無畏和金剛智及其弟子不空創立的密宗，由於結合中國傳統思想甚少，因而思想也很少變化，沒有獲得重大的發展。三論宗繼承印度佛教思想發展的頂峰空宗（中觀派）的學說，宣揚非有非空的雙重否定的思維方式。唯識宗以繁瑣分析為特徵，一味恪守印度佛典的教條，頑固堅持有一類人不能成佛的主張。這兩宗都因不適合中國當時的現實需要，而曇花一現，無形中近於中斷。密宗的一套，尤其是樂空不二的秘法，與儒家倫理思想相抵觸，除在中國西藏地區流行外，在內地則遭到抵制，被限制其傳播。相反，在印度影響並不很大的一些經典，如《涅槃經》、《維摩經》、《法華經》、《華嚴經》、《楞嚴經》和《阿彌陀經》等，卻特別受到中國的歡迎，在社會上得到廣泛傳播。以其中某種經典為依據而創立的天臺宗、華嚴宗、淨土宗和禪宗，由於結合中國傳統思想，中國化色彩很濃，而得到巨大發展，禪宗尤為突出。淨土宗雖係繼承印度佛典思想而創立，但在印度沒有立宗，所以也是中國特有的宗派。這四個宗派，尤其是天臺、華嚴、禪宗三個宗派，是隋唐佛教的主流、中國化佛教的主體，在中國佛教史上占有最重要的地位。

中國佛教來自印度，又有別於印度，呈現出中國的氣象和特質。中印兩國的佛教，雖同是佛教，但在內涵和形象方面卻又迥然不同。天臺宗自闢蹊徑，獨造家風，其特點是標榜方便法門，借以調和中國固有的儒、道思想，從而創立中、印思想相結合的思想體系。《法華經·方便品》說：

舍利弗！云何名為諸佛世尊唯以一大事因緣故，出現於世！諸佛世尊欲令眾生開佛知見，使得清淨故，出現於世；欲示眾生佛之知見故，出現於世；欲令眾生悟佛知見故，出現於世；舍利弗！是為諸佛以一大事因緣故，出現於世。

「佛知見」，是指佛的智慧、見解。意思是佛「唯以一大事因緣」出現於世間，目的是為了教化（開、示、悟、入）眾生，使眾生都能具備「佛知見」，成

為佛。天臺宗由此推論佛教經典都是方便圓通，是教化眾生成就佛果的手段。他們以方便法門為借口，竭力調和印度佛教和中國儒、道思想。天臺宗的先驅者慧思從佛教立場出發，把神仙迷信納入佛教。他在《南岳思大禪師立誓願文》中表示，希望成就「五通神仙」，說：

> 我今入山修習苦行，懺悔破戒障道重罪。今身及先身是罪悉懺悔。為護法故，求長壽命。不願生天及餘趣，願諸賢聖佐助我得靈芝草及神丹，療治重病除飢渴。常得經行修諸禪，願得深山寂靜處，足神丹藥修此願。借外丹力修內丹，欲安眾生先自安。己身有縛能解他縛，無有是處。

發願入山修行，取得靈芝和神丹，成為神仙，再成為佛。把成仙視為成佛的必經步驟。天臺宗還把道教的丹田、煉氣等說法也納入自己的止觀學說中，如智顗說：「臍下一寸名憂陀那，此雲丹田，若能止心守此不敬，經久即多有所治。」[64]湛然說：「太陽之草名曰黃精，食可長生；太陰之精名曰鉤吻，入口則死。……金丹者，圓法也，初發心時成佛大仙，准龍樹法飛金為丹。」[65]可見，天臺宗是頗富道教意義的宗派。天臺宗還把止觀學說和儒家人性論調和起來，如湛然說：「夫三諦者，天然之性德也。……含生本具，非造作之所得也。」[66]一切眾生先天具有中、真（空）和俗（假）三諦的「性德」。由此進而把佛教止觀法門說成類似儒家的窮理盡性、恢復人的本性的理論學說和實踐工具。

　　華嚴宗是在女皇武則天的直接支持下，由法藏創立的。華嚴宗以《華嚴經》為宗經，實際上又和《華嚴經》思想不盡相同。《華嚴經》重在從人類素質相同方面強調人人平等，而華嚴宗則著重從「自然」方面發揮無盡緣起的理論，並通過事事無礙學說的宣傳，充分肯定現實社會基礎的價值，美化武周統治的天下是和諧一致，其樂融融的。《華嚴宗》有「三界唯心」的話，著重說要求得解脫應從「心」，即人的意識狀態著眼，並不是說由「心」顯現、變現一切，而華嚴宗則以心色對立來區分主伴，視「心」為萬物之主，明確宣揚唯心論。華嚴宗重視

64　《修習止觀坐禪法要》。
65　《止觀輔行傳弘訣》。
66　《始終心要》。

吸取中國學者的思想，如繼承有獨創精神的中國佛學家竺道生的「理不可分」的命題，重視「理」的地位，以「理」為「事」的本體。[67]與法藏同時的華嚴學者李通玄，青年時鑽研「易」理，後潛心「華嚴」，作《新華嚴經論》，用《周易》思想解釋《華嚴經》。澄觀也吸取李氏的議論，後宗密相繼用《周易》的「四德」（元、亨、利、貞）配佛身的「四德」（常、樂、我、淨），乃至以「五常」配「五戒」，調和儒家思想的趨勢越來越濃烈。

禪宗是繼承中國傳統思想和中國佛教思想而形成的獨樹一幟的宗派。它公開向所有印度佛教經典的權威挑戰，自奉慧能的說法記錄為經，稱《壇經》，這是中國僧人唯一稱經的著作。禪宗把過去偏重於系統宣揚佛教學說的稱為「教」，而自命為「宗」，以示區別。以「宗」對「教」，也是佛教史上前所未有的。禪宗的思維和方法是，不立文字，甚至否定推思擬議，特別重視神秘直觀，追求頓悟。禪宗雖然也受過印度佛教的「言語道斷，心行處滅」、「實相無相」、「不二法門」等思想的啟示，但是，從根本上說是繼承中國的「得意忘言」、「取魚忘筌」的思想路線的產物。

隋唐佛教以集大成姿態在教理上綜合、融攝各派學說，注重思辨的天臺與華嚴兩宗在這方面尤為突出。他們以「判教」方式，亦即判別或判定佛所說各類經典意義和地位的「教相判釋」，檢視流傳在中國的大小經論。

印度原先也有簡略的判教，如《法華經》分大、小二乘，《楞伽經》分頓、漸二教，《解深密經》分有、空、中三時，《涅槃經》分五味（五時）等。在中國，判教理論在各個宗派理論上都占有特別重要的地位，而且內容與印度判教有很大的不同，甚至是格格不入的。在一定意義上說，判教是印度佛教傳入中國後不可避免地要產生的現象，是中國佛教宗派的獨特問題，它集中體現了中國佛教學者對外來佛教的消化吸收，表現了中國佛教的融攝性特徵。

印度佛教理論傳入中國時，有不同時代、不同派別佛教理論家所發揮的各種

---

67 澄觀：《大方廣佛華嚴經疏》卷十三：「分數塵沙，理不可分。」《大正藏》第35卷，593頁。

不同學說，互相分歧、衝突，甚至前後抵牾、矛盾，但都假託釋迦牟尼之名，傳為佛祖所說，而且都是不容懷疑的、神聖的。中國佛教宗派為了消除內容衝突、調和思想矛盾的問題，自圓其說，並使本宗有一個似乎可以貫通的理論體系，就採用了判教的辦法，對所有佛學理論加以分科組織，即不以簡單的對峙乃至全盤否定的態度來處理各派思想信仰之間的關係，而是把各派思想作為佛在不同時期、地點，對不同聽眾的說法，從而有種種差異。在這種判教過程中，往往加入各宗所理解的中國傳統思想。如天臺宗的智顗提出「五時八教」的判釋。所謂「五時」是指佛的說法分先後五時；所謂「八教」，是從形式和內容兩方面分佛教為八種。在此基礎上，把佛教各類經典區分為藏、通、別、圓「四教」，並進而判定其教理的高下，以《法華經》為中心，和《華嚴》、《涅槃》等經為最重要經典，體現了中國佛教學者的創造精神。天臺宗的判教主張對中國佛學的發展影響很大，如華嚴宗就曾部分吸取作為自己判教的基本觀點。華嚴宗的法藏提出「五教（小、始、終、圓、頓）十宗」的判教，以「務存通會」、「其宜各契」的慧識，穿透各類佛典「聖說差異」的表層，從底蘊把握這些佛典體認「實相」的一脈相通的特質，從而顯示了綜合異說、融攝分歧的集大成態勢。其他如三論宗的創始人吉藏的判教主張是，認為佛的所有言教一律平等，並無高下之區別。唯識宗的判教，主要依據《解深密經》的「三時說」，與印度佛教歷史的演變基本吻合。在判教活動中，走得最遠的是禪宗，它完全摒棄印度傳來的各類佛典，而把中國獨創的佛教思想視為整個佛教的最高理論，顯示出佛教哲學不可逆轉的中國化趨勢。[68]

佛教哲學的中國化，還在於各宗派競相提出簡便易行的修持理論與方法。天臺宗、華嚴宗、淨土宗、禪宗為地地道道的中國佛教宗派，它們的宗教哲學無不張揚「心性本覺」的理論，從而與主張「心性本淨」的印度佛教在佛學核心問題上劃清了界限。

所謂「心性本淨」是指眾生之心本來就是清淨的，如白紙一張，而所謂「心

---

68 參見方立天：《中國佛教與傳統文化》，378-411 頁，上海，上海人民出版社，1988。

性本覺」則指眾生本來覺悟。佛學研究家呂澂對由「心性本淨」與「心性本覺」兩命題所展開的不同佛學面貌有精闢的論述。他指出：本淨只不過是清淨，要由清淨到覺悟還有一個長距離，故印度除釋迦外，別人都不是佛。而在中國，既然心性本來覺悟，那麼，人人生來即是佛。與此密切關聯，中國佛學遂有頓悟之說。這是因為，心性本來覺悟，只不過人們尚未覺醒，一旦當頭棒喝，便大悟禪機，頓得佛果。而印度佛學根本不承認頓悟，以為心性雖本淨，但卻不斷為客塵所雜染，要去掉客塵，必須「時時勤拂拭」，有曠日持久之功，故成佛道路異常艱難。[69]值得注意的是，性淨論實際上是儒家性善論的佛教版。而「頓悟」說的產生也與中國文化的特性大有關係。南朝宋人謝靈運對此有重要論述：

> 華人易於見理，難於受教，故閉其累學，而開其一極；夷人易於受教，難於見理，故閉其頓了，而開其漸悟。[70]

謝靈運認為「累學」與「漸悟」這一套為印度民族所樂於接受，卻不受容於華人世界，中國的民族性格決定了中國士大夫傾向於「見理」的方式學習佛教，用「頓了」的方式理解解脫。他又指出，源出中國本土的孔子學說，其特徵便是注重「頓悟」，不講「積學」。由此可見，隋唐時期佛教各派的「性淨」、「頓悟」之論是為適應中國文化、融合中國文化而產生出來的中國式的佛教理論。

由「心性本覺」的命題出發，天臺、華嚴、淨土、禪宗諸派莫不提倡「方便」成佛法門。如天臺宗鼓吹入山得靈芝和丹藥，先「成就五通神仙」，再成為佛。禪宗鼓吹「不立文字」，自心覺悟，只要認識到「我心即佛」，「我心即山河大地」，就能徹悟佛法真諦。淨土宗亦主張，修行佛法者不一定要通達佛經，廣研教乘，也不一定要靜坐專修，只要信願俱足，一心稱念「南無阿彌陀佛」，始終不怠，便可往生淨土。頗有意味的是，淨土宗的「易行」在印度本土曾被大加抨擊，認為是「怯弱怯劣，無有大心，非是丈夫志幹之道」[71]。在中國，其「易行易悟」的特性卻大受歡迎，被認為是「可以情悕趣入」的絕妙法門。天臺諸宗

---

69 呂澂：《試論中國佛學有關心性的基本思想》，載《現代佛學》，1962 年第 5 期。
70 《廣弘明集·辨宗論》。
71 《大正藏·懷海禪師塔銘》。

倡「方便」、重易行、好簡約的成佛原則，一反印度佛教教理，體現出典型的中國式性格。

相繼成立於隋及初、盛唐的中國佛教宗派，不僅在佛理上是中國式的，而且在價值取向上也具中國性格。印度佛學以出世和個人「解脫」為價值取向，而中國佛學則宣揚功德度人，注重入世。禪宗六祖慧能以一派宗教領袖的身分，竟提出「勿離世間上，外求出世間」[72]的命題。元朝宗寶對惠能之意心領神會，他在《六祖大師法寶壇經》中將慧能的偈語作如下解釋：「佛法在世間，不離世間覺。離世覓菩提，恰如求兔角。」中國文化「經世—入世」的性格溢於言表。[73]

佛教哲學的中國化過程，顯示了中國傳統文化的充分開放性、高度堅韌性和善於消化的能力，表現了中華民族的強大而鮮明的主體意識。

---

72 《郭煌本壇經》。
73 參見馮天瑜等著：《中華文化史》，582-585 頁，上海，上海人民出版社，1990。

第六章

各種宗教的
競相傳播

　　隋唐五代時期，在文化上實行了兼容並包的政策，各種宗教都得到較充分的發展。原有的佛、道二教發展繁榮，形成了眾多宗派，教義哲理都有重大創造和飛躍，呈現一派興旺發達的景象。隨著與西亞、中亞和西域各國的頻繁交往，許多外來新宗教，如祆教、景教、摩尼教和伊斯蘭教等，也紛紛傳入內地，得以發展。同時，傳統的民間淫祠巫鬼祭祀之風繼續盛行。這樣就使得這一時期的各種宗教迷信思想競相傳播，異彩紛呈，促進了多元宗教文化的發展與互相融合。

第一節 ·
佛教的興旺

　　佛教傳入中國內地後，經過四、五個世紀的流傳，到隋唐時期，進入了全盛期，形成若干中國式的佛教宗派，出現了一大批高僧大德，求法、譯經和傳教活動空前活躍。以致多年以來，許多學者在論述中國學術的發展階段時，都習慣上把隋唐佛學與兩漢經學、魏晉玄學、宋明理學相標舉。

一、狂熱的崇佛與滅佛

　　在中國，宗教的發展總是與政治氣候的變化密切相關的。宗教只有依附於統治階級、並在統治階級的大力扶植與支持下，才能得到發展和傳播。晉僧道安曾經說過這樣一句話：「不依國主，則法事難立。」[1]佛教在隋唐五代時期的興盛與衰落，充分證明了這一點。

　　隨著隋王朝的建立和統一局面的再現，佛教也結束了南北異趣的狀態而走向統一，並在隋王朝的大力扶植下得到進一步的發展。

　　隋文帝父子，為了維護他們壽命並不長久的封建統治，採取了各種辦法，其

1　《高僧傳·道安傳》。

中包括扶植、利用佛教的辦法。據說隋文帝楊堅誕生在尼姑庵中，十三歲以前一直由尼姑智仙撫養，自幼在宗教氛圍的薰陶下成長，自然對佛教有一種特殊的敬奉之情，所以在他統治期間，形成佞佛浪潮。其實，這只是隋代佛教興盛的一個原因，更深層的因素在於鞏固隋王朝的封建統治。隋文帝楊堅是通過發動宮廷政變而奪取北周政權的，他在改朝換代建立新朝之時，為了給自己披上君權神授的神聖外衣，利用宗教大造輿論。如為了說明楊堅是非同一般的「神人」、「異人」，佛教徒不遺餘力地製造了種種神異傳說，說他降生時「紫氣充庭」，尼姑智仙預言：「兒天佛所佑」，「此兒所從來甚異，不可於俗間處之」。並命名曰「延羅那」，「言如金剛不可壞也」[2]。這類金剛、羅漢轉世的神話，是君權神授論的一種新的表現形式，佛教對中國封建文化的滲透於此可見一斑。楊堅建立隋朝以後，鑑於北周武帝曾採取抑佛政策，給佛教以沉重打擊，他立即採取了崇佛政策，借以爭取民心和廣大僧俗群眾的支持和擁護。另外，隋文帝對佛教的支持和扶植，還含有借統一南北佛教的文化政策以促進軍事上統一全國的行動。同時，楊堅也深諳佛教勸善化民、資助王化的政治功用，他曾對靈藏和尚說：「律師度人為善，弟子禁人為惡，言雖有異，意則不殊。」[3]宗教與法律是國家統治必不可少的兩手。

隋文帝即位以後，立即改變北周武帝抑佛的政策，轉而採取大力恢復和扶持佛教的方針。他在後來的一道詔書中公開宣稱：「朕皈依三寶，重興聖教。」[4]有學者將他崇佛的活動概括為五個方面：廣建寺塔、廣度僧尼、廣寫佛經、廣交僧侶、廣作佛事。[5]楊堅登基以後，立即下令在他所謂「龍潛」時，所經歷過的四十五州，「皆悉同時起大興國寺」[6]，同時詔令五岳各建佛寺一所。《續高僧傳‧總論》說：「隋高荷負在躬，專弘佛教；開皇伊始，廣樹仁祠，有僧行處，皆為立寺。」有數字說，「自開皇之初（581 年），終於仁壽之末（604 年）……海內

2　《隋書‧高祖紀上》，道宣《集古今佛道論衡》卷乙。
3　《續高僧傳‧靈藏傳》。
4　《廣弘明集‧佛道篇‧國立舍利塔詔》。
5　郭朋：《隋唐佛教》，濟南，齊魯書社，1980。
6　道宣：《集古今佛道論衡》卷乙。

諸寺，三千七百九十二所」[7]。至於建塔，僅仁壽年間（601-604 年），隋文帝先後三次下詔，在全國一百一十三州各建舍利塔一座，共一百一十三座。道宣《集古今佛道論衡》（卷乙）裡說：「前後置塔諸州，百有餘所。」由此可見，隋文帝一朝全國各地真可謂「寺塔林立」了。關於度僧，《隋書・經籍志四》記載：「開皇元年（581 年），高祖普詔天下，任聽出家。」一時信教者紛紛出家，至於那些假借出家名義，規避王役者也不在少數，有數字表明，僅開皇十年（590 年）新度之僧即多達五十餘萬之眾。[8]關於廣寫佛經，《隋書・經籍志四》也有記載：「京師及並州、相州、洛州等諸大都邑之處，並官寫一切經，置於寺內；而又別寫，藏於秘閣。天下之人，從風而靡，競相景慕，民間佛經，多於六經數十百倍！」據法琳《辯正論》卷三說：「自開皇之初，終於仁壽之末……凡寫經論四十六藏，一十三萬二千八十六卷」，另外，還「修治故經三千八百五十三部」。同時，還對偽造的佛經進行了甄別、刊定。隋文帝結交、籠絡和尚的情況，也相當突出，靈裕、法論、智舜、曇遷、慧遠、慧藏、僧休、寶鎮、洪遵、靈藏、智炫等，或受文帝徵召，或為他所賞識，出入宮禁，隨駕巡幸，恩寵一時。其中尤以所謂「布衣之友」靈藏，最得寵信，《續高僧傳・靈藏傳》說：「藏與高祖，布衣之友，情款綢狎。及龍飛茲始，彌結深衷，禮讓崇敦，光價朝宰。」他能隨便出入宮廷，「與帝等倫！坐必同榻，行必同輿」，連當朝宰相也得向他「兩日一參」，難怪隋文帝感嘆：「弟子（按：文帝自稱）是俗人天子，律師是道人天子，」並准許他隨便度人出家，僅他前後所度僧尼，即有數萬之多，真是炙手可熱，權傾朝野。為了表示對佛教的「虔誠」，隋文帝還經常大作佛事，如請和尚祈雨，受戒，釋囚，修治經、像，大行布施等。開皇五年（585 年），文帝敕云：「自今以後，訖朕一世，每月常請二七僧，隨番上下轉經；經師四人，大德三人，於大興殿，讀一切經。雖日覽萬機，而耳餐法味，每夜行道。皇後及宮人，親聽讀經，若有疑處，問三大德」[9]。次年，因天旱，一次就敕請僧三百人於正殿祈雨，文帝及五品以上大臣，皆席地而坐，「北面而受八

7　法琳：《辯正論》卷三。另據道宣《大唐內典錄》卷五則說：開皇、仁壽間，「崇緝寺宇，何有五千」。
8　《續高僧傳・靖嵩傳》。另據法琳《辯正論》卷三說：「自開皇之初，終於仁壽之末，所度僧尼，二十三萬（六千二百）人」；道宣《大唐內典錄》卷五則說：「於斯時也，四海靜浪，九服無塵，大度僧尼，將三十萬。」
9　法琳：《辯正論》卷三。

戒」[10]。至於布施，更是慷慨，開皇十三年（593 年），隋文帝為復興佛教，和皇后一次性施絹就多達十二萬匹，王公以下，捨錢數百萬，賞賜莊田無數。[11]正是在隋文帝的帶頭倡導下，佛教事業開始走向興旺。

隋煬帝楊廣也頗佞佛，早在他還是晉王坐鎮揚州時，就和當時的名僧大德來往密切。天臺宗的創建人智顗，受楊廣禮遇，為他受「菩薩戒」，還將「總持菩薩」的法號授予楊廣；而楊廣則恭維智顗為「智者大師」[12]。智顗離開揚州後，楊廣多次派人去廬山探望，書信往還不斷。及至他當上皇帝以後，更是大興佛事，廣濟寺院，連詔書也常自稱「菩薩戒弟子、皇帝總持」[13]。據《歷代三寶記》卷十二記載楊廣佞佛種種事項有：「隋煬帝於長安造二禪定，並二木塔，並立別寺十所，官供十年。修故經六百一十二藏，二萬九千一百七十二部，治故像十萬另一千區，造新像三千八百五十區，度僧六千二百人。」在隋煬帝的統治下，雖然民不聊生，四海沸騰，但佛教發展卻如日中天。

隋末農民大起義，埋葬了隋王朝，也沉重地打擊了佛教勢力。「大業末年……法輪絕響，正教陵夷。」[14]義軍所到之處，「破縣燒寺」[15]，「佛寺僧坊，並隨灰燼；眾僧分散，顛撲溝壑」[16]。以至唐初，「天下寺廟遭隋季凋殘，緇侶將絕」[17]。佛教勢力在一定程度上受到很大衝擊。

唐王朝建立以後，對隋代的宗教政策有所調整，但仍很重視對佛教的管理和利用。唐高祖本人是信仰佛教的，如他早年曾為子世民祈疾造像；[18]起義之初，又在華陰祀佛求福；及即帝位，也搞過一些立寺造像、設齋行道的崇佛行動。[19]

---

10 《續高僧傳·曇延傳》。
11 《大正藏》卷四十九《釋氏稽古略》卷二。
12 志磐：《佛祖統記》卷六《智顗傳》。
13 《廣弘明集》卷二十八《啟福篇·行道、度僧天下敕》。
14 《大正藏》卷五十《唐護法沙門法琳別傳》卷上。
15 《續高僧傳·法響傳》。
16 《續高僧傳·玄鑑傳》。
17 《大正藏》卷五十《大慈恩寺三藏法師傳》卷七。
18 《金石萃編》卷四十《大海寺唐高祖造像記》。
19 《法苑珠林》卷一〇〇。

但由於太史令傅奕為首的一批大臣鑑於隋亡的教訓，上疏亟言佛法害國蠹政之弊，敦請廢佛，於是，唐高祖於武德九年（626 年），下詔沙汰佛、道二教。但因為玄武門之變的發生，高祖被迫退位，沙汰令最終未能執行。

唐太宗李世民本人並不迷信佛教，他曾說過：「朕於佛教，非意所遵。」[20]但他出於政治的考慮，也扶植和利用佛教。貞觀三年（629 年）下令在舊戰場建寺七所，度僧三千，超度雙方戰死亡靈；捨舊宅通義宮為尼寺；為報母恩，大行布施絹二百匹。唐慧立、彥悰撰《大唐大慈恩寺三藏法師傳》卷七記載：「計海內寺三千七百一十六所，計度僧尼一萬八千五百餘人。」唐太宗還重視佛經的翻譯和介紹工作，在貞觀初就建立譯場，組織人員翻經譯典。文成公主入藏時，帶去大量佛教經、像，使漢傳佛教深入藏區。貞觀十九年（645 年），玄奘西行求法歸來，受到朝廷隆重歡迎。太宗將他請到洛陽宮中傾心交談，並想請他襄贊軍務，共征遼東，但為玄奘力辭。於是太宗在京城長安慈恩寺為他組織了三千人的龐大譯場，使他得以高質量地重譯、新翻佛經七十五部、一千三百三十五卷。由於太宗的推崇，佛教各宗派，如三論、天臺、華嚴、淨土、律宗等，都得到了較大發展，尤其是唯識宗盛極一時。但太宗對佛教的過快發展也做了一些限制，如在即位之初，派遣治書侍御史杜正倫檢校佛法，清肅偽濫僧尼，對私度僧尼者，處以極刑等，力圖將佛教的發展納入朝廷控制的軌道中來運行。

唐高宗、武則天、唐中宗、唐睿宗，也都信仰佛教，其中尤以武則天為甚。在她執政期間，把佛教的崇拜推上一個新的高潮。武則天想當女皇，但中國傳統文化強調男尊女卑、陽貴陰賤，「牝雞司晨」一向被視為國家大忌。於是武則天就把視線轉向宗教，尋求女主受命臨朝的理論依據。《舊唐書·則天皇後本紀》載：「載初元年（689 年）……有沙門十人偽撰《大雲經》，表上之，盛言神皇受命之事。」其經文中提到女主受命處云：「爾時眾中，有一天女，名曰淨光。……即以女身，當王國土，得轉輪王……實是菩薩，現受女身。」又說：「是天女者……為眾生故，現受女身。……爾時諸臣即奉此女以繼王嗣。女既承正，威伏

20 《全唐文》卷八唐太宗《貶蕭瑀手詔》。

天下！」[21]據敦煌殘卷《大雲經疏》解釋：「經曰：『即以女身，當王國土』……今神皇王南閻浮提一天下也。……經曰：『女既承正，威伏天下，所有國土，悉來承奉，無違拒者』，此明當今大臣及百姓等，盡忠赤者，即得子孫昌熾……皆悉安樂。……如有背叛作逆者，縱使國家不誅，上天降罰並自滅！……」長壽二年（693 年），菩提流志翻譯的《寶雨經》中也說：「爾時東方有一天子，名日月光，乘五色雲……實是菩薩，故現女身，為自在主，經於多歲，正法教化，養育眾生，猶如赤子，令修十善，能於我法廣大住持，建立塔寺，又以衣服、飲食、臥具、湯藥，供養沙門。……」這兩部經不但預言女主臨朝，而且還露骨地點出武則天的本名「曌」（「名日月光」，即日月當空之意）。這樣就為武周革命提供了充分的理論根據。武則天立即「制頒於天下，令諸州各置大雲寺，總度僧千人。……九月九日，壬午，革唐命，改國號為周，改元為天授，大赦天下，賜酺七日」[22]。因此佛教為女皇所特別垂青，「以釋教開革命之階，升於道教之上」[23]。武周一代，大興佛事，大修寺院，大造佛像。長安四年（704 年），在洛陽城北邙山的白司馬阪，鑄造一尊特大銅佛像，向天下僧尼募捐十七萬緡，勞民傷財。她又讓面首薛懷義監造特大夾紵佛像一尊，「高九百尺，鼻如斗斛」，小拇指上便可以坐下幾十人。為了安放這尊大佛，在明堂北修建「天堂」一座，「日役萬人，採木江嶺，數年之間，所費以萬億計，府藏為之耗竭」[24]！在佛教諸宗中，武則天最崇信華嚴宗，華嚴宗的實際創始人法藏經常出入宮禁，為女主說法。武則天曾親自參加《華嚴經》的翻譯工作，並為之作序，華嚴宗在中唐紅極一時。禪宗北派領袖神秀也得到女皇的禮敬，「肩輿上殿」，武則天「親自跪禮，時時問道」，深加寵信。

唐玄宗繼位，鑑於佛教的過度發展，曾對佛教採取限制政策，如禁止百官與僧尼往來，禁止坊市鑄佛、寫經，禁止僧徒斂財，檢括偽濫僧尼等。但他還是比較重視佛教的，他曾親自注疏《金剛經》，「頒行天下」，下令天下諸郡，立龍

21 《大方等無想大雲經》卷四。
22 《舊唐書·則天皇後本紀》。
23 《資治通鑑》卷二〇四。
24 《資治通鑑》卷二〇三。

興、開元兩寺，取官物鑄金銅佛像，送開元寺供奉，尊禮善無畏、金剛智、不空所謂「開元三大士」，並受不空「灌頂禮」，由他們三人傳來的密宗由此而興起。佛教在這時進入了鼎盛期。

安史之亂使北方的佛教受到重創，但由於僧人曾幫助朝廷軍費開支，仍然深得帝王賞識。肅宗曾接受不空「灌頂菩薩戒」，被尊為「戒師」，「官至卿監，爵為國公，出入禁闈，勢移權貴」[25]。代宗佞佛更加狂熱，吐蕃入寇，他不積極組織力量抵禦，卻親臨「道場」行香，誦經念佛，祈求保佑。據說代宗宮中經常有一百名和尚念經，官給衣糧。他所任用的三個宰相元載、王縉、杜鴻漸，也都非常佞佛，以致「京畿良田、美利，多歸僧寺」[26]。

唐代法門寺七迎佛骨表

次數	時　間	經　　過
①	貞觀五年（631 年）	岐州刺史張亮篤信佛教，建言太宗開啟地宮，出示佛指舍利，遍視道俗。當時京邑內外，日奔法門寺一睹舍利者，眾至數萬。有的刺血灑地；有的燒頭煉指，虔誠至極。雖沒有迎入皇宮，但社會影響很大。
②	顯慶四年（659 年）龍朔二年（662 年）	高宗令僧人智琮、慧辯和王長信奉迎佛骨，送絹三千匹。從京城至法門寺三百餘裡間，人們往來膜拜，絡繹不絕，眾口皆頌佛德。顯慶五年（660 年），迎入東都內宮供奉。並為舍利製造了雕鏤窮奇的金棺銀槨，即今天地宮出土的「九重寶函」。皇後武則天則施捨所寢衣帳等物供奉。龍朔二年（662 年），才將舍利送還法門寺。
③	長安四年（704 年）	武則天令鳳閣侍郎崔玄暐和僧人法藏等，迎舍利至洛陽，薦之於明堂，親自焚香膜拜，賜物甚豐。
④	上元三年（760 年）	肅宗令僧人法澄、中使宋合禮等人奉迎佛骨。由於時值戰爭，規模較小，賜物也不多。

---

25 《資治通鑑》卷二二四。
26 同上。

⑤	貞元六年（790年）春至次年二月	德宗下詔迎佛骨舍利於禁中，又送諸寺以示眾。當時「傾都瞻禮，施財巨萬」。後遣使送復故地。
⑥	元和十四年（819年）	憲宗遣中使杜英奇率僧眾迎奉佛指舍利到長安宮中供奉三日，然後送長安各寺院。
⑦	咸通十四年（873年）	懿宗迎佛骨，導以禁軍兵仗，規模超過元和。

　　到唐憲宗在位期間，佞佛達到另一個高潮，最突出的事件就是迎佛骨進京。當時傳說鳳翔法門寺「護國真身塔」裡有佛手指骨一節，塔門三十年一開，「開則歲豐人泰」。因此，唐代皇帝曾先後七次開啟地宮，奉迎法門寺佛骨舍利。每次迎奉佛骨舍利，都會掀起一場朝野上下的佞佛浪潮。其中尤以憲宗和懿宗朝奉迎佛骨影響最大。唐憲宗元和十四年（819年）迎佛骨入京，先在宮中供奉三天，然後送諸寺巡迴展覽。佛骨到京時，「王公、士庶，奔走捨施，唯恐在後。百姓有廢業破產、燒頂、灼臂而求供養者」[27]，掀起了一場迎佛骨的宗教熱潮。對此，韓愈上疏表示反對，觸怒憲宗，險喪性命，遭到貶斥。唐懿宗時又再迎佛骨，大臣上疏勸諫，他竟說：「但生得見，歿而無恨也。」[28]咸通十四年（873年）四月八日，「佛骨至京，自開遠門達安福門，彩棚夾道，念佛之音震地。上登安福門迎禮之，迎入內道場三日，出於京城諸寺。士女雲合，威儀盛飾，古無其比」[29]，造成了極大的浪費。但是狂熱的崇佛，並沒有換來佛祖的保佑，憲宗、懿宗都是在迎佛骨後不

法門寺

27　《舊唐書·韓愈傳》。
28　蘇鶚：《杜陽雜編》卷下。
29　《舊唐書·懿宗紀》。

久就死了。

　　唐武宗在位期間，發動了著名的「會昌滅佛」事件。會昌二年（842 年），武宗開始敕令僧尼還俗，至五年（845 年）達到高潮，除割據河北的成德、魏博、幽州和吐蕃占領下的河西、隴右等地區未能執行敕令外，「其天下所拆寺四千六百餘所，還俗僧尼二十六萬五百人，收充兩稅戶，拆招提、蘭若四萬餘所，收膏腴上田數千萬頃，收奴婢為兩稅戶十五萬人」[30]。這次滅佛對增加唐王朝的財政收入以及緩和社會矛盾起了一些作用，對佛教也是一次沉重的打擊。武宗死後即位的宣宗立即下令恢復佛教，但總的說佛教已元氣大傷，除佛教禪宗恢復發展起來以外，其他佛教宗派都在不同程度上衰微。後周世宗顯德二年（955 年），又對佛教進行了一次嚴厲的抑制。下令廢除沒有敕賜寺額的寺院三萬零三百三十六所，迫使僧侶大批還俗，並禁止私度僧尼，使後周控制的勞動力和土地大量增加。並下詔悉毀天下銅佛像以鑄錢，規定「民間銅器、佛像，五十日內悉令輸官，給其值；過期隱匿不輸，五斤以上其罪死」[31]。這兩次抑佛事件，加上北魏太武帝和北周武帝的抑佛行動，史稱「三武一宗滅佛」。此後，佛教的發展勢頭更趨頹微。

二、佛教經籍的翻譯與撰述

　　隋唐時期的佛典翻譯、整理工作基本上由國家主持。政府設譯經館或指定寺宇，或組織譯場，延請人翻譯。

　　隋代最著名的翻譯家有那連提耶舍、闍那崛多、達摩笈多和中國僧人彥琮等人。那連提耶舍（490-589 年），北天竺人，北齊天保七年（556 年）來華，受到文宣帝的優待，在昭玄寺從事翻譯工作。北周武帝滅佛時易俗服避亂於外。隋開皇二年（582 年）回到長安，先在大興善寺，後遷廣濟寺主持譯經，直至開皇九

30　《舊唐書·武宗紀》。
31　《資治通鑑》卷二九二。

鎏金銅觀音像（吳越）浙江金華萬佛塔塔基出土

年（589 年）百歲圓寂。共譯出《大方等日
藏經》、《大莊嚴門經》、《德護長者經》、《蓮
花面經》等八部二十八卷。闍那崛多（527-
604 年），北天竺人，西魏大統元年（535
年）來華。北周武帝滅佛時回國避難，為突
厥所留。開皇四年（584 年）文帝邀請他回
大興善寺主持譯經。從開皇五年（585 年）
至仁壽末年，共譯出《佛本行集經》、《大
方等大集護經》、《大威德陀羅尼經》等共

《陀羅尼經咒》印本（局部放大）
（唐）1975 年西安出土

三十九部一百九十二卷。達摩笈多（法密，？-619 年），南印度僧人，開皇四年（584 年）十月到達京師長安，住大興善寺。後煬帝在洛陽上林苑設置譯館，請他從事翻譯。從開皇初至大業末的二十八年間，共譯《起事因本經》、《藥師如來本願經》、《攝大乘論釋論》、《菩提資糧論》、《金剛般若論》等九部四十六卷。中國僧人彥琮（557-610 年）也參與了闍那崛多和達摩笈多的譯經事業。他記錄了達摩笈多遊歷西域諸國的見聞，寫成《大隋西國傳》，並著有《達摩笈多傳》、《辨正論》、《通報論》、《福田論》、《沙門不應拜俗總論》等論文，開皇十二年（592 年）被請入大興善寺主持譯經。他精通梵漢文字，論定翻譯楷式，有十條八備之說。

唐代佛典的翻譯事業成就更高。以前譯經多由西域僧人擔任，儘管他們精通梵漢語言，但畢竟對中國文化深層的東西了解較少，故所譯經文對中國人來說總有隔膜之感。唐代以後翻譯工作則主要由精通教義、深曉梵文的中國僧人擔任，質量遂大為提高。貞觀年間，玄奘主持慈恩寺譯場，取得巨大成就。他不僅譯經數量多，而且形成了一套完整的譯經分工制度和工作程序。從貞觀十九年（645 年）開始，共譯出《大般若經》、《解深密經》、《瑜伽師地論》、《攝大乘論》、《成唯識論》、《俱舍論》、《順正理論》等經論七十五部一千三百三十五卷，且經義准確、文辭優美。義淨（635-713 年）敬慕法顯和玄奘的事蹟，從廣州經海路到達印度，歷時二十餘年，訪問三十餘國，帶回大量梵本，在洛陽佛受記寺翻譯，並與實叉難陀合譯了八十卷本《華嚴經》，單獨翻譯了《金光明最勝王經》、《孔雀王經》等五十六部二百三十卷。實叉難陀（學喜，652-720 年）除譯《華嚴經》外，還譯成《入楞伽經》。地婆訶羅（翻譯時代 674-688 年），中印度人，武後垂拱年間在兩京的東、西太原寺及西京廣福寺譯出《華嚴經·入法界品》、《佛頂最勝陀羅尼經》、《大乘顯識經》等共十八部。菩提流志（翻譯時代 693-713 年），南印度人，武則天時譯出《大寶積經》一百二十卷，因其中有女人可以為帝王的文字，深受武後賞識。不空（705-774 年），北天竺人，金剛智弟子。他入天竺國帶回密教經典一千二百卷，譯出《金剛頂經》、《金剛頂五秘密修行念誦儀軌》、《大乘密嚴經》、《發菩提心論》等一百一十一部，一百四十三卷，對密宗的形成產生了很大作用。唐代在譯經的數量和質量兩方面都超過前代，總計

譯出佛典三百七十二部，二千一百五十九卷。至此，印度大乘佛教的要典基本上都已被翻譯過來。

隨著譯經的增多，需要統一整理編目，以便誦讀、繕寫和寺院的藏書。隋文帝時兩次敕令撰集經錄，開皇十四年（594年）由大興善寺法經等二十人撰《眾經目錄》七卷（通稱《法經錄》），仁壽二年（602年）由彥琮主持把《法經錄》重新編為《仁壽眾經目錄》五卷（通稱《仁壽錄》）。此外，費長房還撰有《歷代三寶記》十五卷（通稱《長房錄》）。唐代在此基礎上又加工增訂編成多種目錄，唐初有德興、延興二寺《寫經目錄》，為玄琬編寫，共錄七百二十部，二千六百九十卷。顯慶三年（658年）所編西明寺大藏經《入藏錄》，共錄六百部，三千三百六十一卷。此後靖邁撰寫了《古今譯經圖紀》，道宣編了《大唐內典錄》。武周天冊萬歲元年（695年），明佺編成《大周刊定眾經目錄》。到開元十八年（730年），智昇撰寫《開元釋教錄》，入藏目錄共錄一千零七十六部，五千零四十八卷，成為後來一切寫經、刻經的權威性依據。

隋唐五代的佛經流傳主要還是手抄本，不便保存。為了防止經籍流失，特別是鑑於魏武、周武兩次「法難」，避免大量佛經被付之一炬，隋代幽州（今房山）雲居寺僧人靜琬開始了石刻經文的壯舉，自隋大業一直延續到清康熙三十四年，前後千餘年，共刻經石一萬五千餘塊，佛經一千一百二十二部，三千五百七十二卷。靜琬在題刻中說：「此經為未來佛□難時擬充底本，世若有經，願勿輒開。」他們將石經埋於地下，成為一批寶貴文物。

三、佛教宗派的全面繁榮

隋唐是中國佛教宗派的形成時期。每個宗派都有自己獨特的理論體系、寺院財產和傳法世系。宗派的出現標誌著中國佛教已經發育成熟。

1. 智顗和天臺宗　天臺宗形成於隋代，是中國創立最早的一個佛教宗派。雖然據該宗學說系譜載，初祖上推至印度龍樹，二祖北齊禪僧慧文，三祖慧思，智

顯僅為四祖，但智顗為天臺宗的實際創始人，天臺宗之得名也因智顗在天臺山（今浙江天臺）建寺傳教而來。又因此宗教義以《法華經》為依據，所以也稱法華宗。

智顗（538-597 年），俗姓陳，潁川（今河南許昌）人，出身南朝世家，父母死於侯景之亂。他因目睹南北朝時王朝頻繁更迭，又遭家庭巨變，飽嘗顛沛流離之苦，哀嘆人生無常而遁入空門。十八歲出家，二十三歲從慧思受業。慧思既重禪法（定），又重佛教義理（慧）。智顗從學禪法，修行法華三昧。約三十歲時學成。後去金陵（今江蘇南京）講《法華》等經，並傳播禪法，博得朝臣的敬服。八年後在天臺山建草庵，修頭陀行，一住十年。陳宣帝將天臺山所在的始豐縣賦稅割給他，以供寺用。後應陳後主之請，又重返金陵。這時他對佛教的教義和觀行已構成了一套自己的教法，樹立了新的教義。陳亡後，他避亂廬山。曾應晉王楊廣之請到揚州為其授菩薩戒，楊廣稱其為「智者大師」。隋文帝、煬帝父子都十分關注和尊重智顗，賜給他大量莊田地產。智顗也一再表示「擁護大隋國土」。智顗平生造寺三十六所，親自度僧一萬四千餘人，傳業弟子三十二人。智顗一生著述甚豐，據不完全統計有十九部八十七卷之多，主要有《法華玄義》、《法華文句》和《摩訶止觀》各二十卷，稱為「天臺三大部」。另有《觀音經玄義》、《觀音義疏》、《金光明經玄義》、《金光明經文句》和《觀無量壽佛經疏》，稱為「天臺五小部」。這些著述體現了他的基本思想。

天臺宗理論的主要特徵是宣揚定慧雙修、止觀並重的原則，調和南北方佛教之異同。從漢代佛法初傳時，南北方佛教流派就形成了不同風格。北方側重禪定，南方偏重義理。南北朝時期政治、經濟、軍事的對峙更加鞏固了南北方不同的學風傾向。隋朝的統一為佛教理論風格的匯同提供了條件。天臺宗這一體現宗教上統一的新宗派，正是隨著隋王朝的統一應運而生的。

智顗以《法華經》為釋迦牟尼佛的最後的說法，也就是最高權威的經典，將其敬奉為宗要。他以《大智度論》為指針，吸收南朝三論師和涅槃師的思想，並繼承和發展慧文、慧思的「一心三觀」（一心中觀緣起法空、假、中三諦）的觀行方法，來組織自己的學說體系，強調教觀雙運、解行並重，由「一心三觀」進

而發展為空、假、中三諦相即相通、圓通融攝的「三諦圓融」說以及關於短暫的心念活動，即具有世間和出世間的一切現象的「一念三千」說。至此，天臺宗的理論建設已經基本完成，天臺宗成為社會上頗為壯觀的一大宗派。

智顗卒後，隋煬帝按其遺願在天臺山造寺，御賜「國清寺」匾額。他的門人灌頂（561-632 年）著有大量的經疏，廣弘該宗思想。灌頂之後有智威（？-680年）、慧威、玄朗（673-750 年）、湛然，九祖相承。湛然（711-782 年）以中興本宗為己任，進一步提出「無情有性」理論，以為草木磚石也有佛性。湛然的弟子有道邃、行滿等人，日本僧人正是從他們兩人處接受天臺宗，並將之遠播日本的。道邃後傳廣修，廣修晚年遭逢武宗會昌滅法，天臺宗聲勢驟衰。廣修傳物外，物外傳元琇，元琇時已至唐末。至五代時，錢塘有螺溪義寂等，又大弘此宗。

2. 吉藏和三論宗　根據佛教史資料，三論宗的緒統為：

龍樹（提婆）──鳩摩羅什──僧肇（或道生）──曇濟──僧朗──僧詮──法朗──吉藏

龍樹、提婆是印度佛教大乘空宗的奠基人。鳩摩羅什在姚秦時代來華弘傳空宗之學，譯出印度中觀學派的《中論》、《百論》、《十二門論》，合稱「三論」，為以後三論宗的創立提供了思想理論依據。自此師徒相傳，研究者群起。僧肇為羅什弟子，對宣傳般若空觀學說有很大貢獻，被三論宗的創始人吉藏尊為「玄宗之始」，並常以什、肇並稱。什肇的學說原流傳於北方，劉宋時曾入關研習「三論」的僧朗，將三論之學傳入南方，他長期在建康城郊的攝山棲霞寺傳法，被尊為「攝山大師」。後又有僧詮、法朗依次相傳，遂有「攝嶺相承」的三論學派。到隋代，吉藏發揚光大攝嶺相承的學說而建立了三論宗。

三論宗，因以《中論》、《百論》、《十二門論》為主要經典而得名。又因其主張「諸法性空」，也稱「法性宗」。因天臺宗、華嚴宗也自稱「法性宗」，所以又稱為「空宗」。三論宗的創立者吉藏（549-623 年），俗姓安，祖先為西域安息人，故有「胡吉藏」之稱。先世因避仇而遷居南海（今廣州），後又遷金陵（今

南京）。吉藏生於金陵，年少時即隨法朗出家學「三論」，十九歲時即學有成就。陳隋之際，江南大亂，他在各廢寺廣搜文疏，瀏覽涉獵，學識大增。隋平定百越（今浙江、福建一帶）後，他到會稽（今浙江紹興）嘉祥寺講法，受學者多達千餘人，被尊為「嘉祥大師」。後應隋煬帝之請，赴長安住日嚴寺，完成「三論」注疏，並撰代表作《三論玄義》，樹立自己的宗要，創立了三論宗。

三論宗的中心理論是以真俗二諦為綱，從真空的理體方面揭破一切現象的虛妄不實，宣傳世間、出世間等一切萬有都是眾因緣和合而生，是無自性的，也就是畢竟空無所得，但為引導眾生而用假名來說有，這就是「中道」，就是一切無所得的中道觀。若依此宗的無所得理論，成佛也是依假名門的方便說教，人亦無佛可成。他們破除對涅槃有得的執著，理論上雖然徹底，但卻造成了信仰上的困境。吉藏門下有慧遠、智凱、碩法師等。碩法師門下的元康曾在唐太宗時奉詔入長安講「三論」，著述頗多，今僅存《肇論疏》三卷。另外，吉藏門下有高麗僧慧灌，傳三論宗於日本，為第一傳，二傳智藏，三傳道慈都曾來中國留學。三論宗在日本奈良時代頗為流行，但在中國流傳不久便趨衰微。

3. 信行和三階教　三階教為隋代信行所創立，因主張佛教分為三階，故名。又因主張普遍信奉一切佛法，也稱「普法宗」。

信行（540-594 年），俗姓王，魏郡（治所在今河南安陽）人。少年出家，博涉經論，重視修持。隋開皇初被召入京，建立三階道場，宣揚三階教。三階教的出現反映了北朝兩次滅法事件在佛教界所投下的濃重陰影。南北朝末期，《摩訶摩耶經》和《大集月藏經》相繼譯出，其中的「末法」思想在佛教徒中產生了強烈影響。信行所創立的三階教以他所著的《三階佛法》為主要依據，把全部佛教按「時」、「處」（所依世界）、「機」（根機，指人）分為三類，每類又各分為三階：第一階從佛滅後五百年間為「正法期」，「處」是淨土佛國，只有佛、菩薩修持大乘一乘佛法；第二階從佛滅後六百至一千六百年間的一千年為「像法期」，「處」是穢土，人是凡聖混雜，流行大小乘（三乘）佛法；第三階是從釋迦牟尼死後一千六百至一萬年間為「末法期」，「處」也是穢土，人是「邪解邪行」，佛教日益衰微。信行認為當時已進入末法時期，眾人不應滿足於只念一

佛、誦一經，而應普歸一切佛（「普佛」），普信一切佛法（「普法」）。三階段宣傳皈依普佛、普法，為末法眾生唯一得救的法門。

三階教在宗教實踐中，提倡以苦行忍辱為宗旨，乞食，一日一餐。反對偶像崇拜，不主張念阿彌陀佛。認為一切眾生都是真佛，所以路見男女一概禮拜，稱為「普敬」。死後實行「林葬」，即將屍體置於森林，供鳥獸食用，稱之為以食布施。還經營「無盡藏」（儲蓄信施之款），勸信徒施捨錢糧由寺院庫藏，然後布施或借貸給貧苦信徒，也供修繕寺塔之用。這樣就擁有了本派獨立的經濟基礎。

信行本人身體力行，他的行為近乎苦行僧。信行的弟子有本濟、淨名等多人，在長安建有化度、慧日、光明、慈門、弘善五寺，盛行一時。但三階教的這套末世理論不符合隋唐時期封建盛世的社會心理，在社會上影響始終不大。且統治者擔心這種末世思想會動搖國政，一直將三階教視為異端。隋文帝開皇二十年（600年）朝廷明令禁止，唐武後證聖元年（695年）還明令判為異端，唐玄宗開元元年（713年）廢止無盡藏院，斷絕其經濟來源。但由於三階教鄙視上層僧侶的豪華生活，厭棄宗派之間的相互攻訐，且「無盡藏」對下層僧侶和民眾有一定的吸引力，所以三階教仍得以在民間暗中流行三百餘年，直至唐末才湮沒無聞。不過其傳承譜系不甚清楚。

4. 玄奘西行和法相唯識宗　法相唯識宗是唐代玄奘及其弟子窺基創立的宗派。因用許多佛教範疇對世界一切現象進行概念的分析、解釋，宣揚「萬法唯識」的唯心論，故名。又因他們二人常住慈恩寺，窺基還被稱為慈恩大師，所以又稱慈恩宗。還因以《瑜伽師地論》為根本教典，又稱瑜伽宗。《解深密經》、《成唯識論》，《瑜伽師地論》，即一經二論為此宗的最基本的典籍。

唯識宗的師承系譜如下：

無著──世親──陳那──護法──戒賢──玄奘──窺基──慧沼──智周

無著、世親是印度大乘有宗的創始人，其思想經過陳那、護法的發展，由戒賢傳

與玄奘，從印度照搬回中國。

玄奘（約 600-664 年），俗姓陳，本名 ，緱氏（今河南偃師）人。幼年出家，青年時游學於長安、洛陽、益州、荊州、趙州、揚州等地，遍訪各地高僧大德，窮盡各家學說，聲名鵲起，曾被推選為長安莊嚴寺十大德之一。玄奘在鑽研佛經的過程中，深感當時各地佛理異說不一，「莫知適從，乃誓遊西方，以問所惑」[32]。貞觀三年（629 年），他從長安出發，過玉門，涉流沙，翻蔥嶺，越雪山，歷盡艱難險阻，輾轉抵達中印度摩揭陀國王舍城，入當時印度佛教中心那爛陀寺，師從主持大乘有宗傳人戒賢學習瑜伽行系的學說達五年之久。之後，他曾一度離開那爛陀寺，遍遊印度各地。四年後回那爛陀寺，應戒賢之請為寺眾講《唯識抉擇論》，溝通大乘中觀學派和瑜伽行派兩大派系的爭論，並用梵文著《會宗論》和《制惡見論》。為此，戒日王還在曲女城為他專門設立大會，召集五印度沙門、婆羅門以及其他各種學派的學者六千餘人參加，以他的「二論」論點作為大會的中心議題，任人出難駁，經十八天而無一人能改動一字。從此，玄奘受到大小乘佛教徒的一致推崇，名震天竺，聲譽日隆，成為當時印度大乘學系的最高權威，對印度大乘佛教的發展起了重要作用。貞觀十九年（645 年），玄奘結束了十七年的遊歷訪學生涯，攜帶六百五十七部梵文佛典，毅然東歸，回到長安，受到朝廷的隆重歡迎。唐太宗親自接見並挽留他還俗從政，被他謝絕。在朝廷的支持下，他長住慈恩寺主持譯經工作，在長達十九年的時間裡，有計劃、有組織地新譯、重譯佛經七十五部一千一百三十五卷，其中有小乘重要經典《大毘婆沙》二百卷，瑜伽學集大成《瑜伽師地論》一百卷，中觀學派根本經典《大般若經》六百卷等。由於玄奘精通經、律、論三藏，被稱為「三藏法師」，俗稱唐三藏、唐僧。他所翻譯的佛典嚴謹，質量高，成為中國翻譯史上的一大壯舉。他的弟子辯機根據他口述的西行經歷寫成《大唐西域記》，記述了玄奘所親踐和傳聞得知的一百三十八個國家和地區城邦的山川地貌、風土人情，成為研究中亞、印度半島等地歷史和佛學的重要典籍。

---

32 《大慈恩寺三藏法師傳》。

玄奘門下人才濟濟，最著名的有神昉、嘉尚、普光和窺基[33]，稱為「玄門四神足」。玄奘在譯經的同時，對門人講解有宗思想，開始創立唯識宗。他的弟子窺基繼承了他的事業，撰寫了大量的闡發有關經論的疏、記，有「百部疏主」之稱。窺基的《成唯識論述記》成為後世唯識學者的經典論著。由於他弘揚了玄奘所傳之學，充實了唯識宗思想，使該宗盛極一時。窺基之後有慧沼（650-714年），初隨玄奘，後師從窺基，因長住淄州大雲寺，遂稱「淄州大師」。他所著的《成唯識了義燈》為該宗重要著述，對弘揚唯識思想多有貢獻。慧沼弟子智周（668-723年），著有《成唯識論演秘》等書，也是研究唯識論的重要典籍。智周的弟子有新羅人智鳳、智鸞、智雄，日本人玄昉等，將唯識宗傳入日本，成為奈良六宗之一。

法相唯識宗奉印度大乘有宗，即從無著、世親相承而下直到護法、戒賢、親光的瑜伽行系學說。其基本理論是用邏輯的方法論證外境非有，內識非無，即「唯識無境」說；非常重視「轉依」，即轉變思想的認識，視認識上的由迷轉悟為修持目的；主張五種姓說，認為有一種無性有情者永遠不能成佛，改變了過去「眾生皆有佛性」的看法。由於它照搬印度佛學理論，過於繁瑣且不合潮流，所以在中國沒有生命力，僅三傳就由盛而轉衰了。但由玄奘傳入的印度因明學，對中國邏輯學、思維科學的發展起了重要的促進作用。

5. 道宣與律宗　律宗是中國佛教史上以研習和傳持戒律為主的宗派。它所依據的經典主要是小乘法藏部（曇無德部）的《四分律》，加以大乘教義的闡釋而形成宗派，又稱四分律宗。

律，即戒律。它是規範佛教徒行為的準則，有了統一的規範，宗教組織才能團結有力，教徒行為才能整齊劃一，在群眾中形成較大影響，所以佛教一向重視戒律的作用。從典籍上說，戒律是經、律、論三藏之一；從教義上說，戒律是戒、定、慧三學之首。律宗認為：「金科玉律，唯佛能制」，也就是說戒律出自佛祖之手，神聖不可違背。實際上，釋迦在世時可能只規定有「五戒」、「十戒」

33　窺基（632-682 年），字洪道，俗姓尉遲，為唐開國元勳尉遲敬德之侄，十七歲奉敕出家，為玄奘弟子。

等一些簡單禁條。後世卷帙浩繁的「律藏」，出於印度部派佛教時期。其中，曇無德部的《四分律》，薩婆多部的《十誦律》，彌沙塞部的《五分律》，上座、大眾部的《摩訶僧祇律》，從曹魏以後相繼傳入中國。魏嘉平年間，印僧曇摩迦羅（法時）來華，在洛陽「立羯磨受法，中夏戒律始也」[34]。南北朝時，律學名家輩出，南朝有十誦律師，北朝有四分律師。到隋唐時期，適應大一統國家的出現，佛教內部也需要實行統一的戒律以加強自己的組織，在這種情況下道宣創立了律宗。律宗譜系如下：

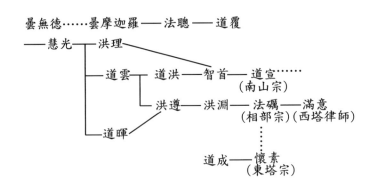

道宣（596-667 年），俗姓錢，吳興（今浙江湖州）人，一說丹徒（今屬江蘇）人。十歲出家，二十歲時師從智首，鑽研律學，在諸律中偏重《四分》。他曾參加玄奘譯場，深受唯識宗的影響，所以又用大乘教義解釋《四分律》。他的著作有《四分律戒本疏》、《四分律刪補隨機羯磨疏》、《四分律刪繁補缺行事鈔》，被後世學者稱為三大部，對四分律作了定於一尊的解釋。因他長期在終南山隱居傳道，世稱「南山律師」，他所開創的宗派稱南山宗或南山律宗。道宣學說的主體是心識戒體論。所謂戒體是指弟子從師受戒時所發生而領受在自心的法體，也即由授受的作法在心理上構成的一種防非止惡的功能。他說《四分律》通於大乘，以「阿賴耶識」所藏種子為戒體。他把戒分為止持、作持兩門：止持是「諸惡莫作」的意思，規定比丘二百五十戒、比丘尼三百八十四戒；作持是「諸善奉行」的意思，包括受戒、說戒和衣食坐臥的種種規定。他說《四分律》從形

---

34 《大正藏》卷四十《四分律行事鈔》卷中一。

式上看屬於小乘，從內容上看當屬大乘。道宣門下有受法傳教弟子千人，其再傳弟子道岸又請得唐中宗墨敕，使最後奉持《十誦律》的江淮地區改奉南山的《四分律》。這樣全國佛教的戒律就基本上趨於統一了。

但是，由於對《四分律》的理解和運用不同，與道宣同時的還有揚州日光寺的法礪（569-635 年）開創了相部宗。長安西太原寺東塔懷素（625-689 年）開創了東塔宗。它們各成一派，長期爭論，不得統一。唐代宗大曆十三年（778 年）敕令三系學者代表集會，討論鑑定統一流行的戒律。雖由國家出面調和異義也未見成效。不過由於相部、東塔二宗相繼衰微，唯南山一宗獨承法統，綿延不絕。中國佛教由於道宣律宗的流行，僧人在修習大乘三學時，仍重視遵行上座部戒律的止作二持。

江蘇揚州鑑真紀念堂

在律學傳人中還有兩個特別值得一提的人物，即義淨和鑑真。義淨（635-713 年），是唐代繼玄奘之後的又一位偉大的旅行家。他曾於咸亨二年（671 年）從廣州浮海赴印度那爛陀寺鑽研佛學並遊歷三十餘國，歷時二十五年回到洛陽。共帶回梵文經書四百部，譯經十二年，譯出五十六部二百三十卷，其中翻譯的一切有（薩婆多）部律，共約八十餘卷，是一位著名的律藏翻譯家。他還寫成《南

海寄歸內法傳》和《大唐西域求法高僧傳》二書，記錄了南亞很多國家的社會、文化和宗教情況，是研究七世紀南亞和南洋諸國歷史、地理的寶貴資料。鑑真（688-763 年），俗姓淳於，揚州人。對律宗有很深的研究，在揚州大明寺講律傳戒。他曾五次東渡日本未成，雙目失明，終於在天寶十二年（753 年）第六次東渡成功，將律宗傳入日本，開日本律宗之源。

　　6. 法藏和華嚴宗　華嚴宗是一個中國化的佛教流派，因其崇奉《華嚴經》而得名。又因武則天賜號其創始人法藏為「賢首」，後人稱法藏為「賢首大師」，故又稱賢首宗。還因此宗發揮「法界緣起」的旨趣，也稱「法界宗」。

《南海寄歸內法傳》
（唐）義淨著

　　《華嚴經》是印度有宗一派的重要經典，東漢就有漢譯本。東晉時由佛陀跋陀羅譯出六十卷本，影響漸大，當時便有不少學者研究，但未形成宗派。陳隋時期的杜順是其開拓者。其傳承譜系如下：

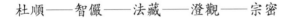

　　杜順——智儼——法藏——澄觀——宗密

　　杜順和智儼是華嚴宗思想的先驅者。杜順，法名本為法順（557-640 年），俗姓杜，故世稱杜順和尚。雍州萬年（今陝西長安）人。十八歲出家，先習禪法，後學《華嚴》。相傳著有《華嚴法界觀門》、《華嚴五教止觀》。智儼（602-668 年），俗姓趙，天水（今屬甘肅）人。十二歲出家，師從法順於終南山至相寺學《華嚴經》，世稱至相大師。曾鑽研地論學南派慧光的經疏，領會《華嚴》別教一乘無盡緣起要旨和《十地經論》中的六相義，著有《華嚴搜玄記》、《華嚴孔目章》、《華嚴五十要問答》、《華嚴一乘十玄門》等著作，至此華嚴宗理論已粗具雛形。

　　法藏（643-712 年）是華嚴宗的實際創始人。其祖先為西域康居人，本人生於長安。十七歲出家，師從智儼受《華嚴經》，深得玄旨。後參加《華嚴經》

八十卷本的新譯工作，對經文理解更為透徹。他曾奉敕為武後講解新《華嚴經》，據說講至「華藏世界品」時，「地皆震動」，武後特下敕褒獎。[35]又曾入宮為武則天講經，以殿前金獅子為喻，令武後豁然領解，後整理為《華嚴金獅子章》。他還著有《華嚴經探玄記》、《華嚴一乘教義分齊章》、《華嚴旨歸》、《華嚴問答》等著作約百餘卷。至此華嚴宗理論已經成熟。由於華嚴宗為武則天的統治服務，所以特別受到武後的垂青，武氏曾親自為《華嚴經》新譯本作序，使華嚴宗盛極一時。法藏積極參與政治，「內弘法力，外贊皇猷」，唐中宗時曾賞以三品銜，[36]為他造五所大華嚴寺。法藏還曾為唐睿宗授菩薩戒，成為皇帝的門師。

法藏以《華嚴經》為依據，又吸收玄奘新譯的一些理論，完成了判教，充實了觀法，建立了宗派。他宣揚「法界緣起」理論，認為本體是現象的根據、本原，一切現象均由本體而起。由此說明一切現象和本體之間、現象和現象之間都是圓融無礙的。佛教各宗派的教義也是圓融無礙的。「圓融無礙」是觀察宇宙、人生的法門，也是認識的最高境界。

法藏的弟子很多，慧苑、慧英、宏觀、文超、智超、玄一皆為其中佼佼者，對華嚴宗都有所發展，但也生出許多歧義。慧苑傳法銑（718-778 年），法銑傳澄觀（736-839 年）。澄觀以糾正歧義、恢復法藏時代華嚴原貌為己任，批評了慧苑的判教理論和緣起學說，重新發揮法藏的教義，中興華嚴宗，被尊為四祖，成為華嚴宗的集大成者，在社會上影響很大。因他長住清涼（五臺）山傳道，世稱「清涼國師」。著作有《華嚴經疏》、《華嚴經隨疏演義鈔》、《華嚴法界玄鏡》、《華嚴心要法門》等。其後，宗密（780-841 年）融會禪宗和華嚴兩系思想，宣揚禪教一致論，確立了華嚴宗新的發展軌道。因他常住終南圭峰山，世稱圭峰大師，被尊為華嚴五祖。他的著作主要有《禪源諸詮集都序》、《華嚴原人論》、《華嚴心要法門注》等二百餘卷。宗密死後，隨即發生武宗滅佛事件，華嚴宗受到沉重打擊，寺院被毀，經論失散，從此一蹶不振。五代時雖仍有傳人，但社會影響已經很小了。

---

35 《宋高僧傳‧法藏傳》。
36 〔新羅〕崔致遠：《法藏和尚傳》，《大正藏》卷五十。

7. **慧能和禪宗**　「禪」是由梵文「Dhyāna」音譯而來，也譯「禪那」。意譯則是「思維修」、「棄惡」、「靜慮」等。禪定是佛教六度之一，意即靜坐沉思，稱為坐禪，在印度大小乘佛教都很重視，因而形成大小乘不同的禪法，禪宗由此而得名。又因禪宗自稱「傳佛心印」，以覺悟所謂眾生心性的本原佛性為主旨，又稱佛心宗。因唐代北方的神秀主漸悟和南方的慧能主頓悟，形成不同派別，而有「南北宗」、「南北禪宗」之稱。後來慧能創立的南宗戰勝神秀的北宗，成為中國禪宗的主流。南宗所傳習的不是自古以來所修習的次第禪，而是直指心性的頓修頓悟的祖師禪。後來南宗禪先分為南岳懷讓、青原行思兩系。後在唐末五代年間，南岳一系又分出潙仰、臨濟兩宗，青原一系分出曹洞、雲門、法眼三宗，合稱禪宗五家，也號稱五宗。

按照禪宗開列的譜系，西土從釋迦牟尼以下到菩提達摩為所謂「西天二十八祖」，其說並無實據。中國禪宗譜系見下頁。

東漢時安世高便開始在中國傳布小乘禪法，深受北方僧俗重視。南朝梁武帝時，南印度的菩提達摩到金陵見武帝，因兩人見解不同，答問不契，又渡江北上，到北魏傳授禪法，以《楞伽經》宣揚的世界一切事物由心所造的思想為印證。據說達摩在少林寺面壁十年，他所創的「壁觀」，與傳統禪法不同，不僅是冥心靜坐，而且是「理入」。「理者，借教悟空，深信含生同一真性，凡聖等一，堅持不移，不隨他教，與道冥符。」[37]即借禪定思慮自身的佛性，堅定信念，盡掃塵迷，與真如合一。達摩傳法（還有袈裟）給慧可，慧可又傳僧璨，為禪宗初祖、二祖、三祖，稱為「楞伽師」一派。唐初道信在楞伽禪法外又參用了般若法門，稱四祖。道信門下有法融，因住金陵牛頭山而創禪宗支系牛頭宗。弘忍（601-674 年）為道信直傳弟子，在黃梅雙峰山東的馮茂山傳法四十多年，常勸僧俗持《金剛經》，宣揚世界一切事物都虛幻不實，人們對現實世界不應執著。他的這種說法被尊稱為「東山法門」。弘忍門人多至七百，其中著名的是神秀和慧能，分別開創「北漸」、「南頓」兩派。

---

37 道宣：《唐高僧傳》。

北宗神秀（606-706 年），俗姓李，開封人。少年出家，投於弘忍門下為上座，有兩京法主、三帝國師之稱。弟子普寂（651-739 年）、義福（658-736 年）等在長安傳授禪法。北宗強調「拂塵看淨」，力主漸修，要求打坐「息想」，起坐拘束其心，曾盛極一時。

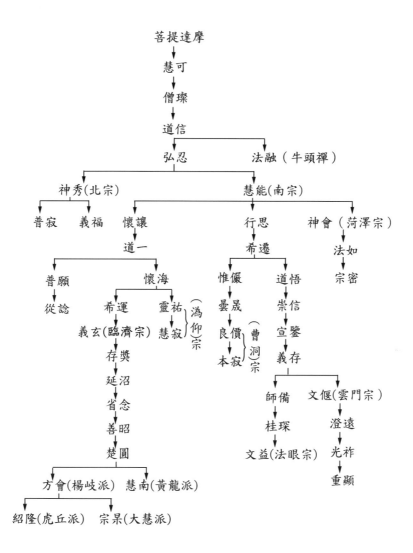

南宗慧能（638-713 年），俗姓盧，先世范陽（今北京南）人，父親因貶官至嶺南新州（今廣東新興）。慧能自幼喪父，家境貧寒，以打柴養母度日。據傳，因聽人誦《金剛經》而發心學佛，遂投弘忍門下，先在碓房舂米做苦役。弘

忍晚年欲傳法時，召集眾弟子各出一偈以證心意。上座神秀作偈云：「身是菩提樹，心如明鏡臺，時時勤拂拭，莫使惹塵埃。」表達了他重視宗教修習的漸悟傾向。當時僅為伙頭僧的慧能不識字，請人代筆寫一偈曰：「菩提本無樹，明鏡亦非台，佛性本清淨，何處惹塵埃。」[38]弘忍見他識地透澈，就在夜間秘密把法衣傳給他，並叮囑他急速南下隱居，待時機成熟再出來行化。於是慧能到廣東曹溪（今曲江東南），在懷集一帶隱遁達十五年之久，然後南下到廣州法性寺（今光壽寺）。據傳，當時有兩個僧人爭論風幡，一說是風動，一說是幡動，爭論不休，相持不下。慧能便插嘴說：「不是風動，也不是幡動，而是你們的心動。僧人聽了十分詫異，寺主宗印法師便請他至上席，相問佛法，慧能對答如流，並乘機出示黃梅衣缽，隨之應請，為僧人開示僧門。他曾相繼在廣東韶關大梵寺、曹溪寶林寺傳法，其門人法海將其錄為《壇經》（全稱為《南宗頓教最上大乘摩訶般若波羅蜜經六祖慧能大師於韶州大梵寺施法壇經》），此經的中心思想是注重性淨，強調自悟；認為人本來是有心性（佛性）的，徹見此心性便能成佛；提倡單刀直入，頓悟成佛。慧能所倡導的這種方便法門，又結合世俗信仰而推重《金剛經》，一掃幾百年來佛教大量譯經、誦經，大搞宗教儀式，長時間坐禪的修煉方法，在僧俗中造成了極大震動，使禪宗思想和流派迅速遍及全國。慧能的宗教改革乃是中國禪宗的真正創源。

慧能身後，禪宗分成菏澤、青原、南岳三大系統。菏澤神會（？-760 年），初師神秀，後投於慧能門下，秘密傳法後去嶺北傳教。當時北宗勢力正盛，神會在滑臺（今河南滑縣）大雲寺舉行大會，論定達摩一宗的法統，評定南北是非，力爭正統，攻擊北宗沒有得弘忍衣缽，不是正系。批評北宗「師承是旁，法門是漸」，造成了慧能是達摩以來的直接繼承者的印象，使南宗勢力大增，北宗從此門庭冷落。神會也被尊為七祖，其法統為菏澤宗。弟子有無名、法如等，三傳至圭峰宗密，提倡禪教合一。宗密為華嚴宗傳人，菏澤宗至此中絕。

南岳懷讓（677-744 年），少年出家，在曹溪隨慧能學教十五年，後往南岳

---

38 此據敦煌本《壇經》，通常此句載為「本來無一物」。

傳法。弟子中以道一最為著名。道一（709-788 年），俗姓馬，後世稱馬祖。年幼出家，在南岳結庵而居，終日坐禪。懷讓問曰：「大德坐禪圖什麼？」道一答：「圖作佛。」懷讓乃取一磚在地上磨。道一問：「磨磚作麼？」懷讓答：「磨作鏡」。道一驚異地問：「磨磚豈得成鏡耶？」懷讓反問：「磨磚既不能成鏡，坐禪豈得成佛耶！」[39]道一由此頓悟，深得懷讓禪法，往福建、江西一帶建立叢林，聚徒說法，弟子眾多，禪宗至此大盛。馬祖的高徒有懷海（720-814 年），在洪州百丈山（今江西奉新）創立禪院，並制定「禪門規式」，為後代奉為圭臬，是為「百丈清規」。唐末五代，懷海的弟子靈祐（771-851 年）嗣法，長住潭州溈山（今湖南寧鄉）弘道；靈祐的弟子慧寂（814-890 年）在袁州（今江西宜春）仰山接化，師資相承，別開一派，稱溈仰宗，五代時繁興一時，至宋四代而亡。懷海的又一弟子希運（？-855 年），住高安（今屬江西）黃檗山，有弟子義玄（？-867 年），在鎮州（今河北正定）滹沱河畔建臨濟院，別成一大宗派，稱臨濟宗。到宋代成為禪宗中最發達的流派。

青原行思（？-740 年），吉州廬陵（今江西吉安）人。從慧能得法後回吉安，住青原山靜居寺弘法。同門希遷（700-790 年）後又歸於行思門下，人稱石頭和尚。當時希遷和道一分別為江西和湖南兩地禪學的中心人物，稱並世二大士。希遷傳惟儼，惟儼傳曇晟，曇晟傳良價（807-869 年），良價住筠州洞山（今江西宜豐）傳法。弟子本寂（840-901 年）得法後住曹山（今江西宜黃）傳法，創曹洞宗。希遷還傳道悟，經三傳至義存，義存的弟子文偃（？-949 年），住韶州雲門山（在今廣東乳源）光泰寺弘法，創雲門宗。義存的弟子還有師備，經二傳至文益（885-958 年）在金陵（今南京）清涼寺弘法，學者雲集，南唐中主李璟賜以「大法眼禪師」稱號，開創「法眼宗」。雲門、法眼在宋初中絕，僅曹洞一系流傳下來，不過遠不如臨濟宗發達。

禪宗主張不立文字，「教外別傳」，不重禪定，強調頓悟。具體而言，溈仰宗主張眾生和萬物都有佛性，只要明心見性即可成佛；臨濟宗重視當面問答，針

---

39 《景德傳燈錄》卷五。

對不同對象進行說教，特別是採用棒喝來暗示和啟發問者，以迅疾的手段或警句使人省悟，機鋒峻烈，成為中唐以來最為盛行的禪宗流派；曹洞宗宣傳理事不二、體用無礙的思想，「家風細密，言行相應，隨機利物，就語接人」[40]；雲門宗奉行佛性普現萬有，真理不可名說，應隨機教化的說教方式，宗風「孤危聳峻，人難湊泊」[41]；法眼宗闡揚「對病施藥，相身裁縫，隨其器量，掃除情解」[42]的禪風。禪宗對佛教的這種改革，使之更易為中國士人所接受，同時也吸引了大批下層勞動群眾。所以，佛教經過「會昌法難」的打擊後，各宗派都相繼衰落，唯有禪宗迅速恢復，在五代以後一枝獨秀。宋明禪學與佛學幾乎成了同義詞，大眾化和中國化正是其奧秘所在。

8. 淨土宗　淨土宗是專修往生阿彌陀佛淨土法門的佛教流派，故名淨土宗。傳說東晉廬山慧遠曾邀集十八人，成立「白蓮社」，發願往生西方淨土，因此，又名蓮宗。慧遠因此也被奉為淨土宗始祖。不過當時並未形成淨土宗流派，只是代有傳習者。北魏曇鸞（477-543 年）在山西玄中寺提倡淨土法門，撰有《往生論注》等，依照龍樹的《十住毘沙婆論‧易行品》創立難行、易行二道之說。宣揚世風混濁，沒有佛的幫助，靠「自力」解脫很困難（即難行道），而憑借佛的願力（他力）往生淨土是易行道。他認為一心專念「南無阿彌陀佛」名號，便可往生淨土。曇鸞是淨土宗形成之前的重要傳承者。

淨土宗的真正創始人為隋唐之際的道綽和善導。道綽（562-645 年），原為涅槃學者，後在玄中寺見到記載曇鸞事蹟的碑文而受到啟發，專心修習淨土法門，日誦「南無阿彌陀佛」七萬遍，大力提倡憑借阿彌陀佛往生西方極樂世界為淨土法門的唯一出路。他的弟子善導（613-681 年），後到長安光明寺傳教，撰《觀無量壽經疏》和《往生禮贊》等，闡述立宗的理論根據，組成了完備的理論和行儀，正式成立了淨土宗。史載，當時從善導教化的人不可勝數，有的竟誦《阿彌陀經》十萬至五十萬遍，念佛日課一萬至十萬聲，淨土信仰得到極大發

---

40 《人天眼目》卷三。
41 《人天眼目》卷二、四。
42 同上。

展。

淨土宗的經典為三經一論，即《無量佛經》、《觀無量壽佛經》、《阿彌陀經》和《往生論》。此宗重信仰而不重理論，宣揚以修持念佛行業為內因，以彌陀願力為外緣，內外相應，往生西方極樂世界。此宗強調不一定要通達佛經，廣研教乘，也不一定要靜坐專修，只要信願俱足，一心稱號念佛，就可往生淨土。念佛法門原有三種：一是稱名念佛；二是觀想念佛，即觀佛三十二種相，八十種好；三是實相念佛，即觀法身非有非無中道實相之理。慧遠提倡的是後兩種法門，曇鸞則三種兼弘，後經道綽到善導，只側重於稱名一門了。

隋唐時期的佛教各宗派大都教理深奧，儀軌繁雜，不利於普及，較多流行於上層和知識階層中。而淨土宗理論簡單，法門簡易，很適合在大眾中傳播。所以，雖經會昌法難打擊，但仍能渡過難關，繼續流傳，一直到近現代，並且在十二世紀時還遠播日本。宋以後的禪宗、律宗、天臺諸宗的學者多兼弘淨土。淨土宗也是中國化、世俗化的佛教重要流派。

9. **密宗**　也稱密教、秘密教、真言乘、金剛乘、瑜伽密教等。它是印度密教在中國流傳的結果。印度佛教在發展的後期，出現了與傳統的印度宗教——婆羅門教相結合的密教。它既保留了佛教的基本信仰，又吸收了婆羅門教的內容。其特徵是主張身、口、意三密相應，即手結契印（手式、「身密」），口誦真言咒語（「語密」），心作觀想佛尊（「意密」）。他們認為佛祖的「真言」、「密語」是不能見諸文字、廣為傳布的，只能對接受灌頂儀式的弟子密傳，由此而與「顯教」的諸多流派相區別。密宗是佛教諸流派中最具神秘色彩的宗派，它自稱受法身佛大日如來深奧秘旨的傳授，為真實言教，而真言奧秘，不經灌頂，不經傳授，不得任意傳習及顯示給別人，它以用咒語（陀羅尼）作為修習方便，儀軌極為複雜。

密教經典很早就傳入中國，但密宗的創立卻在唐代。唐前期，中印交通發達，唐玄宗開元四年（716 年），南印度僧人善無畏帶來傳承印度密教胎藏界密法的《大日經》，與弟子一行譯出，成為密宗的主要經典。開元八年，南印度僧人金剛智及其弟子北印度僧人不空傳入《金剛經》，由不空譯出，開始傳習印度

密教金剛界密法。後來，傳習這兩種密法的善無畏、金剛智經過彼此互相傳授，融合充實，在中國創立了密宗。善無畏、金剛智和不空三人被稱為「開元三大士」。善無畏曾受玄宗禮遇，被尊為國師，設內道場，為皇族寧王、薛王等灌頂受法。金剛智亦被尊為國師。不空曾於天寶元年（742年），秉承師命，赴印度和獅子國（今斯裡蘭卡），尋求密藏梵本，於天寶五載返回中國，帶來密教經典一千二百卷，譯出一百一十一部，一百四十三卷，成為中國佛教史上的四大翻譯家之一。他曾設內道場，為玄宗、肅宗、代宗灌頂受法，成為三代帝師。曾被加封鴻臚卿、開府儀同三司、肅國公，賜實食封三千戶，辭而不受。圓寂後諡為大辨正廣智不空三藏和尚。在開元三大士的大力弘揚和中唐諸帝的推崇下，密宗曾繁盛一時，特別受到宮廷貴族們的垂青。

漢地密宗的重要傳人有僧一行和釋惠果。一行（637-727年）和尚學識淵博，曾學禪、律、天臺諸宗，後投入善無畏門下，協助譯經。他精通天文、曆算、陰陽五行學說，撰成《開元大衍曆》，還推動了世界上第一次實測子午線的壯舉，是中國歷史上著名的天文學家。惠果（？-805年），曾向善無畏學胎藏界，向金剛智學金剛界，深得唐代宗信任，曾任內道場護持僧。後又接受德宗、順宗的皈歸，亦是三朝國師，深受敬重。他的弟子眾多，有南爪哇僧辨弘，日本僧空海、義操等。後來，空海回國傳播東密，義操的弟子門人傳播臺密，將密宗傳入日本。

密宗雖曾盛極一時，但其傳播和修持的方式非常不利於其發展，尤其是它的修行儀式中有一種宣揚縱欲的男女雙修方式，很難為漢地重家族倫理的文化相協調。所以，密宗雖然在盛唐和中唐的帝王貴族中廣為流傳，但在惠果死後，就逐漸在漢地失傳了。不過，從印度傳入西藏的密教結合當地的宗教，發展成為後來的喇嘛教。

第二節・

道教的風行

　　道教是中國土生土長的宗教，在經過南北朝時期的改造充實，到隋唐五代時期已經發展為較成熟的宗教，進入了鼎盛期。這一時期道教發展的聲勢浩大，各地道觀林立，道徒眾多，求仙學道之風遍及帝王公卿、工商百姓，道教活動的盛行，對當時的文化發展產生了深刻的影響。

一、崇道高潮迭起

　　隋代是個短命的王朝，只存在了三十七年。由於隋代統治者對佛教的過分尊崇，所以給人一種假象，好像是道教受到了貶斥和壓抑，其實不然。隋代統治者對道教採取了利用、控制和防範措施，促進了道教的穩步發展，為道教在唐代的全面繁榮奠定了基礎。

　　北周武帝出於富國足兵的願望，曾在滅佛的同時，限制道教的發展。隋文帝楊堅在輔政時，為取代北周，曾兩次下令興復佛、道二教。一些政治嗅覺敏感的道教徒揣摩其意，為他改朝換代積極鼓吹，如道士張賓、焦子順密告以受命之符。楊堅即皇帝位後，這兩個道士立即受到重用，並下令修道觀、度道士。同時對毀壞偷盜天尊像、岳鎮海瀆神形者，處以不道罪；對道士毀壞天尊像者，以惡

逆論處。隋文帝楊堅為了證明自己是「祇奉上玄，君臨萬國」的真龍天子，還曾親臨老子故里亳州，並命薛道衡「建碑作頌」[43]。

隋煬帝楊廣亦尊禮道教徒，他為藩王、坐鎮揚州時，就曾開置四道場，由國司供給，釋李兩部各盡搜揚。當時，許多道教上層人物出入藩府，為楊廣奪嫡張目，像高唐人乙弗弘禮就密告楊廣當「為萬乘主」，受到重用。楊廣還師事道教領袖人物徐則、王遠知等，迷信道教金丹術，企求長生不死。他在京城置道術坊，在中央機構中置崇玄署，以規範道教的管理。這些措施對道教的發展都較為有利，據杜光庭《歷代崇道記》載：隋代僅在長安和洛陽兩京建道觀就達六十座，度道士三千餘人。

道教在隋代儘管取得了較大的發展，但與隋王朝的佞佛政策相比，道教的發展還是有限的，所以在隋末群雄並起時，道教徒又捏造了許多圖讖為他們服務。道士桓法嗣就偽造了《孔子閉房記》鼓吹王世充當「應符命為天子也」而受到重用。[44]在道教圖讖中，有一條「李氏當王」的讖語最為流行，隋煬帝聽信方士之言，將關隴貴族集團中的李遠家族滅族，而李淵則受到猜忌，李密則參加了楊玄感起兵，後又成為瓦崗軍的首領，李軌則據此占武威，自稱大涼皇帝。

唐朝是道教的鼎盛期，道教的發展高潮迭起。唐王朝在創立的過程中，就與道教結下了不解之緣。李淵太原起兵前，道教徒王遠知、歧暉、李淳風等，就或密告符命，或預言李淵當建立新王朝，或借老君口傳言當受天命。晉陽起兵後，道教徒不僅繼續捏造霍山神話和羊角山神話，借太上老君之口為李淵集團鼓氣，而且還有不少逸民道士，遠辭丹灶，投軍效力，貞觀名臣魏徵就曾經做過道士。當李淵集團進軍關中時，樓觀道士歧暉還以觀中資糧盡數接濟李淵之女平陽公主的部隊，還改名歧平定以示擁護，並發道士八十餘人向關接應。道教對李唐王朝的鼎力相助，自然也得到唐王朝的尊崇。

李唐王朝建立後，為了神化自己的統治，認道教教主李耳為祖，大加封號，

---

43 《隋書·高祖紀》。
44 《隋書·王世充傳》。

大立道觀，謁祠禮拜，優禮道士、女冠，提高道教在三教中的地位，令天下士人皆讀老子書，科舉考試中設道舉，給道士加官晉爵，修《道藏》等，道教的發展盛極一時。

唐高祖曾因晉州人吉善行於羊角山傳老君言「子孫享國千歲」而於其地立廟祭祀，武德七年（624 年）還親自到樓觀，拜謁老子祠。唐太宗於貞觀十一年（637 年）於亳州修老君廟，並度道士和撥給廟戶以奉香火。當時，有僧人智實和法琳稱李唐皇室非老子之後，智實被杖不久死去，法琳則被流放。唐高宗即位後，不僅親自到亳州謁老君廟，並且追尊老君「太上玄元皇帝」號，下令王公百僚皆習《老子》，於科舉考試中加試《老子》，還令天下諸州普置道觀、度道士等，形成了道教在唐代發展的第一個高潮，道教的理論化建設也大大加強。

武則天出於改唐為周的政治目的，曾大力扶植佛教，為她當女皇大造輿論，與此同時，道教受到一定程度的壓抑，如她規定釋教在道教之上，僧尼處道士之前，並且削去老君「太上玄元皇帝」之號，等等。但她也清楚地認識到「佛道二教，同歸於善」[45]，所以她不僅襄贊高宗搞過一系列的崇道活動，而且她也利用道教為她服務，並且還搞過求仙煉丹一類的活動，這樣就使得道教在原來的基礎上得到繼續發展。

唐中宗即位後，復周為唐，道教的地位也有所恢復，他下令老子依舊為玄元皇帝，貢舉人習《老子》，令天下諸州立觀等；睿宗本人不僅醉心道術，建玄元皇帝廟，而且還鼓勵他的兩個女兒金仙、玉真公主出家為女冠，並為她們修建了富麗堂皇的道觀。

唐玄宗繼位後，唐代道教的發展達到最高潮。他給老子追加的封號越來越尊崇，天寶二年（743 年）正月加「大聖祖」，八年（749 年）六月加號為「聖祖大道玄元皇帝」，十三年（754 年）二月加號為「大聖祖高上大道金闕玄元天皇大帝」。同時，莊子、文子、列子、庚桑子也分別被尊為南華、通玄、沖虛、洞

---

45 《唐大詔令集‧條流佛道二教制》。

虛四真人號。開元二十四年（736 年），詔令道士、女冠籍隸宗室，歸宗正寺管理，確立了道教為皇族宗教的尊崇地位。後來，又於崇玄館置玄學博士，設道舉，以四子所著書為真經，創立太清宮朝聖制度，下令修《道藏》等。在唐玄宗的狂熱扶植下，道教在唐代的發展達到了鼎盛期。

安史之亂曾使唐代道教的發展受到一定程度的衝擊，但從玄宗晚年颳起的道教神仙怪異之風，到中唐日益摻入濃厚的巫術迷信傾向。唐肅宗曾借玄元皇帝神化他的統治，唐代宗則下令大規模度人入道，修建規模宏麗的乾元觀。他們重用王、黎幹和道士李國禎等，「命巫媼乘驛行郡縣以為厭勝，凡有所興造功役，動牽禁忌」[46]，齋醮祈禳，且無虛月。唐德宗即位以後，曾謀有所振作，他討厭巫祝怪誕之士，下令不得奏置宮觀和度人入道，但自四鎮連兵、涇原兵變之後，德宗被迫出逃，他也由最初的反對巫祝迷信變得開始疑神疑鬼起來，如他相信術士桑道茂之言，「以時日禁忌為意」，又重用道教色彩濃厚的宰輔大臣李泌、韋渠牟、關播、李元平、陶公達等人，使道教巫術迷信之風越颳越烈。憲宗、穆宗、敬宗、文宗則對道教的長生久視之術迷戀很深，他們向往神仙不老之境，重用道徒方士，合煉金丹。憲宗聽信皇甫鎛、柳泌、李道古之言，因「服餌過當，暴成狂躁之疾，以至棄代」[47]；穆宗在懲辦毒害憲宗的山人方士之時，卻又餌其金石之藥，以致過早辭世；敬宗還是一少年天子，卻也求訪天下異人，冀獲靈藥，得長生久視之道；文宗則重用善合金丹的鄭注為相，以至引起民間驚懼。

至唐武宗時，形成了唐後期崇道的又一個浪潮。唐武宗篤信道教，他在即位之後，立刻召集道士趙歸真等八十一人入禁中，於三殿修金籙道場，武宗親受法籙。他還聽信道士鄧元起、趙歸真、劉玄靖等人的蠱惑，興起會昌滅佛。同時又大興土木，於禁中建成望仙樓、降真臺等窮極奢麗的建築，追求神仙長生之道。乃至後來也「餌方士金丹，性加躁急，喜怒不常」[48]而至英年早逝。宣宗即位以後，雖然誅殺了趙歸真等十二人，又興復了佛教，但他也迷信神仙之術，曾遣使

---

46 《舊唐書·李泌傳》。
47 《舊唐書·李臬傳附李道古傳》。
48 《資治通鑑》卷二四八。

羅浮山，迎道士軒轅集問長生之術，後來又服食了道士盧紫芝等人的金丹，以致疽發於背而卒。即位的懿宗雖然佞佛，卻也崇道，他曾借玄元皇帝名義捏造讖語以證明自己即位的合理性。僖宗在位時，唐末農民大起義風起雲湧，他乞靈於道教大聖祖以幫助他重現太平，他不但寵信道士，親受法籙，而且還大搞崇道活動，以期挽救行將覆滅的唐王朝，但這些崇道活動都未能阻止唐王朝滅亡的命運。

綜觀有唐一代，據杜光庭統計，所造宮觀一千九百餘所，度道士一千五百餘人。這個數字尚不包括王公貴戚及公卿百姓所舍莊宅為道觀者，同時還有大批私入道的偽濫道士及道姑等，總計全國道觀數應超過六千座，道士也應多於四萬名。[49]

五代十國時期，也有不少帝王崇信道教。朱溫建立後梁，雖然廢太清宮、紫極宮為廟觀，但他也籠絡有名望的道士，如賜道門威儀鄭章號貞一大師，道士夏隱言賜紫；後唐莊宗信任道術之士周玄豹、程紫霄，還以狂熱的神仙迷豆盧革、盧程為相；明宗不但修葺宮觀，還曾召道士十二人於中興殿修金籙齋，以名位籠絡道士鄭遨等，賜陳摶「清虛處士」號；後晉高祖石敬瑭也「慕黃老之教，樂清靜之風」[50]，禮道士張薦明為師，訪以治世之道；後周世宗一方面抑佛，另一方面又崇道，他曾召陳摶，問飛升黃白之術。十國中也有不少君主崇道。前蜀王建尊禮道門領袖杜光庭，封金紫光祿大夫、蔡國公，進號廣成先生；後主王衍親受道籙，起上清宮，尊神仙王子晉為「聖祖至道玉宸皇帝」，並狂熱學仙，終至亡國；後蜀主孟昶，也崇道，他曾奉道祈禳，並有道號「玉霄子」；吳王楊行密崇信道士聶師道，號問政先生，建紫極宮以居之；南唐烈祖李昇好神仙方藥，敬重茅山道士王棲霞，終因服食金丹中毒身死；吳越王錢鏐敬重道士閭丘方遠，賜號洞玄先生，又師事道士錢朗，招道士為其煉丹；閩王王璘，好神仙之術，道士陳守元、巫者徐彥林，與盛韜共誘之作寶皇宮，極土木之盛。這些統治者們崇道程度雖然不同，但他們所進行的一系列崇道活動都促進了道教的發展。

---

49 王永平博士論文：《道教與唐代政治》。
50 《舊五代史·晉書·高祖紀》。

二、道派的興盛融合

道教經過魏晉南北朝的分化發展之後，在南北朝末又呈現融合趨勢。隋唐大一統王朝的相繼再現，打破了地域分割界線，為道教的融合進一步創造了條件，同時也帶動了道派的繁榮興盛。

茅山宗是隋唐五代時期道教的主流派，其傳承世系如下：

王遠知──潘師正──司馬承禎──李含光──韋景昭──黃洞元──孫智清──吳法通──劉得常──王棲霞

茅山宗的許多宗師出身仕宦之家，諳熟政治，他們雖然身披道服，卻積極參與政治，甚至還扮演了帝師的角色，從而帶動了茅山宗的發展。

王遠知是隋唐之際茅山宗的著名宗師，他出身琅邪王氏，祖、父都曾官至南朝州刺史。他自幼聰慧，博覽群書，曾入茅山拜陶弘景為師，學其道法，後又師事宗道先生臧兢。他熱衷於政治，在南朝、隋、唐風雲變幻之際，以善於觀察政治風向而聞名，受到南朝陳、隋、唐統治者的優渥，使茅山宗在這個時期得到很大的擴展。隋煬帝楊廣為晉王坐鎮揚州時，曾迎他入宮，親執弟子禮。唐高祖李淵未發跡時，他又密告符命，唐太宗李世民尚未登基前，他又預言當作「太平天子」，所以，他一直受到隋唐統治者的寵信。死後，被諡為「升真先生」，追贈金紫光祿大夫。王遠知的弟子很多，最著名者有潘師正、徐道邈、陳羽、王軌等。王軌與潘師正分傳茅山道於南北，至韋景昭時又合二為一。

潘師正居中岳傳道五十餘年，其祖、父也皆於北朝官至州刺史。據說他生有仙骨，幼無童心，少年喪母後即出家為道士，隨王遠知學道法，後居嵩山傳道。唐高宗李治曾多次駕幸嵩山，咨訪道要。永淳元年（682 年）卒，高宗及天後追思不已，贈太中大夫，賜諡體玄先生。他的弟子十八人，以韋法昭、司馬承禎、郭崇真、吳筠等最為知名。他對茅山宗在北方的發展做出了貢獻。他的思想見於《道門經法相承次序》，匯集了南北朝以來的各派道經，顯示了他對各家的融匯態度。

司馬承禎，字子微，法號道隱，河內溫（今河南溫縣）人，出身仕宦之家。少好學，薄於為吏，年二十一 出家為道士，師事潘師正，居嵩山，學其符籙及辟穀導引服餌之術，後止於天臺山傳法。武則天聞其名，召至都，降手詔以贊美之；睿宗時，又訪以陰陽術數之事；玄宗從其受法籙，又為他在王屋山築觀。開元二十三年（735 年）卒，贈銀青光祿大夫，諡曰貞一先生，並為御製碑文。他和當時的許多文人士大夫來往密切，與陳子昂、盧藏用、宋之問、李白、王維、孟浩然、賀知章、王適、畢構為仙宗十友，擴大了茅山宗在文士中的影響。他在道教理論上也多所建樹，主要著作有《坐忘論》、《天隱子》等十餘部，對茅山宗的發展起了重要的作用。他的弟子有七十餘人，唯有李含光、焦靜真得其道。

李含光，本姓宏，因避孝敬皇帝李弘諱，改姓李。廣陵江都（今江蘇揚州）人。開元中從司馬承禎傳受道法，開元末，玄宗召問理化，拜為師，賜號玄靜先生。玄宗曾多次致書問訊，賞賜優厚。他整理上清經法，注意教理發展，更進一步擴大了茅山宗的影響。

韋景昭，丹陽延陵人，初師事包世榮，天寶中奉詔侍李含光歸茅山，大曆中受正傳，卒於貞元初。

黃洞元，南岳人，早游華陽，與李含光為師友，後至茅山住下泊宮，學韋景昭之學，卒後，德宗賜洞真先生號。

孫智清，年少時入茅山，師事黃洞元，大和六年（832 年）為山門威儀，會昌元年（841 年）奉召修生辰齋，武宗賜明玄先生號。

吳法通，潤州丹陽人，曾參加科考不中，入茅山隨孫智清為道士。僖宗曾遣使受大洞籙，尊稱為度師，賜號希微先生。

劉得常，金陵人。十七歲時作《大道歌》，師事吳筠，居紫陽觀二十年，傳道法。

王棲霞，唐末避亂於壽春，從問政先生聶師道傳道法，後至華陽，從威儀鄧啟遐受大洞經訣。南唐李昇召至金陵，加金印紫綬，號玄博大師。

綜觀茅山宗在隋唐五代三百多年間，共傳十代，在茅山宗歷史上分別被尊為第十代至十九代。茅山宗能兼收並蓄，吸收三教之長，並融匯三洞經法，不持門戶之見，採取開放態度，且有一個獨立而嚴密的傳承體系，人才輩出，香火不斷，使茅山宗終於成為隋唐時期道教的主流派。茅山宗除了這十代宗師外，還湧現出不少大師，如與潘師正齊名的王軌，居茅山傳法，弘揚茅山道法於南方，他曾隨王遠知赴隋煬帝楊廣召，又得唐太宗垂青，常向他諮訪道要。他卒於高宗時，弟子最著名者有戴慧恭、包方廣、吳德偉、王元熠等十餘人。其中包方廣傳包法整，法整傳包士榮，士榮傳韋景昭。另外，像潘師正的弟子吳筠，也是當時著名的茅山宗大師，他頗善文辭，與文學之士多有交往，曾與李白、孔巢父等詩篇酬和，玄宗聞其名，徵召他待詔翰林，問以道法，深受器重，天寶中辭還山，主要論著有《玄綱論》和《神仙可學論》等十餘部，對道教的理論建設有重大貢獻。茅山宗在王遠知的努力下，得到隋唐統治者的重視；在王軌和潘師正的弘揚下，在南北得到普遍發展；在吳筠和司馬承禎時期，理論建設大大加強，上清經法滲透其中，使得茅山道法流布全國；李含光充當「帝師」，比其前輩大師更受到統治者的優寵，在統治集團上層中進一步擴大了影響，更加使得茅山宗「玄門以彰」，在盛唐時臻於極盛。李含光以後，茅山宗逐步走向衰落。

樓觀道在魏晉北朝時期已經成為道教的一個重要派別，他以陝西盩屋（周至）終南山麓的樓觀為中心，成為中國西北乃至北方道教活動的重要區域。

樓觀道士與茅山宗師相似，亦善於窺測政治風向的變化，及時採取相應的對策，所以不僅獲得周、隋統治者的支持，而且由於歧暉贊助李淵起義，又受到李唐王朝的特別尊崇，在唐代得到繼續發展。隋唐時期樓觀道著名宗師有歧暉、巨國珍、田仕文、尹文操、李玄嘖、顏無待、傅承說等。

歧暉在大業七年（611 年）就預言「當有老君子孫治世」。李淵晉陽起兵後，他又測定李淵必是「真君出世」，盡以觀中資糧接濟平陽公主軍。李淵進軍關中時，他又改名歧平定，發道士八十餘人向關接應。李淵建唐後，立即下詔褒獎歧暉，並授以銀青光祿大夫。以後，唐高祖還多次謁樓觀以示崇敬。

巨國珍，武功人，性淳厚好神仙學。隋文帝仁壽四年（604 年），年三十時

於樓觀入道，卒於唐太宗貞觀八年（634年）。

田仕文，右鄠人。隋文帝開皇七年（587年）入道，師事韋節，學習三洞經法及符訣，又誦《靈寶》、《生神章》二經。卒於貞觀十七年（643年）。弟子最著名者為尹文操。

尹文操，天水人（今甘肅天水）。少時即入道，頗得唐高宗賞識，「出入供奉，詢德咨量，救世度人……三十餘年，以日系月，始終不絕。……君臣同悉，救書往復，日月更回」[51]。唐高宗以晉府舊宅為太宗造昊天觀，以他為觀主。他曾奉敕修《玄元皇帝聖紀》，神化李唐王朝。高宗授以銀青光祿大夫，行太常少卿。著作有《祛惑論》等，弟子有侯少微等。

李玄崱、顏無待、傅承說等參與了玄宗時的崇祖尊道活動。

樓觀道本有崇老的傳統，力主老子化胡說。李唐王朝建立以後，為了給他們的統治披上一層神聖的靈光，大搞「尊祖」、「崇本」活動，竭力神化老子。樓觀道在其中起了重要的作用，當時許多有關老君的神異傳說都和這個道派有關。所以樓觀道受到唐朝統治者的殊寵，大大地提高了它的社會地位。樓觀道還善於融匯各道派之長，如茅山宗就曾給予它不斷的影響，同時它又吸收了重玄派的思想，博采眾長，融匯南北經法，使其發展充滿了活力。

南岳天臺派是茅山宗第十二代司馬承禎所傳，此派以居住於南岳、天臺傳道而得名。所傳授的經法為上清大洞秘法或三洞經籙。其傳承世系為：

司馬承禎──薛季昌──田虛應──馮惟良──應夷節──杜光庭

這個道派聞名者頗多，如田虛應的弟子中，陳寡言、徐靈府、劉玄靖等人也頗知名，馮惟良的弟子還有葉藏質、沈觀等，陳寡言則傳劉處靜，徐靈府傳左元澤，劉玄靖傳呂志真，葉藏質、沈觀、劉處靜、左元澤等又傳閭丘方遠，閭丘方遠的弟子頗多，聶師道、程紫霄、夏隱言等最知名，聶師道的弟子中有鄧啟遐、王棲

51 《全唐文》卷一六五員半千《大唐宗聖觀主銀青光祿大夫天水尹尊師碑》。

霞等最出色。

南岳天臺派秉承其祖司馬承禎的傳統，也頗有善於走上層路線者。如薛季昌曾被唐玄宗召入宮中，延問道德，甚受恩寵；田虛應應潭州郡守請，祈雨；馮惟良曾受憲宗詔，不赴；應夷節所居道壇，武宗賜名道玄院；葉藏質本為葉法善之後裔，曾上疏懿宗奏乞石門山居為玉霄宮；劉玄靖，敬宗時詔入思政殿，問以長生事，武宗時又召入禁中，請授法籙，賜以銀青光祿大夫、崇玄館大學士，號廣成先生；閭丘方遠是傳揚南岳天臺派的重要人物，吳越王錢鏐曾為他建宮觀以居之；聶師道，大受吳王楊行密寵信，敕廣陵建玄元宮以居之，褒美為逍遙大師、問政先生，入室弟子十餘人，皆賜紫；杜光庭對道教的建設貢獻巨大，這和他得到統治者賞識是分不開的。他在僖宗朝即被賜紫，充麟德殿文章應制，成為道門領袖，中和元年（881 年），隨僖宗入蜀，遂留成都。後事前蜀王建，為光祿大夫、尚書戶部侍郎、上柱國、蔡國公，賜號廣成先生。後主王衍從其受道籙，以為傳真天師，崇真館大學士。他學識淵博，精通儒、道經典，一生著述甚多，是道教發展史上的重要人物。從這些道教人物的活動中，我們可以看出南岳天臺派之所以蔚為大派的原因。

此外，還有洞淵、北帝二派。洞淵派起源於晉末居馬跡山的道士王纂，以齋咒為人治病為特點。到唐高宗、武則天時，有道士韋善俊，「誦《道德》、《度人》、《西升》、《升玄》等經，人有所惠，悉為賑救之用」[52]。睿宗、玄宗朝，又有道士葉法善，出入宮廷，參與政治，大受統治者信用。其弟子有百餘人，以暨齊物、尹愔最知名。其後又有劉玄和，號混成子，鑿井汲水為人治病，多所痊愈，弟子有范仙舟。《道藏》中有冠洞淵字之經，即屬此派經籍。北帝派授北帝籙等經籍，治六天鬼神、辟邪禳禍之事，屬上清別派。唐道士有麻姑山鄧福唐，名紫陽，誦天蓬咒，感北帝授劍法。紫陽子華封，名德成。德成從子名延康。其後有居茅山之鄧啟遐，受籙於龍虎天師及何元通。王棲霞常問學。又有桃源黃洞元，授弟子何元通。這派與上清、正一有較密切的關係。

---

52 《歷世真仙體道通鑑》卷三十六。

中、晚唐五代十國期間，在西南巴蜀地區，有傳《鎮元策靈書》一派。此派假托神仙降授道書，實際上是與二葛一派有關的修煉之書。此派由宋沖元開始傳授，玄宗時有翟乾祐，遇真人，授以與正一道有關的三科秘術，代宗時召入京，賜號通靈大師。翟乾祐傳舒虛寂，舒虛寂傳向道榮，道榮傳任可居，共五世而止。

除以上道派外，還有些道士道派不明，道術不拘一格者，這種情況正好體現了唐代道派演化融合的趨勢。

從這一時期道教發展的情況來看，茅山宗成為道教的主流派，它在教理上受到重玄宗的影響，又吸取了靈寶齋法，融入了正一法，融匯了道教各派。這種情況正好適應了隋唐大一統的國家政權建設的需要。[53]

第三節 ·
外來新宗教
的傳播

隨著對外文化交流的擴大和發展，除了原有的佛、道二教得到重大發展外，從西亞、中亞和西域各地又相繼傳來了祆教、景教、摩尼教以及伊斯蘭教等新宗教。它們在內地的流布，推動了中西文化的交流，豐富了隋唐五代文化的內容。

---

53 參見卿希泰主編：《中國道教史》，第 2 卷，成都，四川人民出版社，1992。

一、祆教的流傳

祆教，是西元前六世紀，波斯人瑣羅亞斯德（Zoroaster）創立的，所以又稱瑣羅亞斯德教。該教以《阿維斯陀》為經典，通稱《波斯古經》。教義一般概括為「神學上的一神論和哲學上的二元論」，認為宇宙間有善惡兩種力量在進行鬥爭，善神代表清淨光明，惡神喻意污濁黑暗，人們應該從善避惡，棄暗投明。該教以火象徵光明，代表善神，而加以崇拜，所以又稱拜火教。除拜火以外，還崇拜日、月、星辰。中國人認為它拜天，其神曰「胡天神」，並特為它造「祆」字以代稱其神，所以又被稱為祆教。有時又連稱為火祆教。

西元三世紀薩珊王朝（229-652 年）興起後，定火祆教為國教。從此，中亞昭武九姓諸國和中國古代新疆地區的疏勒（喀什）、於闐（和闐）、焉耆等城邦，也相繼成為崇拜火祆教的地區。

關於火祆教傳入內地的最早年代，中外學者曾作過大量的論述。陳垣先生認為在五一六至五一九年之間，他說：「中國之祀胡天神，自北魏始，靈太后時（516-527 年），胡天神初列祀典」[54]。饒宗頤先生則認為「更應在其前」[55]。總之，從史書記載來看，北魏、北齊、北周的皇室都曾帶頭奉祀火祆教，說明祆教在內地已經有了一定的發展。

隋唐時期，火祆教在中原地區進一步流傳，主要表現在祆祠的設立和專司其教的職官的設置上。唐高祖武德四年（621 年），長安布政坊設立祆祠，其後醴泉坊、普寧坊、恭靖坊、崇化坊等處，也相繼建起祆祠。東都洛陽會節坊、立德坊、南市、西坊亦有祆祠。唐人張鷟《朝野僉載》卷三載：「河南府立德坊及南市、西坊皆有胡祆神廟。每歲商胡祈福，烹豬羊，琵琶鼓笛，酣歌醉舞。酬神之後，募一胡為祆主。其祆主取一橫刀，利同霜雪，以刀刺腹。食頃，平復如故。蓋西域之幻法也。」該書還提到「涼州祆祠廟，至祈禱日，祆主至西祆神前舞一

---

54 陳垣：《火祆教入中國考》，《陳垣史學論著選》，上海，上海人民出版社，1981。
55 饒宗頤：《穆護歌考──兼論火祆教入華之早期史料及其對文學、音樂、繪畫之影響》，《選堂集林》（史林），臺北，明文書局，1982。

曲，即卻至舊祆所，莫知其所以然也」。此外，像河西走廊的甘州、伊州、沙州、西州等地，也建有不少祆祠。[56]

伊斯蘭教興起以後，火祆教受其逼迫，在七世紀中葉以來，大批祆教徒東遷。政府為了有效地管理該教，繼承前朝舊制，設管教之官府稱薩寶府，官職分為薩寶、祆正、祆祝、率府、府史等，主持祭祀，自四品至七品不等，也有流外四、五品，《隋書·百官志》論北齊官制云：「有京邑薩甫二人，諸州薩甫一人，」隸屬於鴻臚寺的典客署。又云：「隋代有雍州薩保，視從七品，諸州胡二百戶已上薩保，視正九品。唐代有薩寶視流內正五品，薩寶府祆正，視流內從七品，有薩寶府祆祝，視流外勳官，薩寶率府，視流外四品，薩寶府史，視流外五品」。[57]宋敏求《長安志》卷十說：「薩寶府官，主祀祆神。」皆以胡人充任其職。向達先生引用了隋《翟突娑墓志》和唐《米薩寶墓志》，翟突娑父娑摩訶，曾任大薩寶，米氏則以薩寶為名。[58]信仰其教的人，也主要是胡人。《新唐書·百官志》記載：「兩京及磧西諸州火祆，歲再祀而禁民祈祭。」證明火祆教並不是能在老百姓中隨便傳播的。所以，火祆教雖然很早就傳入內地，但其發展及傳播並不很廣，據會昌五年（845 年）滅佛時同時禁斷火祆教的政府公告稱：「勒大秦、穆護祆三千餘人還俗。」[59]火祆教徒加上大秦景教徒也才不過兩三千人。可見，火祆教在中國流傳並不很廣。

宣宗大中初年，興復佛教，祆教同樣也被解禁，准許在胡人中流傳。宋人張邦基著《墨莊漫錄》卷四提到東京開封府城有火祆祠，其廟祝姓史，自云：「家世為祝累代矣，藏家世補受之牒凡三，有曰懷恩者，其牒唐咸通三年（862 年）宣武節度使令狐綯給；有曰溫者，周顯德三年（956 年）端明殿學士權知開封府王（朴）所給；有曰貴者，其牒亦周顯德五年（958 年）樞密使權知開封府王

---

56 參見姜伯勤：《論高昌胡天與敦煌祆寺》，載《世界宗教研究》，1993 年第 1 期；王素：《高昌火祆教論稿》，載《歷史研究》，1986 年第 3 期；林悟殊：《唐人奉火祆教考辨》，載《文史》，第 30 輯。

57 《通典·職官典·唐官品》。

58 參見向達：《唐代長安與西域文明·西亞新宗教之傳入長安》，北京，三聯書店，1957。

59 《唐會要·議釋教上》。據李德裕《會昌一品集·賀廢毀諸寺德音表》、《新唐書·食貨志》及《唐大詔令集·拆寺制》記載，均為二千餘人。

（朴）所給。自唐以來，祆神已祀於汴矣；而其祝乃能世繼其職，斯亦異矣。」從考古發掘資料也可證明祆教在晚唐仍在流行，陝西西安土門村唐咸通十五年（874 年）蘇諒妻馬氏墓誌的出土證明了這一點。據馬氏墓誌載，馬氏及其夫蘇諒均為波斯人，都是祆教徒，蘇諒曾任左神策軍教兵馬使。誌文用漢文和婆斯婆羅鉢文合刻，紀年使用祆曆，並用祆教善神為死者祝福。馬氏死時，距波斯薩珊王朝滅亡已有二百餘年，而死者仍用故國文字和曆法鐫刻誌文，信奉其國教。可見祆教在晚唐五代的胡人中仍在流傳。

二、景教的流行

景教是基督教的一個支派，由曾任君士坦丁堡主教的敘利亞人聶思脫里（Nestorias）創立。該教因反對基督教的「三位一體」說而被視為異端，受到迫害，西元五世紀以後在波斯得到很大發展，並於唐初傳入中國。

景教傳入內地時，又稱「大秦景教」或「大秦教」。大秦指羅馬。隨著唐初西域之路的重新打通，中西交流更加頻繁。貞觀九年（635 年），敘利亞人阿羅本等教士經波斯來到中國長安，在唐廷受到禮遇，唐太宗派大臣房玄齡等率儀仗赴西郊迎接，准許其譯經傳教，貞觀十二年（638 年），唐太宗下詔贊揚該教：「波斯僧阿羅本遠將經教來獻上京，詳其教旨，玄妙無為，生成立要，濟物利人，宜行天下。」[60]於是下令在長安義寧坊「建寺一所，度僧廿一人」。可知太宗並未真知該教教義，只覺得其教合於道家之旨，有利教化，故予支持。高宗時允許在各州建景教寺院，封阿羅本為鎮國大法主，不少教士還供職或服務於朝廷和軍隊。

景教寺院初建時，因其教傳自波斯，故名波斯寺，相沿至玄宗天寶四載（745 年）下令改稱大秦寺。肅宗、代宗、德宗諸帝都尊重該教，建中二年（781

---

60 《唐會要》卷四十九《大秦寺》。

年），曾於大秦寺立《大秦景教流行中國碑》，碑石至今仍保存在陝西省博物館，是研究景教在內地流傳的重要材料。碑文的作者景淨為波斯人，它記敘了景教在唐代前期傳播的情況。從碑文記載來看，該教頗受皇室及上層的禮重，如太宗優寵阿羅本；玄宗令高力士送五聖寫真（高祖、太宗、高宗、中宗、睿宗五帝之畫像）供奉於大秦寺內，詔佶和、羅含等教士於興慶宮修功德；肅宗寵教士伊斯以貴職；代宗於聖誕日賜天香以告成功。大臣如房玄齡、魏徵、尉遲恭、郭子儀等，也尊崇該教。景教受中國當時習俗及佛教的影響，多用時語傳布教義，如稱教士為「大德」、「僧」、「僧首」，教士亦有通佛、道、儒學者，所以其教得以受容於中國社會。但其教士及信徒多為外國人，碑文所記七十二個景教徒的名字，即以漢文和敘利亞文對照，所以該教流傳並不很廣。

武宗會昌滅佛時，景教和祆教同時被禁斷，但在邊遠地區仍有景教活動。敦煌遺書中曾發現過幾種有關景教的典籍，如《大秦景教三威蒙度贊》、《尊經》、《大秦景教宣元本經》、《一神論》、《大秦景教大聖通真歸法贊》等，說明景教在西北地區仍在流行。此外，阿布・賽義德《東遊記》提到唐末黃巢起義軍攻占廣州時，殺回、景、祆教徒及阿拉伯商人十二萬或二十萬人之多，無論這一記載是否確切，但至少可以說明當時沿海一帶有不少西來新宗教徒保持原來的信仰。

三、摩尼教的傳播

摩尼教創立於西元三世紀的波斯，因創教人摩尼（Mani）而得名。中國舊譯明教、末尼教、牟尼教、明尊教、二尊教等。該教在瑣羅亞斯德教的基礎上，吸收了基督教、佛教、諾斯替教等教義，形成了自己的獨特信仰，並創立一套獨特的戒律和寺院制度。初在波斯廣泛傳播，後受祆教排斥，定為異端，摩尼被處死。但摩尼教卻傳至亞非歐廣闊的地區。該教基本教義為「二宗三際論」。「二宗」，指光明與黑暗兩種力量；「三際」，即初際、中際和後際，也即過去、現在和未來。該教認為，在原初沒有天地之際，光明與黑暗、善與惡是相對的二元，各擁有自己的王國。光明的德性是愛、信、忠實、崇高（具足）、賢明、溫順

（忍辱）、智慧、了解、秘訣、洞察；黑暗的德性是愚痴、淫欲、自大（自譽）、亂他、嗔恚、不淨、破壞、銷散、死亡、誑惑。在中際，即世界創造之後，黑暗侵入光明王國，並與光明相混同。光明王國的主宰——大明神或大明尊為擺脫世界的黑暗，率領其使者或侍從淨氣（淨風）、妙風、明力（妙明）、妙水、妙火與黑暗王國的主管——凶神及其僚屬煙霧、熄熱、惡風、黑暗、濕氣進行長期鬥爭。在鬥爭中，大明神通過其使者善母創造了原人——人類始祖的形式，但原人在參加和黑暗的鬥爭中也被凶神所敗，投入地獄深淵。大明神為拯救其使者和原人，最後派出先知摩尼。在摩尼及其宗教的教化之下，於世界終末的後際終於戰勝黑暗，光明與黑暗又恢復各自的王國，彼此分離。[61]從摩尼教的教義來看，似乎與祆教有些相似，實際上有顯著的不同，摩尼教不僅講善惡二元，而且教義中始終貫穿善惡二元論，是典型的二神論宗教。

該教戒律可簡單概括為「三封十誡」。三封即口封、手封和胸封。口封是不吃酒肉，不說謊言；手封是不做壞事；胸封或稱陰部封，即戒淫欲。十誡是：不拜偶像，不謊語，不貪，不殺，不淫，不盜，不詐偽或行邪道巫術，不二心，不惰，每日進行四次祈禱，實行齋戒和懺悔。[62]

摩尼被處死後，該教得以迅速傳播，遍及亞、非、歐廣大地區。摩尼教從西域傳入中國，先至新疆地區，後至內地。武周延載元年（694年），「波斯國人拂多誕，持二宗經偽教來朝」[63]。女皇武則天親自接見了摩尼教經師，令其與僧徒辯論。武則天悅摩尼教教義，留其課經。這是摩尼教入中國的最早記載。

摩尼教在中國流傳的過程中，受中國傳統文化的影響，有逐步佛教化的傾向，並主張調和摩尼教和佛教、道教的關係，認為摩尼、釋迦、老子三聖同一。它在唐代曾兩度合法傳播。一在玄宗開元二十年（732年）之前，一在天寶以後。史載：開元七年（719年）六月，「吐火羅國支汗那王帝賒，上表獻解天文

---

61 任繼愈主編：《宗教詞典》，12、18、67頁，上海，上海辭書出版社，1981。
62 同上。
63 《佛祖統紀》卷三十九。據王仲犖先生在其《隋唐五代史》（下冊，1102頁，上海人民出版社，1990）中提到：「拂多誕，非人名，」乃波斯語 Jur sfadan，即知教義者之譯音。

人大慕闍」[64]，盛稱其人智慧幽深，無所不知，可詢問君臣事意及摩尼教法，乞為置法堂供奉傳教。慕闍乃中亞摩尼教團中的高級僧侶。開元十九年（731年），摩尼教經師奉玄宗之命，於集賢院翻譯《摩尼光佛教法儀略》。近代敦煌遺書中曾發現該經殘卷，此經已將摩尼教的基本教義教規介紹出來；同時該教與道教互相依附，與佛教彼此滲透，形成中國摩尼教的新特點。該經有一段關於老子化摩尼的經文，云：「我乘自然光明道氣，從真寂境，飛入西那玉界蘇鄰國中，降誕王室，示為太子。捨家入道，號末摩尼，轉大法輪，說經戒律定慧等法，乃至三際及二宗門，教化天人，令知本際。上至明界，下及幽涂，所有眾生，皆由此度。」又謂「三教混齊，同歸於我」，「是名總攝一切法門」。此處老子化胡並非西晉王浮《化胡經》原文，乃唐人所增，內中混同三教，把釋迦、摩尼視為一體，用道教、佛教解說摩尼教法，皆唐人觀念。開元二十年，玄宗發布敕令：「末摩尼法，本是邪見，妄稱佛教，誑惑黎元，宜嚴加禁斷，」但「以其西胡等既是鄉法，當身自行，不須科罪」。[65]這道禁令，不准唐人信奉，但胡人則不在限制之列。

天寶以前，傳摩尼教至中國者，主要是波斯、吐火羅等中亞、西亞國家；至德以後，使摩尼教在中國廣泛傳播者則為回鶻。摩尼教傳入回鶻，應當和傳入中原的時間相去不遠。當唐人禁斷摩尼教時，在回鶻則臣君上下，一致尊奉，成為國教。安史之亂時，唐政府曾兩借回鶻兵平叛，所以唐廷亦解除禁令，准許摩尼教在內地傳布。從大曆三年（768年）批准在長安為回鶻建摩尼寺，名曰「大雲光明寺」[66]，到大曆六年（771年），又下敕在荊、揚、洪、越等州各置大雲光明寺一所，[67]至元和二年（807年）又在河南府、太原府置摩尼寺三所。[68]摩尼教從京師長安擴展到今山西、河南、湖北、江西、江蘇、浙江等廣大地區，成為僅次於佛教的外來大宗教。在回鶻派來唐朝的使團中，常常有許多摩尼教徒同行，如

---

64 《冊府元龜‧外臣部‧朝貢四》。
65 《通典‧職官典‧秩品》。
66 《僧史略》卷下。
67 《佛祖統紀》卷四十一。
68 《冊府元龜‧外臣部‧請求》。

元和十二年（817 年），回鶻遣摩尼八人至；[69]長慶元年（821 年）五月，回鶻宰相、都督、公主、摩尼等五百七十三人，入朝迎公主；[70]唐政府曾於貞元十五年（799 年）四月，以久旱令摩尼師祈雨。[71]

唐武宗時，回鶻汗國解體，摩尼教和景教、祆教、佛教等外來宗教同時遭到禁斷，各地的摩尼教寺院被關閉，財產沒收，甚至還有在京城的女摩尼七十二人死的情況，外國教徒送遠處收管。[72]遭此打擊，摩尼教由公開活動轉入秘密傳教。

摩尼教徒生活儉樸，不茹葷，不飲酒，死後裸葬，且提倡同教人相親相恤，互助合作。其教義中的向黑暗鬥爭、爭取光明的宣傳，很容易為下層勞苦大眾所接受，成為農民組織反抗壓迫鬥爭的外衣。五代後梁貞明六年（920 年），陳州人毋乙、董乙利用摩尼教起義，一時聲勢甚盛，但被鎮壓。[73]後來摩尼教逐漸與中國民間秘密宗教相結合，成為農民運動的有力工具。[74]

四、伊斯蘭教的初傳

伊斯蘭教由穆罕默德於西元七世紀初在阿拉伯半島創立，至八世紀初已發展成為地跨歐、亞、非三大洲的世界性大宗教。該教以《古蘭經》為根本經典，信奉安拉。宣揚安拉為宇宙間唯一的全知全能、無所不在的造物主和真神，穆罕默德是安拉的使者，受命傳達神意，治理人世。

西元七世紀初，穆罕默德統一阿拉伯半島後，東滅波斯，西陷開羅，建立了勢力達到中亞、南亞和北非的阿拉伯帝國，中國史書上稱之為大食。穆罕默德用《古蘭經》鼓勵他的門徒：「為了追求知識，雖遠在中國，也應該去。」從此，

---

69 《冊府元龜・外臣部・和親二》。
70 《舊唐書・回紇傳》。
71 《唐會要》卷四十九《摩尼寺》。
72 《僧史略》卷下「大秦末尼條」。
73 《佛祖統紀》卷四十二。
74 陳垣：《摩尼教入中國考》，《陳垣史學論著選》，上海，上海人民出版社，1981。

大食和唐王朝間的政府和民間往來非常頻繁。但是在唐代，沒有明確記載伊斯蘭教傳入的時間。學者們關於伊斯蘭教傳入中國內地有幾種不同的說法，史學界一般傾向於陳垣先生的見解，把唐高宗永徽二年（651 年）大食國派使節來長安，作為伊斯蘭教正式傳入中國內地的標誌。[75] 阿拉伯商人在中國沿海與邊遠地區行商並建寺做禮拜，也許要更早一些。從永徽二年到貞元十四年（791 年）間，大食遣使來唐達三十七次之多。長安、洛陽、揚州、廣州、泉州等地都有為數眾多的阿拉伯商人，不少人還在中國定居落戶，娶妻生子，出現「五世蕃客」、「土生蕃客」，成為中國最早的穆斯林。據《資治通鑑》卷二三二載，唐德宗貞元三年（787 年），李泌檢括長安胡客有田宅者達 4000 人之多，其中以阿拉伯和波斯客為最多。這些來華的使節、商人、旅行家、航海家便是宗教傳入的媒介，伊斯蘭教信仰隨之進入中國內地和沿海，他們的宗教風俗受到政府和當地人們的尊重。這些胡客或藩客往往在沿海城市相聚而居，居地稱「藩坊」，雖無史料證明他們立有禮拜寺，不過既有共同信仰，必有相應的宗教生活，又處在中國人之中，不免與中國傳統信仰互相滲透。如在長安考中進士的李彥升，即大食商人的後裔。據九世紀到過印度和中國的阿拉伯商人蘇萊曼，在他的《印度·中國遊記》中記載，當時廣州有伊斯蘭教判官一人，依本教風俗管理本國人民，舉行宗教儀式。這說明，隨著阿拉伯人的來華，伊斯蘭教也傳入中國，並且唐政府似乎已設立官職管理其教。據說著名的伊斯蘭教徒瓦哈伯，即曾在廣州傳教。

天寶十年（751 年），唐朝與大食在怛羅斯發生了一次戰爭，唐軍失敗，被俘者不少。唐兵杜環被俘至大食居留十餘年，歸作《經行記》，對阿拉伯的伊斯蘭教有真切的觀察和記載，稱伊斯蘭教為大食法，這是中土著述中最早談述伊斯蘭教的記載。杜環在《經行記》裡說：「其大食王（哈裡發）號暮門……有禮堂容數萬人，每七日，王出禮拜，登高座，為眾說法。曰：『人生甚難，天道不易，奸非劫竊，細行謹言，安己危人，欺貧虐賤，有一於此，罪莫大焉。凡有征戰，為敵所戮，必得生天；殺其敵人，獲福無量。』率土稟化，從之如流。法唯從寬，葬唯從儉。」又說：「其大食法者，以弟子親戚而作判典，縱有微過，不

75 陳垣：《回回教入中國史略》，《陳垣史學論著選》，上海，上海人民出版社，1981。

至相累。不食豬狗驢馬等肉，不拜國王父母之尊，不信鬼神，祀天而已，其俗每七日一假，不買賣，不出納」[76]。這可以說是介紹伊斯蘭教的最早報道了。安史之亂爆發後，唐王朝「亦用其國兵，以收兩都」[77]，這些大食兵士，不少就落籍中國。這種因戰爭的關係而帶動的交往亦推動了伊斯蘭教的傳布。

祆教、景教、摩尼教和伊斯蘭教等西方新宗教的傳入，在更大範圍內推動了中西文化的交流，伴隨宗教而來的文化、藝術，豐富了中國當時的文化內容；同時也使盛唐文明更遠地走向西方。這些宗教的傳入，使中國內地居民的宗教信仰更加多元化，並且加速了多元文化的融合過程，使其逐漸滲透到傳統文化和民間習俗中去。宗教的東傳，也帶動了絲綢之路和海上交通及國際政治交往的發展。

第四節 ·

民間淫祠
巫鬼祭祀

民間淫祠巫鬼祭祀屬於原始的宗教信仰，具有廣泛的社會基礎。隋唐五代時期，雖然各種宗教都很興旺發達，但民間淫祠巫鬼祭祀之風仍很盛行。

民間祭祀的各種淫祠巫鬼，既有在歷史發展的長河中逐漸積澱下來的，也有

---

76 杜環《經行記》全書已佚，殘文見《通典》卷一九三、一九四。1947 年協和大學中國文化研究會出版張一純《杜環〈經行記〉箋證》。
77 《舊唐書·大食傳》。

根據現實生活需要而臨時設置的，而各級統治者的利用和提倡，則對此風的盛行起了推波助瀾的作用。

民間祭祀雜神的歷史源遠流長，並在一定的區域和範圍內形成傳統。一般來說，經濟文化越落後的地區，民間祭祀之風也越深厚。江南地區的開發晚於北方，隋唐五代時期，全國政治、經濟、文化的重心仍然位於黃河流域，而在相對落後的江南地區，民間淫祠巫鬼祭祀之風也明顯濃於北方。《隋書・地理志》記載：荊州風俗，「率敬鬼，尤重祠祀之事」；《通典・州郡典》說：揚州風俗，「尚鬼好祀」；而荊州「風俗略同揚州」。此外，像四川一帶風俗也好淫祠巫鬼，皇甫冉《雜言迎神詞》二首詩序稱：「吳楚之俗與巴渝同風，日見歌舞祀者。」在人煙稀少的涼州也盛行淫祠祭祀，王維《涼州郊外游望》詩描寫當地百姓賽田神的情景：「野老才三戶，邊村少四鄰。婆娑依里社，簫鼓賽田神。灑酒澆芻狗，焚香拜木人。女巫紛屢舞，羅襪自生塵。」可見隋唐五代時期民間祭祀風俗的傳統久遠深厚。

人們對那些在各地政績突出或對當地做出巨大貢獻的人，也往往毫不吝惜他們的崇敬之情，用各種各樣的方式紀念和感謝他們，其中建立各種各樣的生祠、祭廟是他們最普遍的一種形式。人們虔誠地祭祀他們，希望他們澤惠遺及後世。這種祠廟在各地有許多，如隋朝裴肅任永平郡丞，深得民心，死後當地人為他立廟於郡江之濱；[78]唐呂湮治理江陵三年，號稱「良守」，郡人感激他，為之立生祠，呂湮死後，當地百姓又湊錢十萬，「於府西爽塏地大立祠宇，四時祠禱之」；[79]袁滋在義成軍節度使任上，甚有政績，百姓立生祠禱之；[80]五代時後周薛瓊，在宿州及萊州任上，都有政績，宿州老百姓為他立碑頌美，萊州老百姓為他「立祠堂及樹碑，以述其遺愛」[81]。這類由老百姓自發建立的祠廟遍布全國各地，時間長了也成為百姓負擔，屬於「淫祠」範圍。

78 《隋書・裴肅傳》。
79 《舊唐書・良吏下・呂湮傳》。
80 《舊唐書・良吏下・袁滋傳》。
81 《冊府元龜・總錄部・立祠》。

在各級統治者中，也有許多人出於各種目的，大搞淫祠巫鬼祭祀之風。唐肅宗、代宗父子就非常迷信，一些民間祭祀的內容他們也常搞。《舊唐書·李泌傳》說：「初，肅宗重陰陽祠祝之說，用妖人王璵為宰相，或命巫嫗乘驛行郡縣以為厭勝，凡有所興造功役，動牽禁忌。而黎幹用左道位至尹京。嘗內集眾工，編刺珠繡為御衣，既成而焚之，以為禳襘，且無虛月。」代宗曾置天華上宮露臺、大地婆父、三皇、道君、太古三皇、中古伏羲、媧皇等祠，並設灑掃宮戶一百戶。[82]所以這個時期的政治生活搞得烏煙瘴氣，極不正常。韋丹在江西任上，為當地的開發和發展做了許多實實在在的事情，他的繼任裴諠很佩服他的政績，「上言為丹立祠堂，刻石紀功」[83]；更有甚者，唐後期河北幽州「俗謂祿山、思明為『二聖』」，公然與中央唱反調，穆宗長慶元年（821年），朝廷委派張弘靖出任節度使，欲變革其俗，「乃發墓毀棺」，居然還引起當地人不滿，造成兵變，朝廷只好免去張弘靖的職務。[84]很顯然，這是地方藩鎮割據勢力為了維持割據現狀而設的「淫祠」（其實應稱為「反祠」）。五代時，為了籠絡地方軍閥，也建立許多淫祠，如後梁為荊南節度使成汭、鄂州節度使杜洪立祠廟，後晉為河中節度使王重榮立祠廟，楚馬殷為部將馬琳立生祠。更有如吳越錢鏐者，自己為自己建了一座生祠。[85]這些祠廟純屬淫祠，除了加重人民負擔、禍害百姓之外，毫無任何紀念意義。但是各級統治者參與淫祠巫鬼祭祀活動，助長了此風的滋盛。

民間淫祠巫鬼祭祀之風的盛行，造成的社會危害很大。首先是勞民傷財，浪費驚人，成為壓在人民身上的沉重負擔；其次是妨害正常的生活和農作，使迷信之風更加浸淫人心。元稹的《賽神》詩深刻揭露淫祠巫鬼祭祀之風的危害，詩曰：

楚俗不事事，巫風事妖神。
事妖結妖社，不問疏與親。
年年十月暮，珠稻欲垂新。

---

82 《舊唐書·王璵傳附李國禎傳》。
83 《新唐書·循吏·韋丹傳》。
84 《新唐書·張嘉貞附張弘靖傳》。
85 《冊府元龜·總錄部·立祠》。

家家不斂獲，賽妖無富貴。

殺牛貰官酒，椎鼓集頑民。

喧闐裡閭隘，凶酗日夜頻。

歲暮雪霜至，稻珠隨隴湮。

吏來官稅逼，求質倍稱緡。

貧者日消鑠，富亦無倉囷。

不謂事神苦，自言誠不真。

……

巫風燎原久，未必憐徙薪。

……

此事四鄰有，亦欲聞四鄰。[86]

詩中描寫了荊楚民間村社狂熱的淫祠巫鬼祭祀之風，老百姓連已經成熟的莊稼都棄之不顧，而讓其任意零落黴爛在地頭，以致富者變窮、窮者破產的可悲地步，仍不覺醒，還在埋怨是心不誠的緣故。

另外，有些野心家也利用民間淫祠巫鬼祭祀來欺騙和裹脅人民，為政治鬥爭服務。如在隋末爭戰中，盤踞東都洛陽的軍閥王世充，欲乘機攻打李密領導的瓦崗軍，但又恐怕軍心已經渙散的隋軍不聽從他的指揮調遣，於是假託鬼神，謊稱周公託夢，並立祠於洛水之上，指使巫宣言：「周公欲令僕射急討李密，當有大功，不則兵皆疫死。」王世充部下多為楚人，迷信鬼神，聽巫扇動，紛紛請戰，果然打敗了李密。[87]又如安祿山起兵叛亂之前，一面加緊招兵買馬，趕製武器，儲備糧草；另一方面又利用女巫為他大造輿論：「至大會，祿山踞重床，燎香陳怪珍，胡人數百侍左右，引見諸賈，陳犧牲，女巫鼓舞於前以自神」[88]。在大庭廣眾之中，女巫在安祿山面前舞蹈，是為了神化安祿山，因為女巫舞原本是為娛神的。可見，民間淫祠巫鬼祭祀之風為害甚為嚴重。

---

86 《元稹集》卷三。
87 《隋書‧王世充傳》。
88 《新唐書‧逆臣上‧安祿山傳》。

面對這種呈燎原之勢的民間淫祠祭祀之風，一些有見識的政治家和地方官吏，竭力主張整頓和禁絕此風。隋代高勱任楚州刺史後，「城北有伍子胥廟，其俗敬鬼，祈禱者必以牛酒，至破產業。勱嘆曰：『子胥賢者，豈宜損百姓乎！』乃告諭所部，自此遂止，百姓賴之」[89]。高勱可以在他任內將楚州祭祀伍子胥廟的風俗革除，但他不可能將整個江南，甚至全國類似的淫祠廢除。事實上，在唐代江南淫祠祭祀中，伍子胥廟依然存在，並得到政府的保護。所以，移風易俗的工作在後代仍在繼續進行。

唐朝立國之初，曾詔令「民間不得妄立妖祠，自非卜筮正術，其餘雜占，悉從禁絕」[90]。地方官多有雷厲風行、大剎淫祠之風者。

武則天時名臣狄仁傑，一生耿介清廉、勳業卓著，其中有件膾炙人口的業績就是奏毀淫祠。他被任命為江南巡撫使後，痛感「吳楚之俗多淫祠」，果斷「奏毀一千七百所，唯留夏禹、吳太伯、季札、伍員四祠」。[91]這次奏毀淫祠的動作很大，其中包括周赧王、楚王項羽、吳王夫差、越王勾踐、春申君、趙佗、馬援、吳恆王等歷史名人的祠宇。[92]對一些影響深遠的「淫祠」，如供奉項羽的楚王廟，狄仁傑還親自撰寫了《檄告西楚霸王文》，歷數其興妖作怪的罪惡後，當眾焚毀，[93]對當時及全國震動很大。但這次行動還不夠徹底，並且留下很大尾巴，如在隋代被楚州刺史高勱禁絕的伍員廟，又被堂而皇之地保護下來。其他如吳泰伯廟，以三讓天下的美德，被尊稱為「三讓王」，「每春秋季，市肆皆率其黨，合牢醴祈福於三讓王，多圖善馬、彩輿、女子以獻之，非其月亦無虛日」。而這位以「至德」見稱的「三讓王」，居然對「藝甚精而色殊麗」的綃畫美人、捧胡琴勝兒非常感興趣，並託夢邀請進士劉景復「作胡琴一章，以寵其藝」[94]。吳泰伯的後人季札，即所謂延陵季札被公認為大賢，但在供奉他的祠廟裡也曾發

---

89 《隋書‧高勱傳》。
90 《資治通鑑》卷一九二。
91 《舊唐書‧狄仁傑傳》。
92 劉餗：《隋唐嘉話》卷下。
93 封演：《封氏聞見記‧剛正》。
94 李玫：《纂異記‧劉景復》。

生過三五成群的女子出來勾引書生的事情。[95]這兩座祠宇，也屬於典型的「淫祠」，但也被保護下來，更有意思的是，像狄仁傑這樣一位反對淫祠巫鬼的英雄，還在他生前就有人為他建立生祠。《舊唐書·狄仁傑傳》說：「仁傑嘗為魏州刺史，人吏為立生祠。」這座狄仁傑廟直到五代後唐時仍保存完好，「魏之士女每至月首皆詣祠奠醊」，並且危害地方，也成為一座典型的「淫祠」。[96]這一點恐怕連狄仁傑本人也始料不及。[97]

其後，繼續反對淫祠巫鬼祭祀的地方官，還有田仁會、韋景駿、羅珦、於頔、左震、李德裕等人。田仁會，高宗、武後時人，在左金吾將軍任上，曾將在長安市上「以鬼道惑眾」的女巫流放邊地；[98]韋景駿，開元中，任房州刺史，目睹了當地「民間病者，捨醫藥，禱淫祠」的狀況，下令禁止淫祠祭祀，修建學校以啟發民智；[99]於頔，在德宗朝曾任蘇州刺史，「吳俗事鬼，頔疾其淫祠廢生業，神宇皆撤去，唯吳太伯、伍員等三數廟存焉」[100]。左震任黃州刺史時，甚至大開殺戒，將肅宗派往各地祀禱並乘機詐騙錢財的女巫和惡少一舉擒殺。[101]

唐後期致力於廢除淫祠巫鬼、且成績最突出者當數著名政治家李德裕。據《舊唐書·李德裕傳》說：「德裕壯年得位，銳於布政，凡舊俗之害民者，悉除革弊。」他在浙西觀察使任上時，「江、嶺之間信巫祝，惑鬼怪，有父母兄弟屬疾者，舉室棄之而去。德裕欲變其風，擇鄉人之有識者，諭之以言，繩之以法，數年之間，弊風頓革。屬郡祠廟，按方志前代名臣賢後則祠之，四郡之內，除淫祠一千一十所」。寶曆二年（826 年），亳州言出聖水，飲之者治病，「數月以來，江南之人，奔走塞路。每三二十家，都雇一人取水。擬取之時，疾者斷食葷血，既飲之後，又二七日蔬飧，危急之人，俟之愈病。其水斗價三貫，而取者益之他水，沿路轉以市人，老疾飲之，多至危篤」。李德裕通過明察暗訪，調查清

---

95 《太平廣記》卷二九六《蕭岳》條引《八朝窮怪錄》。
96 《太平廣記》卷三一三《狄仁傑祠》條引《玉堂閒話》。
97 參見黃永年：《說狄仁傑的奏毀淫祠》，《唐史論叢》第六輯，西安，陝西人民出版社，1995。
98 《舊唐書·良吏上·田仁會傳》。
99 《舊唐書·良吏上·韋景駿傳》。
100 《新唐書·循吏·羅珦傳》。
101 《舊唐書·於頔傳》。

楚是當地「妖僧」為了騙錢而造的謊言，所以他一面勸阻兩浙、福建蜂擁北上求「聖水」的百姓，每天攔截多達三五十人，一面奏報皇帝下令當地官員填塞妖源，很快平息了這場騙局。後來，李德裕又出任劍南西川節度使，「毀屬下浮屠私廬數千，以地予農。蜀先主祠旁有猱村，其民剔發若浮屠者，畜妻子自如，德裕下令禁止。蜀風大變」[102]。武宗時期，李德裕出任宰相，發生了著名的「會昌法難」，這與他對淫祠巫鬼祭祀之風的一貫認識與態度不無關係。

這些厲行禁止巫鬼淫祠的行動，無疑都取得了積極效果，對扭轉社會風氣，進而移風易俗起到了良好作用。但這些舉措大都如一陣風起，待風頭過後，淫祀依舊如儀。例如，在韋景駿「悉除淫祀」的房州，到穆宗時，有人又看到那裡有不知名號的廟宇，「土偶羅列，一神當座，三婦侍側，無門榜標記，莫知誰氏」[103]。又如被狄仁傑大張旗鼓地燒毀的楚王項羽廟，大概在不久之後也悉數恢復，唐末江南僧歸仁曾作《題楚王廟》詩，緬懷項羽功業可證。著名大詩人元稹，對淫祠巫鬼祭祀之風也憂心忡忡，他在給友人白居易寫信，告知所見江陵巫卜之盛時說：「南人染病，競賽烏鬼。楚巫列肆，悉賣瓦卜。」[104]這說明彌久歷深的淫祀傳統很難從根子上一舉拔除。

面對這種屢禁不絕的淫祠巫鬼之風，有些地方官採取了比較溫和的辦法，逐步引導人民擺脫舊俗。具體做法大致有如下幾種：

其一，是把民間祭祀納入官方軌道。如天寶七載（748年）五月十五日詔：「上古之君，存諸氏號，雖事存書契，而道著皇王，緬懷厥功，寧忘咸秩。其三皇以前帝王，宜於京城內共置一廟，仍與三皇五帝廟相近，以時致祭。……歷代帝王肇跡之處，未有祠宇者，所由郡置一廟享祭，取當時將相，德業可稱者二人配享。……其忠臣、義士、孝婦、烈女，史籍所載，德行彌高者，所在宜置祠宇，量事致祭。」[105]這樣，有一大批本來屬於民間淫祠祭祀的廟宇，被列入國家

102 《新唐書·李德裕傳》。
103 《全唐文紀事》。
104 《元稹集·酬翰林白學士代書一百韻並序》。
105 《唐會要》卷二十二《前代帝王》。

祭祀保護下來，其中就有吳郡吳太伯廟、丹陽延陵季札廟等。其目的是借表彰忠臣孝子烈女節婦，弘揚孝道，提倡忠君之道，所謂忠孝雙全正是統治階級所需要的做人準則。

其二，通過變革淫祠巫鬼的祭祀辦法，以達到逐步消滅此風的目的。元稹《賽神》詩中說：「岳陽賢刺史，念此為俗屯。未可一朝去，俾之為等倫。粗許存習俗，不得呼黨人。但許一日澤，不得月與旬。吾聞國僑理，三年名乃振。」這位聰明的岳陽賢刺史，考慮到風俗深厚，難以在一朝一夕之間盡以祛除的現狀，採取了溫和的措施，即允許民間祭祀仍然存在，但不准結伙成群、連月繼旬地搞，只給一日固定的祭祀，這樣多少會減輕民間的一些負擔。還有像劉禹錫貶官連州、朗州時，因其「地居西南夷，土風僻陋，舉目殊俗，無可與言者」。他乃以吟詩作文，陶冶性情，後來發現，「蠻俗好巫，每淫祠鼓舞，必歌俚辭。禹錫或從事於其間，乃依騷人之作，為新辭以教巫祝。故武陵谿洞間夷歌，率多禹錫之辭也」[106]。劉禹錫以更換巫覡鼓舞時所唱的俚辭的辦法，也收到了移風易俗的效果。

其三，是用教化的手段提高人們的認識水平。如通過興辦學校、教育的方法破除人們的迷信觀念；另外，像柳宗元在柳州時利用宣傳佛教不殺生的觀念，改變當地人有病求巫不求醫的陋習，並使之接受儒家的仁愛思想。他在《柳州復大雲寺記》中說：「越人信祥而易殺，傲化而緬仁，病且憂，則聚巫師，用雞卜，始則殺小牲，不可則殺中牲，又不可則殺大牲，而又不可則決親戚飭死事，曰：神不置我已矣。因不食蔽面死，以故戶易耗，田易荒，而畜宗不孳。董之以禮則頑，束之以刑則逃。唯浮圖事神而語大，可因而入焉，有以佐教化。」又「嚴其道而傳其言，而人始復去鬼息殺，而務趣於仁愛」[107]。佛教，尤其是儒學的流播，相對於原始落後的巫術迷信來說，是一個歷史的進步。

這些致力於移風易俗的地方官，不怕神鬼巫師的恫嚇，以大無畏的精神破除淫祠巫鬼迷信活動，對於隋唐五代時期社會的進步和發展大有裨益。

106 《舊唐書·劉禹錫傳》。
107 《柳河東集》卷二十八。

第七章

倫理道德觀
的局部更新

　　隋唐五代時期的階級關係發生了一些新的變化，門閥士族的勢力逐漸衰敗，庶族地主、工商業者的經濟實力增強，市民階層正在興起，農民的人身依附關係也相對減弱。社會關係的新變化，給人們帶來了新的觀念，一些傳統的倫理道德觀念，如等級觀、婚戀觀、人生觀和婦女觀等，都發生了一些局部的更新，增添了某些新的內容。新觀念的流行又給社會生活的各個方面注入了新的活力，從而展現出一個時代的新風貌。

相對鬆動
的等級觀

　　魏晉南北朝時期的門閥制度，在人們的心目中形成了根深蒂固的等級觀念，以致出現了「士庶天隔」的局面。入隋以後門閥勢力衰弱，隋文帝廢除了九品中正制，同時又實行地方佐官由中央任免的制度，從而結束了門閥士族世襲做官、世代控制地方行政的特權。到煬帝時，又創立科舉制，打破了門第限制，為寒族入仕打開了方便之門。從此，門閥士族子弟「平流進取，坐至公卿」的特權就喪失了。此外，隋朝在經濟上繼續推行北魏以來的均田制，減輕賦稅，吸引世家大族的屬民為均田戶，在經濟上侵蝕世家大族的利益。在這種情況下，注重門第出身的門閥等級觀念動搖了。

　　隋朝短促，不久，就發生了農民起義。農民戰爭對門閥士族是一次巨大的衝擊，大批官僚士族被消滅了，作為他們經濟基礎的田莊，也多「通莊並潰」。許多奴隸、部曲、佃客、雜戶在戰爭中得到了解放，比如李淵集團的軍隊中，就有不少部曲和奴隸，其中甚至有因軍功而升至將軍的。入唐以後，《唐律》規定：「諸放部曲為良，已給放書而壓為賤者，徒二年。」[1]奴婢、部曲強固的隸屬關係已經鬆弛。這一變化是士族地主沒落的表現。

1　《唐律疏議》卷十二《戶婚》。

唐代進一步推行均田制，從授田對象看，和前代相比，增加了雜戶、官戶和工商業者的授田，這說明雜戶、官戶和工商業者的身分有所上升，而取消了奴婢、部曲的授田，這說明他們的大量解放和士族地主的沒落。

唐前期還三次官修譜牒，也對門閥士族造成了不同程度的打擊。

第一次是在唐太宗統治時期，當時的士族地主主要分四個地域集團，即山東士族、江左士族、關中士族（也稱關隴士族）和代北士族。李唐起自關中，所以在唐初政權中以關隴士族最強，是左右當時政權的力量。江左和代北士族在唐已經沒落。以崔、盧、李、鄭為首的山東士族雖然在隋末農民戰爭中受到了打擊，但因他們根深柢固，所以在唐初還有一定的勢力。唐太宗的大臣魏徵、房玄齡、李勣等都爭相向山東士族攀婚，說明山東士族仍然有一定的社會地位。士族的強大對皇權不利，唐太宗屬關隴士族，他不能容忍山東士族勢力過於強大，為了抬高皇權的地位，唐太宗令高士廉等重修《氏族志》。新修成的《氏族志》以皇族為首，外戚次之，作為山東士族代表人物的崔民幹被降為第三等。新修的《氏族志》，不是用來作為選官的根據，而且其劃分門第的標準，不考慮過去做官的情況，而「止取今日官爵高下作等級」，這使一部分做官的庶族地主獲得了士族身分，除關隴士族外，其他本已沒落的門閥舊族進一步受到了打擊。

第二次是在高宗武後時期。當時唐太宗去世不久，武則天執掌了朝中大權，在一系列政治鬥爭中，朝中大臣或被放逐，或受貶黜，或遭殺戮，或逼自盡，對唐初把持朝政的關隴士族造成了致命的打擊，新的寒門地主勢力集團崛起。武則天為了扶植擁護她的庶族官僚地主，於顯慶四年（659 年），下詔改修《氏族志》為《姓氏錄》，修訂《姓氏錄》的原則是「皇朝得五品者，皆升士流」[2]。因此，許多以軍功得五品官者，都被列入士族。門閥士族雖然仍在《姓氏錄》中有名，但他們卻與被他們瞧不起的軍功官僚並列，這實際上降低了他們的身分。《姓氏錄》的修訂進一步打擊了門閥士族。

2　《舊唐書‧李義府傳》。

唐朝在中宗景龍（707-709 年）至玄宗開元二年（714 年），還修過《姓氏系錄》。這次修譜的原因主要是「冠冕之家，興衰不一」或「門胄興替不長」[3]，也就是舊的冠冕之家，有的已經沒落了，有的在武則天時期的政治鬥爭中滿門遭斬，而中宗朝的冠冕大多在官譜上沒有地位，這樣有必要重新編排門閥序列，有必要「以我作古，牢籠古昔」[4]，崇重今朝冠冕。尤其是《姓氏系錄》還將「諸蕃酋長，曉襲冠帶者」，用「另冊」的方式列入進去[5]。由此可見，發展到唐中葉，可以稱為士族的不但不再是崔、盧、李、鄭、王，而且開始突破「夷夏有別」的傳統偏見，過去舊士族自認清高得不得了，現在出身貧賤的兵卒，少數民族的酋長都列入了國家頒布的官譜，而且門閥愈多，也就愈賤，舊的門閥等級意識，愈益被沖淡。

　　門閥士族在唐末農民戰爭中更遭到致命的一擊，有的還被滅族，如高門出身的崔沆，唐末「為丞相，黃巢亂，赤其族」[6]。士族的莊園也被洗劫一空，如李德裕的平泉莊即化為烏有。最後，朱溫又殺戮了殘存的「士族衣冠」崔遠、裴樞、陸扆等人，到五代時，「大族高門，降為皂隸」[7]。士族徹底退出了政治舞臺，因士族而形成的等級觀念也不復存在。

　　在門閥士族不斷走向衰落的同時，隋唐時期實行的科舉制，又給人們帶來了平等意識。

　　科舉制起自隋朝，到唐朝進一步完善。唐代應科舉考試的人，雖然要經過「考核資敘郡縣鄉裡名籍，父祖官名，內外族姻」，並嚴禁「刑家之子，工賈殊類」應試，[8]低於工賈的部曲、雜戶、奴婢等勞動者，當然更無權參加考試。即使具有良人身分的農民，因身處貧困，能讀書應試者也寥寥無幾，但科舉制選官範圍畢竟要比九品中正制廣泛得多，一般地主子弟都具有應試資格，這就進一步

3　《冊府元龜》卷五六〇《國史部·譜牒門》。
4　同上。
5　同上。
6　《太平廣記》卷四九九。
7　《亭林集》卷五。
8　《通典》卷十五《選舉·歷代制下》。

排除了門閥士族的殘餘勢力。

科舉制「有一套定時和限額的標準程序，意味著人與人之間的平等權利，在當時代表了一種公正和合理的選拔人才道路，因而它吸引了不同階層的知識分子」[9]。特別是科舉出身的官吏可以迅速升遷，這更對當時知識分子是一種誘惑。科舉成為士人們入仕的主要途徑，不僅庶族出身的人以科舉為敲門磚，就是宗室的疏屬，關隴士族後代，也要通過這個途徑獵取官位。從唐初明經科的興盛，到開元、天寶以後進士科的尊貴，使大量高才博學、卓識多能之士由「白衣」而「登龍門」，以致出現了「士無賢不肖，恥不以文章達」的情況，「五尺童子，恥不言文墨焉，是以進士為士林華選」[10]。唐代知識分子中，固然有些人企圖通過徵召、薦舉、門蔭等途徑進入仕途，但大多數士子不願放棄以科舉從政的道路。高宗時的薛元超以父蔭襲爵後擢任宰相，卻因「不以進士擢第」而抱恨終生。唐宗室子弟李洞，因屢困於場屋，曾賦詩說：「公道此時如不得，昭陵慟哭一生休。」[11]就連宣宗也以自題「鄉貢進士李道龍」為標榜。

科舉制對門閥士族形成了強大的衝擊，唐人劉秩說：「隋氏罷中正，舉選不本鄉曲，故里閭無豪族，井邑無衣冠。」[12]柳芳也說，隋「罷鄉貢，離地著，尊執事之吏，於是乎士無鄉里，裡無衣冠，人無廉恥，士族亂而庶人僭矣」[13]。在這種情況下，等級觀念也有些模糊不清了。

除上述情況外，唐代工商業者的活躍和庶族地主實力的增強，也對等級觀念形成有力的衝擊。

隋唐全國統一，結束了分裂動亂的政治局面，這為封建經濟與商品貨幣經濟的高度發展，提供了有利的條件，使工商庶族地主的經濟實力日益強大，他們要求政治權力的意願日益強烈。就唐而言，商賈入仕的主要手段和途徑有以下一

9　葛承雍：《唐代知識分子的觀念變革》，載《人文雜誌》，1988 年第 6 期。

10　《通典》卷十五《選舉》三。

11　《唐摭言》卷十。

12　《通典》卷十七《選舉》五。

13　《新唐書・柳沖傳》。

些：

　　首先，商賈利用資財名正言順地謀取官職或得到政府賞賜的品位。唐太宗時，安州富商彭通獻布五千段供遼東軍費，被賜為文散官宣義郎（從七品下）名號；高宗時彭志筠願獻絹布五千段助軍，即特授奉議郎（從六品下），並布告天下。到中唐以後，唐朝廷為求得商賈資財，以佐國家財政之急，不惜量錢給官。至德年間，朝廷還曾乾脆公然告諭商賈：「如能據所有資產十分納四助軍者，便予終身優復。」[14]此外，商賈們還通過擔任捉錢令史，作為「入官門戶」，大量湧入官僚階層。

　　其次，商賈們用錢行賄買官爵，在唐前期已達到了很盛行的地步，如中宗時，李嶠在奏疏中說到當時社會上的「點商大賈」，大多「重賄貴近，補府若吏」[15]，以此來逃避賦役。景龍年間，「斜封得官者二百人，從屠販而踐高位」[16]。這樣，商賈憑借雄厚的財力為後盾，用重金賄賂顯宦達官，求得官職品位，大量滲入官僚集團，占據了很高的政治地位。此後，由於朝政的日益腐敗，商賈行賄買官之風，更為熾盛。尤其中唐以後，宦官執掌朝廷軍政大權，竟公求賄賂，肆無忌憚，長安大小商販均賄賂宦官，掛名神策軍籍，身不宿衛，以錢代行，享受給賜，而在市肆，從事販鬻。又安史之亂後，驕藩勢強，商賈們也紛紛用錢通過藩鎮來取得官位，所謂「商賈胥吏，爭賂藩鎮，牒補列將而薦之，即升朝籍，奏章委積，士大夫皆扼腕嘆息」[17]。

　　再次，商賈們還通過科舉參與政權。科舉雖然限制工賈雜類參加考試，但並不十分嚴格，特別是中晚唐更為放鬆一些，因此，唐代商賈子弟中有很多以科舉為目標而勤奮學習的人，他們以優厚的經濟條件，修文學儒，交結科場文士，朝廷顯貴，利用門生座主等關係進而登第，參與政權，如肅代之際，「商賈賤類，

14 《新唐書・食貨志》。
15 《全唐文》卷二十四《李嶠上中宗書》。
16 《朝野僉載》卷一。
17 《資治通鑑》卷二四二。

臺隸下品，數月之間，大者上污卿監，小者下辱州縣」[18]。可見商賈勢力已經滲透到國家政治權力機構的各個部門。

「商人對於以前一切都停滯不變，可以說由於世襲而停止不變的社會來說，是一個革命的要素。」唐代商賈及其子弟的進入仕途，大大削弱了士族高門仕宦的世襲性和牢固性，加快了門閥士族制度走向徹底崩潰的速度，猛烈地衝擊了魏晉以來封建的身分等級和門閥觀念。

再就唐代具體史實而言，門第等級觀念也有所鬆動。

唐高祖李淵就頗以高門自居，他曾對裴寂說：「我家隴西舊族，世姻婭帝室，一呼唱義，不三月而有天下，公復華冑，職宦光顯，非劉季亭長，蕭曹刀筆吏可比也，我與公無愧焉。」[19] 但這只是李淵思想的一個方面，李淵並不是時時以高門臨人的，而且在處理具體事務上，等級觀念較為淡薄，如他在太原起兵後，巡汾河南進長安途中，曾下令說：「諸部曲及徒隸征戰有功者，並從本色勳授。」[20] 從李淵起兵的「馬三寶出廝養之徒，處將軍之位」。出身微賤的孫伏伽多次上書李淵均被採納，頗受讚賞。[21] 唐太宗也是有門第之見的，一次，庶族出身的張玄素，因唐太宗追問身世，被羞得「出閤門殆不能移步，精爽頓盡，色類死灰」。但事後，唐太宗深有所悔。[22] 再說唐太宗對張玄素平時頗為寵信，言聽計從，擢拔有加。對唐高祖、太宗這種較為開明的態度，《舊唐書》卷七十五史臣評曰：「伏伽上疏於高祖，玄素進言於太宗，從疏漸以干至尊，懷切直以明正理，可謂至難矣。既而並見抽獎，咸蒙顧遇，自非下情忠到，効匪躬之節，上聽聰明，致如流之美，熟能至於此乎？」其實大而觀之，貞觀年間，君臣一心，大臣協作共事，並無門戶之見，比如，貞觀賢相房玄齡是山東新貴，杜如晦是關中舊門，但「二人深相得，同心徇國」[23]。

---

18 《次山文集》卷七《問進士第三》。

19 《新唐書·裴寂傳》。

20 《大唐創業起居注》卷二。

21 《舊唐書》卷七十五史臣評。

22 《舊唐書·張玄素傳》。

23 《資治通鑑》卷一九三。

初唐以後，推崇門第的言事也屢見不鮮，如唐玄宗分封諸王時，岐王、薛王各五千戶，唯「申王以外家微，戶四千」[24]。肅宗曾讚嘆代為冠族的隴西李揆說：「卿門第、人物、文學皆當世第一，信朝廷羽儀乎！」故時稱「三絕」[25]。武宗所幸王才人，「寵冠後庭」，想立為皇后，但「李德裕以才人寒族，且無子，恐不厭天下之望，乃止」[26]。另外等級婚姻也很流行，如唐初「見居三品以上，欲共衰代舊門為親，縱多輸錢帛，猶被偃仰」。風尚所至，朝廷不能禁。[27]唐太宗時，王妃主家不尚山東舊族，並利用皇權來壓抑他們，但從唐憲宗起，唐天子卻主動同山東士族聯姻，說明當時皇權已經衰弱，而山東士族仍有一定的社會地位和影響。

以上只是問題的一個方面，比如同是玄宗時期，寒門出身的名相姚崇、宋璟，與士族出身的盧懷慎、源乾曜，先後同知政事，也能「協心翼贊」，「相得甚悅」。姚崇還說：「比見諸達官身亡以後，子孫既失覆蔭，多至貧寒。」[28]在這樣的趨勢下，一般地主所有制發展成熟後，地主階級內部仍然會出現各個等級和階層，但從每一個地主家庭來說，卻不可能獲得一個相對固定的門第。又如武宗時的李德裕，雖出身高門，講究門第，但他也「頗為寒畯開路」[29]，說明其等級觀念也有鬆動的一面。尤其是唐後期士族子弟紛紛趨事進士科，說明他們在現實中，已不死抱著門第不放，而是積極探尋著新的出路。

唐代士流還往往堅持「工商不當仕」的觀點，但對此，皇帝和朝中大多數官吏卻置若罔聞，不予理睬，而且不少官僚士流還為出身寒微的商人及其子弟獲得清資要官製造輿論，如白居易在州府所貢舉子中有工商戶子弟的判詞裡，明確提出「唯賢是求，何賤之有」的主張。[30]又如韓愈經常強調國家用人標準應該是重道德才學，而不是門第出身，主張提拔寒士，消除進賢之路的貴賤之別。

24 《新唐書‧十一宗諸子傳》。
25 《新唐書‧李揆傳》。
26 《資治通鑑》卷二四八。
27 《資治通鑑》卷二〇〇。
28 《舊唐書‧姚崇傳》。
29 《唐摭言》卷七。
30 《白居易集》卷六十七。

從唐代士族的實際情況來看，其保持自己身分的法寶也越來越狹窄了。士族歷來依靠「宦」與「婚」兩個方面來維持其集團的政治地位和社會地位。唐初的山東舊族是個很小的社會集團，處於既不當權又無特權的地位，維持他們社會地位的依仗就只剩下「婚」這方面了。因而山東舊士族把不與外部通婚，當作衛護自己社會地位的唯一武器，他們依靠「內部自婚」來維護小集團的存在和發展。士族越是這樣自視清高，也愈為社會上一些人所看重，從唐初新貴魏徵、房玄齡、李勣等開始，歷代向山東士族求婚不絕，向山東士族求婚也成為唐代很多士大夫夢寐以求的事情，從而也抬高了山東士族的社會地位，但山東士族這一做法也遭到當時人的反對，如唐太宗就不滿他們的傲慢自高，說：「我與山東崔、盧、李、鄭，舊既無嫌，為其世代衰微，全無冠蓋，猶自云士大夫，婚姻之間，則多邀錢幣。才識凡下，而偃仰自高，販鬻松檟，依託富貴。我不解人間何為重之？」[31]太宗、高宗都嚴禁與其聯姻。高宗立「地實寒微」的武則天為皇後就是打破門第的一個典型。蘇州刺史袁誼甚至諷刺「山東人尚婚媾，求祿利耳，至見危受命，則無人焉」[32]。又張說「好求山東婚姻，當時皆惡之」[33]。再從山東士族看，在婚嫁時，「或載女竊送夫家，或女老不嫁，終不為異姓婚姻」來看，不免有些掙扎，有些悲壯，也有些可憐。

以門閥為核心所形成的森嚴等級觀念在唐代正走向他的末日，在對舊的門閥觀念的衝擊中，儘管有人守舊，但更多的人在從新。總而言之，隋唐五代時期，等級觀念較之魏晉南北朝時期鬆動了。唐五代以後，中國封建社會進入了高度集權專制的統治時期，其官方理學又重新編制和宣揚新的等級觀。這使人們對唐代相對鬆動的等級觀念更加珍視。

31　《舊唐書·高士廉傳》。
32　《新唐書·文藝志》。
33　《唐國史補》卷上。

第二節 ·

較為開明
的婚戀觀

　　唐代處於封建社會的上升、繁榮時期，也是封建法制承前啟後劃時代的時期，是一個既保守而又開放的社會。在婚姻方面存留著封建時代一般的特性，同時也顯示了相對開放氣氛下的特殊心理。當時封建的婚姻制度雖已臻於健全，但禁錮人性的封建禮教尚未發展到後來那麼嚴酷的地步，禮法束縛較鬆，女性地位較高，貞節觀念淡漠，民族通婚頻繁，致使唐代婚姻呈現歷史上少有的開放特點。

　　中國古代的婚姻，最初是服從於禮教及社會習慣的制約，很少成法律，更無專法，漢代始在《九章律·戶律》中列婚姻條目，到北齊時，有關婚姻的法律附見於戶律中，曰「婚戶」。北周律分「婚戶」為「婚姻」和「戶禁」兩篇，隋時改稱為「戶婚」律，唐代詳加裁正，仍稱「戶婚」。

　　唐代《戶婚》律共三卷四十六條，內容包括戶籍、土地、賦稅和家庭等方面的法律規定，其中關於婚姻的法律共二十一條，大多源於《禮記》和漢晉以來有關婚姻的法制，說明唐代的婚律以承襲前代為主。

　　法律歷來是維護統治階級意志和利益的工具，唐代婚律自然以維持階級間的等級為依據。唐代婚律明確規定了同一階級的內婚制，即所謂「貴賤不婚」、「良

賤不婚」、「當色為婚」。同時規定婚姻的主持、婚姻的標準、婚姻的手續等，都必須受到宗法制度的制約。婚律還從法制上保障了聘娶婚的實施，即婚姻必須以父母之命，媒妁之言、錢財和契約作為婚姻存在的根據，在此基礎上，男子以聘之程序而娶，女子因聘之方式而嫁。婚律並集中體現了以夫權為中心的思想。不過從唐代婚律的具體規定來看，有些條款也反映了當時社會風氣相對的自由開放。

（1）對那些未經家長同意而已成事實的婚姻，法律承認其有效。即「卑幼在外，尊長後為定婚，而卑幼自娶妻，已成者，婚如法；未成者，從尊長。」

（2）古代丈夫可以將妻子趕「出」家門，理由有七種，即：不順父母，無子，淫佚，嫉妒，惡疾，多言，盜竊。只要犯其中一種，丈夫就可以遺棄妻子。「七出」是站在男子立場上制定的法律或一種嚴格的倫理規範。但唐婚律在規定「七出」的同時，還有所謂「三不去」的規定，即曾為夫家父母服喪三年；娶時夫家貧賤後來富貴；女子嫁時有家，出時無家可歸。妻有「三不去」之一，雖犯「七出」也不准其夫提出離婚。這無疑對夫權是一個限制，對婦女利益是一種保護。

（3）婦女有一定的離婚自由。「犯義絕者，離之，違者，徒一年。若夫妻不相安諧而和離者，不坐」。「不相安諧」即可離異，這是前代所罕見的，而且從唐代史實看，「和離」事例也較常見，這不能不認為是一個進步。

（4）唐代婦女離婚改嫁和夫死再嫁，並不失節，不受法律的約束，這在法律上，為婦女婚姻的相對自由創造了一定的條件。[34]

總之，唐律在維護封建婚姻的宗旨下，終究比前代法律給予婦女的權益要多一些。再從其影響而言，宋元明清婚律的立法形式及內容大體沿襲唐律，但因封建專制的加強，理學的產生和發展，對婦女的限制有越來越嚴格的趨勢，就此而言，唐代婚姻在中國封建社會是相對開明的。

---

34 以上諸條均參見《唐律疏議》卷十三、十四《戶婚》。

除法律制度外，唐代社會的婚姻觀念和習俗都出現了具有時代特色的新現象。

首先是門第觀念的變化。

門第觀是封建婚姻觀念最基本最核心的思想，是封建統治階級為長期維護他們的地位而採取政治聯姻手段的指導思想。尤其是漢魏以來門閥勢力的惡性發展，門第婚姻更為普遍化、制度化。唐初，門閥勢力已經衰敗，但其自矜門第的觀念和習俗還強烈地保留著，如太原王氏、范陽盧氏、滎陽鄭氏、清河與博陵崔氏、隴西與趙郡李氏等七姓，為了保持其高貴的血統，「恃其族望，恥與他姓為婚」[35]。不過，整個封建統治集團畢竟發生了歷史性的移位，門閥士族間的通婚聯姻，或和高門士族聯姻也在日益遭到人們的普遍蔑視，如武後時新貴李日知「諸子方總角，皆通婚名族，時人譏之」[36]。

不過也應該看到，封建社會婚姻中的等級觀念和門第觀念是不會消失的，如唐初朝廷在反對門閥士族婚姻的同時，而「王妃主婿，皆取當世勳貴名家」[37]。又如「地實寒微」的武則天執政以後，大力擢拔庶族地主知識分子參政，但她的女兒太平公主嫁給薛紹時，卻以薛紹哥哥的妻子不是高門貴族，曰：「我女豈可以與田舍女為姒娌耶。」[38]尤其是統治階級不能與被統治階級為婚，否則，會被人認為是「失禮」，要遭到輿論的譴責，如士族出身的官僚許敬宗，以原配的侍婢為繼室；禮部尚書李齊憚，以妾衛氏為正室，都曾受到士族的競起非難。

唐代對門第婚姻形成較大衝擊的是新興的地主商人和科舉制。

注重資財是唐代婚姻的一個重要方面。這在唐以前已成風氣，清代著名史學家趙翼在《廿二史札記》卷十五中說：「魏齊之時，婚嫁多以財幣相尚，蓋其始高門與卑族為婚。利其所有財賄紛遺，其後遂成風俗。」這種風氣至唐更甚，如

35 《隋唐嘉話》卷中。
36 《新唐書‧李日知傳》。
37 《新唐書‧高儉傳》。
38 《資治通鑑》卷二〇二。

武則天時中書令許敬宗，將一女兒嫁與嶺南越族酋長馮盎之子，「多納金寶」；又嫁一女與出身宮奴的武官錢九隴，被劾為「貪財與昏」；還娶尉遲寶琳孫女為子媳，「多得賂遺」，儘管許敬宗的行為遭到許多人的抨擊，但並未影響其官運亨通。[39]到唐中後期，商人勢力發展迅速，官僚地主商人之間的通婚現象就更多了。

隋唐時的科舉制，從根本上扭轉了朝廷選拔人才的方向，促進了全社會文化風氣的進步，隨著科舉制的發展完善，科舉制的聲譽日益提高，科舉考試的優勝者也在社會上獲得了極高的榮譽，這也引起了婚姻觀念的新變化，婚配重功名、重人才的傾向日益普遍。青年男女中自然不乏才子佳人的動人故事，金榜題名者更成為權貴富豪家小姐的追逐目標。尚書李翱的女兒看到文人盧儲的文卷，認定他必中狀元，李翱知女兒意，遂招盧儲為婿。甚至連憲宗也改變了從貴戚勳臣之家選駙馬的傳統，「命宰相選公卿、士大夫子弟文雅可居清貫者」以尚公主。誠然，科舉中的佼佼者的前程也不外是榮華富貴，但是，重人才的婚姻觀，終究較重門第和重財富的傳統觀念要進步得多。

其次是貞節觀念的變化。

貞節觀在中國古代是專對女子而言的，即片面的要求女子保持貞節，包括女子出嫁前為夫守貞，夫死守節，是中國封建社會禁錮婦女身心的禮教思想中最殘酷的一種。婦女貞節在漢宣帝時正式得到褒獎，以後逐步惡性發展，尤其宋明理學家的變本加厲，提倡餓死事小、失節事大，再經明清統治者的大力提倡，成為一種狹義的宗教信條了。

北朝時，由於民族大融合的特定歷史條件，片面貞節觀對女子的束縛較鬆弛，入唐以後社會空前開放，貞節觀念也發生了較大變化，男女之間的交往不再被視為傷風敗俗，青年女子的活動範圍開闊了。按照封建禮教的規定，女子應該終身禁錮閨房，男女之間的公開交往，歷來被視為女子的不貞。南北朝時，北方

---

39 《舊唐書・許敬宗傳》。

婦女受少數民族影響，「專以婦女持門戶，爭訟曲直，造請逢迎，車乘填街衢，綺羅盈府寺，代子求官，為夫訴曲」。而「江東婦女，略無交游」[40]。兩地截然不同，唐代融合南北風氣，表現出更為生動豐富的時代特徵。

社會性的娛樂場所，也是男女青年的社交活動場所。唐代宮中和上層社會人家的女子常常與男子共同參加騎馬、打球、舞蹈等活動，每年春天，「踏青」便成為青年男女最快樂的活動。「都人士女，每至正月半後，各乘車騎馬，供帳於園圃或郊野中，為探春之宴。」[41]或「游春野步，遇花則設席籍草，以紅裙遞相插掛為宴幄」[42]。充滿了一派詩情畫意。踏青也是青年男女談情說愛的好機會，或兩情脈脈，或公開交談，孟浩然《大堤行》描寫道：「大堤行樂處，車馬相馳突。歲歲春草生，踏青兩三日。王孫挾珠彈，游女矜羅襪。攜手今莫同，江花為誰發。」

此外，元宵觀燈也是唐代長安男女老幼共同喜歡參與的盛事，許多唐人詩文都記載了太平盛世的元宵景象，當時一連三日夜踏歌不絕，在舉國同慶狂歡之夜，幽閉深宮的宮女也被放出觀燈，此間不少宮女乘機與外人野合，甚至逃而不歸。至於民間男女乘節日交往談情的事就可想而知了。

唐律規定婦女有一定的離婚自主權，而世人也不以婦女離婚為恥。從唐代史實看，唐代婦女主動離婚的事例不少。有女子厭夫而請求離去的：書生楊志堅「嗜學而居貧。妻厭貧，索書求離，堅以詩送之。……妻持詩詣州，請公牒以自遣」[43]。也有女家因婿家犯罪而要求離婚的：鄭遠女嫁魏元忠子升，「升與節愍太子謀誅武三思，廢韋庶人，不克，為亂兵所害，元忠坐繫獄。遠以此乃就元忠求離書，今日得離書，明日改醮」[44]。還有的女子為了侍候父母而請求離婚的：夏侯氏嫁劉寂多年，已生二女，因老父患病失明，「求與劉絕，歸侍父疾」[45]。

40 顏之推：《顏氏家訓》卷一《治家》。
41 王仁裕：《開元天寶遺事》。
42 《香豔叢書》集五《荻樓雜抄》。
43 范攄：《雲溪友議》。
44 劉肅：《大唐新語》。
45 《新唐書·列女傳》。

上述史實中，楊志堅妻「決二十後，任改嫁」。其他當事人均未被處罰。但是，唐代對一些無故休妻的男子，往往處罰很重，德宗時御史李元素升官後休妻，給妻子的費用又少，妻族上訴，詔令停元素官，並追補妻子五千貫。代宗時，御史中丞源休因小事休妻，「妻族上訴，下御史臺驗理」。結果，源休被除官，並配流溱州。[46]

除婦女可以提出離婚外，婦女改嫁也是比較自由的。唐朝廷並不褒獎寡婦守節，反而鼓勵再嫁。貞觀元年太宗詔：「男年二十，女年十五已上，乃妻喪達制之後，孀居服已除，並須申以媒妁，令其好合。」並規定以「婚姻及時，鰥寡數少」作為考察地方官員政績的標準之一。[47]唐初獎勵婚嫁，自然含有促進人口增殖的用意，但朝廷公開提倡婦女改嫁，實為罕見。

唐代文獻中幾乎看不到對「節婦」的表揚，卻對改嫁女子的事蹟直書不諱，就宮廷女子而言，從高祖到代宗十朝，公主再嫁者二十六人，三嫁者四人，玄宗親撰《郾國長公主碑》碑文，言公主先嫁薛氏，再改嬪他人，絕不為諱。[48]更為甚者，安樂公主改嫁武延秀時，中宗、韋後大肆鋪張，舉行規模盛大的婚禮，遠勝於公主初嫁。其中固然存在安樂公主受寵過度的緣故，但是，如果沒有不鄙視女子再嫁的時尚，宮中無論如何也不會把公主再嫁作為盛事的。

在統治階級中，宮外女子改嫁例也不少。楚王妃上官氏，年十八初嫁。楚王死，「服終，諸兄姐謂曰：『妃尚年少，又無所生，改醮異門，禮儀常範，妃可思之。』」[49]既然再嫁符合「禮儀常範」，故士大夫階級中女子再嫁即為常事，如大文豪韓愈之女，原嫁李漢，改嫁樊宗懿，等等。

當時民間對於再嫁的婦女，也無蔑視的態度，而是對她們的不幸遭遇抱以深深的同情。如《酉陽雜俎》載曰：

---

46 《資治通鑑》卷二二六。
47 《全唐文》卷四。
48 岑仲勉：《唐史餘瀋》。
49 《舊唐書·列女傳》。

......忽聞船上哭泣聲，皓潛窺之，見一少婦，縞素甚美，與簡老相慰。其夕簡老至皓處，問君婚未？某有表妹嫁於某甲，甲卒無子，今日所歸，可事君子。皓拜謝之，即夕以其表妹歸皓。

通過極簡單的手續，便使怨女曠夫兩得其所，反映了唐代寡婦再嫁的輕易。

唐代之不僅不鄙視寡婦，而且常有爭聘之事。玄宗朝宰相宋璟子宋渾，聽說寡婦鄭氏貌美，指使人為己納之。王阿足無子而夫亡，年尚少，「人爭聘之」[50]。

當時還有丈夫因重病或罪徙而恐妻子寡居，主動勸妻改嫁的，如「房玄齡微時，病且死，誘妻曰：『吾病革，君年少，不可寡居，善事後人。』」[51]賈直言「坐事貶嶺南，以妻少，訣曰：『生死不可期，吾去，可亟嫁。』」[52]這些事雖未成現實，從中不難看出當時尊重婦女的風氣。

由於社會風氣的開放，觀念的變化及一定程度上對婦女的尊重，在婚姻方面尋覓意中人的事例和通過戀愛的婚姻即時有所見。

「雀屏中選」是唐代流傳的一則佳話，講唐開國皇帝李淵年輕時求婚的事。據說竇毅為女選婿，畫兩隻孔雀為屏，令求婚者射其目，事先約定，中者將女嫁之。李淵一舉射中雙目，於是娶竇氏為妻。而天寶年間權臣李林甫為女選婿，又有一番情趣，《開元天寶遺事》載：

李林甫有女六人，各有姿色。雨露之家，求之不允。林甫廳事壁間，開一橫窗，飾以絳紗。常日使六女戲於窗下，每有貴族子弟入謁，林甫即使女於窗中自選可意者事之。

封建婚姻是靠「父母之命，媒妁之言」而定的。而竇毅、李林甫為女兒的婚姻，或因才而定，或由女兒自擇。此外，唐人小說中有很多反映青年男女追求婚姻自主的篇章，如《李娃傳》、《虬髯客傳》、《崑崙奴》、《柳氏傳》中的男女主人公，

---

50 《舊唐書·列女傳》。
51 同上。
52 《新唐書·列女傳》。

都渴望尋覓一個稱心如意的佳偶，自訂終身。唐代也有通過自由戀愛去追求婚姻幸福的，《全唐詩》卷八〇〇載崔鶯鶯的情況說：「鶯鶯，貞元中，隨母鄭氏寓居蒲東佛寺，有張生者，與之賦詩贈答，情好甚暱。」著名的戲劇《西廂記》就是描述鶯鶯與張生愛情故事的，而「西廂」一名即源於鶯鶯的《答張生》一詩：

> 待月西廂下，迎風戶半開。
>
> 拂牆花影動，疑是玉人來。

全詩意境幽美：月下的西廂房，門半開著，花影因風吹而拂動，一個美麗的少女在房中窺視著門戶，等待著心中的戀人。《全唐詩》卷八〇〇又載晁采的情況說：「晁采，小字試鶯，大曆時人，少與鄰生文茂約為伉儷，及長，茂時寄詩通情，采以蓮子達意，墜一於盆，逾旬，開花並蒂，茂以報采，乘間歡合，母得其情，嘆曰：『才子佳人，自應有此』，遂以采歸茂。」晁采現存詩二十二首，是唐代女詩人中留存詩較多的一個，她的《寄文茂》詩曰：

> 花箋制葉寄郎邊，的的尋魚為妾傳。
>
> 並蒂已看靈鵲報，倩郎早覓買花船。

男女相戀相愛的幸福之情躍然紙上。晁采的詩中有十八首為描述愛情的《子夜歌》，所展現的情景，往往令人想見她和文茂的身影，其中之一曰：

> 儂既剪雲鬟，郎亦分絲髮。
>
> 覓向無人處，綰作同心結。

這純情而歡快的詩句，在唐詩中閃爍著耀人的光彩。此外，唐詩描寫愛情的詩句還很多，著名的如「得成比目何辭死，願作鴛鴦不羨仙」[53]；「誠知此恨人人有，貧賤夫妻百事哀」[54]；「春蠶到死絲方盡，蠟炬成灰淚始乾」[55]；「身無彩鳳雙飛翼，心有靈犀一點通」[56]。這些愛情詩句體現了男女雙方最真摯的感情，千百年

---

53 盧照鄰：《長安古意》。
54 元稹：《三遣悲懷》之二。
55 李商隱：《無題》。
56 李商隱：《無題二首》。

來傳於人口，代表著唐代婚戀中最高尚純潔的一面。

除上述情形外，唐代民族間的通婚也比較頻繁。唐初統治者為了加強民族間的聯繫，鞏固國家的統一，十分重視用和親的手段來增強和少數民族首領的相互信任。據統計，唐與少數民族正式和親達二十三次，這在中國封建社會各朝中是最多的。與此同時，因唐代民族間的交往增多，因經商、傳教、遣子姪入居長安和其他各種原因入居內地的少數民族及其他各國人民增多，這些人長期流寓長安等地，與唐內地漢人通婚是很正常的事，唐朝政府順應這種形勢和民情，對於漢女適異族之事，並不禁止，如貞觀二年（628 年）六月十六日敕：「諸蕃使人所得漢婦女為妾者，並不得將還蕃。」[57]從唐代史實看，漢族與少數民族的一般性婚嫁，屢見不鮮，律並無禁，只是不得帶出國外罷了。此外，唐在周邊少數民族地區創設羈縻州，實行民族和睦政策，漢人與少數民族人雜居乃至通婚的現象較為普遍。如在南邊「廣人與夷人雜處」[58]；「蕃獠與華人錯居，相婚嫁」[59]。甚至連高宗時的禮部尚書許敬宗，也以女嫁嶺南蠻酋長子馮盎之子。可見在唐代，特別是中唐以前，由於夷夏觀念之淡漠，番漢通婚是司空見慣的事。[60]安史之亂後，夷夏之防漸嚴，民族間通婚之事漸受限制。不過此種轉變較為遲緩，朝廷詔禁不止。

唐代民族間的通婚，對緩和唐與少數民族之間的矛盾，增強彼此間的友好關係方面有著積極的意義，同時也促進了唐與少數民族之間的經濟文化交流，加速了各民族的大融合和同化過程。以文成公主入藏與松贊干布和親為例，唐初，經常遭受吐蕃侵擾，但自從文成公主入藏到松贊干布去世的十年中，吐蕃一直「以子婿禮」臣服於唐。文成公主入藏帶去了內地不少醫藥、生產技術等方面的書籍，還有穀物和蔬菜的種子，促進了藏族地區經濟文化的發展。松贊干布還羨慕漢族「服飾之美」，「自褫氈裘，襲紈綺，為華風」[61]。國人競起仿效，唐代風俗

57 《唐會要》卷一〇〇。
58 《舊唐書·王諤傳》。
59 《新唐書·盧鈞傳》。
60 參見牛志平：《唐代婚喪》，124 頁，西安，西北大學出版社，1996。
61 《新唐書·吐蕃傳》。

對吐蕃產生了很深的影響，至今西藏地區仍保持了許多唐代漢族的生活方式和習俗。

唐代民族間的通婚，大大加快了民族融合的進程。「自唐以後，過去史書中常見的眾多少數民族逐漸消失。唐代為奠定中國的疆域和中華民族的形成做出了較大貢獻。」[62]

第三節·

出世與入世
的人生觀

隨著門閥勢力的衰落，與之相適應的用人制度九品中正制也被科舉制所代替。這使士族壟斷仕途的歷史結束，給人們展現了一個全新的可以經個人奮鬥進取的機遇。尤其在武則天登上政治舞臺以後，為了鞏固統治，加強中央集權，在政治上打擊門閥勢力，同時又積極扶植庶族地主參政，通過發展、完善科舉制度，使庶族地主知識分子更多地進入各級政權。由於庶族地主不具有士族地主的特權和地位，他們和農民之間無法建立人身依附關係很強的部曲佃客制，往往採取人身依附關係較弱的租佃佃農制。在這種方式下，農民人身自由增多，對土地的經營具有更多的靈活性和自主權。隨著庶族地主勢力的擴大，租佃制也有相應

---

62 牛志平：《唐代婚喪》，132 頁，西安，西北大學出版社，1996。

的發展。這些變化給社會各階層帶來勃勃生機，庶族地主階級知識分子因登上政治舞臺的道路拓寬而感到歡欣鼓舞，激發了他們銳意進取、奮發向上的豪情壯志。農民則因人身依附關係的鬆動和在租佃制下獲得的更多自由而對社會、對生產、對生活都表現出空前的熱情和主動性。這使唐人的精神面貌煥然一新，充滿了生氣，[63]並主要從知識分子身上表現出來。

唐代知識分子銳意進取、奮發向上的精神，在政治上表現為普遍地希望報效國家，建功立業，以天下為己任的思想和行動。這從初唐四傑已開其端。初唐四傑王勃、盧照鄰、楊炯、駱賓王的詩文中，已經在嘆息人生，縱覽古今，渴望建功立業了。繼四傑之後的陳子昂更不願以文人自限，常常傾吐「感時思報國，達兼濟天下」的遠大抱負，屢次上書論政，希望在參政行動上有所建樹。他作《感遇》詩三十八首，鮮明地抨擊社會的黑暗，觀萬物之變化，嘆歲月之流逝，傷繁華之不能永存，復悲嘆於懷才之不遇。進入盛唐後，知識分子積極進取的精神更得到了充分的表露，如高適「喜言王霸大略，務功名，尚節義，逢時多難，以安危為己任」[64]。

盛唐功業思想表現最突出的是李白，他自許甚高，以姜尚、諸葛亮、姚崇自況。他曾自信地寫道：「如逢渭川獵，猶可帝王師。」他數度赴長安，就是為了實現他安社稷、濟黎民的宏圖壯志，他在自己的作品中反覆表現渴望風雲際會、建立奇勳的願望，如他在《梁甫吟》中寫道：「君不見，朝歌屠叟辭棘津，八十西來釣渭濱！寧羞白髮照清水，逢時壯氣思經綸。廣張三千六百鉤，風期暗與文王親。大賢虎變愚不測，當年頗似尋常人。」雖然在現實中處處碰壁，也沒有挫傷他從政的銳氣。

與李白大致同時的著名詩人杜甫、王維、孟浩然等，都有著強烈的參政向往。杜甫出身「奉儒守官」的士大夫家庭，一生顛沛流離，仕途坎坷，但仍不忘參政顯達，始終以儒家「入世」思想作為安身立命的根本。王維、孟浩然以寫山

63 參見閻守誠：《論盛唐氣象》，《唐文化研究論文集》，上海，上海人民出版社，1994。
64 《舊唐書‧高適傳》。

水詩見長，其中王維又以信佛而著稱，但在那個時代的感召下，也向往著建立一番功業，希冀圖畫凌煙閣。孟浩然年四十還入京應考進士，王維更是開元進士，官任吏部郎中、尚書右丞等職。「這樣一種普遍要求參政的高漲熱情，不單是基於對自己政治才能的高度估價，也是對國家前途命運充滿了信心的表現，是當時國力強盛所喚起的知識分子思欲為國效力的新精神。」[65]

盛唐以後，知識分子由於受盛唐的薰陶和對盛唐的懷戀，仍然有一種昂揚的風貌，如唐德宗建中四年（783 年），詩人暢當以子弟被召入軍，詩人韋應物《寄暢當》詩稱：「丈夫當為國，破敵如摧山。何必事州府，坐使鬢毛斑。」這完全是盛唐知識分子那種建功立業，不屑於皓首窮經、屈從人下的精神風貌。以後到中唐的白居易、韓愈、柳宗元等人都積極參與現實政治，表現了積極的入世思想。

正是唐代知識分子抱有積極的入世思想，他們的眼光便專注於現實，關心國家的命運，關心人民的疾苦。他們的作品，無論是詩歌樂舞，還是繪畫雕塑，都和現實生活息息相通，比如盛唐邊塞詩的繁榮，就是因為當時邊塞戰爭增多，吸引了許多希望立功邊關、求取功名的知識分子。他們或遊歷邊塞，或從軍邊塞，在對邊塞生活的體驗中，寫下了大量的詩作，有的寫邊塞綺麗的風光；有的寫將士的英勇戰鬥；有的寫婦女對戍邊親人的懷念；有的在詩中以政論的筆調抒寫自己的邊防政見，從而使邊塞詩出現了空前絕後的盛況。又如盛唐的宗教壁畫雖然描繪的是遠離人世的天國，但天國裡的人物、山水、樓臺亭閣、花樹禽鳥都洋溢著人間的氣息。宗教壁畫從形式到內容都走向世俗化，成為唐代美術的顯著特點之一。[66]

唐代知識分子銳意進取，奮發向上的精神，在文學創作上表現為對自己的作品精益求精，力求完善，力求超脫，杜甫有「語不驚人死不休」的名句，這種心態是對作品的認真創作，對語言的認真錘煉。在作品的內容上，表現為建立功

---

65 葛承雍：《唐代知識分子的觀念變革》，載《人文雜誌》，1988 年第 6 期。
66 參見閻守誠：《論盛唐氣象》，《唐文化研究論文集》，上海，上海人民出版社，1994。

業，關心時局，關心生民疾苦，歌頌祖國大好河山等，把自己的壯志榮辱，與國家的興衰融合在一起，同其命運；把自己的辛酸遭遇與生民疾苦融合在一起，同其悲辛；把自己的豪情同祖國的壯麗山河融合在一起，同其永存。在文學理論上，提出了「文以明道」、「不平則鳴」、「文章合為時而著，歌詩合為事而作」等主張，把強烈的喜怒哀樂感情的抒發和功利主義文學觀統一起來，給當時的文風改革注入了生機，並創造出許多實際的業績，或從功利主義的目的出發，去表現文學的義理。在具體行動上，也往往表現出一種認真的處世態度，如柳宗元信佛，那是因為自己感到對社會現實中的不合理現象無能為力，並感到恥辱，才在佛教中尋求解脫。這是積極的奮鬥抗爭，而不是消極的處順就範。因此，他對於一切不同意的事情，都沒有消極地容忍，違心地贊同，而是積極地鬥爭，對於韓愈、劉禹錫這樣的好友，都敢表白自己的態度，如在《與韓愈論史官書》、《送僧浩初序》中，都說明了與韓愈的分歧，並對韓愈的觀點進行了批駁。又韓愈認為天有意志，能賞功罰禍。他作《天說》予以批評。柳宗元對劉禹錫談一些學術的分歧也是直言不諱。柳宗元所表現出的這種真誠品格，在唐代知識分子中是比較普遍的。

唐代像柳宗元那樣奉佛，或產生避世思想的士大夫是較多的，但這種避世思想也往往有著積極進取的意蘊。如初唐四傑和陳子昂都思索人生，感悟哲理，慨嘆世事變幻，滄海桑田。陳子昂詩說：「歲華盡搖落，芳意竟何成！」[67]古者往矣，而知我者希，夫復何言！於是他產生了避世思想，甚至感慨於天命之不可知，「幽居觀大運，悠悠念群生。終古代興沒，豪聖莫能爭。……大運自古來，旅人胡嘆哉」[68]！但就在這些避世思想背後，卻隱藏著強烈的入世願望，表現著對朝政的執著關心。避世的念頭與天命不可知的慨嘆，是在理想得不到實現之後的一種變態反映。陳子昂在自己的詩中強烈地表現了對現實中不合理現象的不滿和抨擊，真正的避世者是不會對社會現實那樣執著關心的。這一點可以拿他來與阮籍相比。陳子昂的《感遇》詩，無疑受著阮籍《詠懷》詩的深刻影響。他的思

---

67 《感遇詩》。
68 同上。

想也無疑像阮籍那樣有老莊思想的深深烙印，但阮籍對於現實黑暗未敢施加抨擊，魯迅先生在論述阮籍《大人先生傳》反映出來的思想時指出：「他的意思是天地神仙，一切都無意義，一切都不要，所以他覺得世上的道理不必爭，神仙也不足信。」[69]阮籍是深感世路艱難而不得不避世的，所以他一生懷著「終生履薄冰，誰知我心焦」[70]的心情。而陳子昂的避世，卻是憤懣。如履薄冰之心情，結果是做到口不臧否人物，得以終其天年，而出於憤懣，故有所諫爭，而終於罹禍。從歸宿的不同，也可看到他們的差別所在。而最重要的是他們的差別，正反映了兩個不同的時代：一個是戰亂的人命危淺，朝不慮夕的時代；一個則是封建社會的全盛時期。一個只是感悟人生，體識哲理，而進入一種無可如何的無所作為的心境中；一個卻感悟人生，體認哲理之中，蘊含著壯大的氣魄和力量，充滿著時代賦予他的強大的自信心。正因為這一點，陳子昂才會寫出千古絕唱《登幽州台歌》。他在詩中所表現的不是哀愁，不是失望，更不是消沉，而是一種「開創者的高蹈胸懷，一種積極進取，得風氣先的偉大的孤獨感」[71]。

又如柳宗元被貶後，寄情於山水，但實際這時的柳宗元也不是消沉的，當時他寫的文章，悲憤不平之作比比皆是，在他那優美的山水遊記後面，深深地隱藏著一種無法排遣的悲哀，並不是那種無所牽掛的、超塵出俗的隨意之所之的出遊，而是一種打發時日的百無聊賴的出遊，隱藏著他對時局的關心、對生民的同情。也因此，他在這一時期才能創作出像《三戒》、《捕蛇者說》、《種樹郭橐駝傳》、《封建論》等一批關心政治、關心生民疾苦、關心世態的文章。

陳子昂、柳宗元等人的避世思想或行動有一定的積極因素，以唐人的隱居而言，也往往是為了更有利於進取入世。

從唐初看，確實有一些真心出世隱居的人，而且名氣也大。著名的如孫思邈，太宗即位，召至京師，「將授以爵位，固辭不受。顯慶四年，高宗召見，拜

---

69 魯迅：《魏晉風度及文章與藥及酒之關係》，《魯迅全集》第3卷。
70 阮籍：《詠懷》。
71 參見羅宗強：《隋唐五代文學思想史》，69-70頁，上海，上海古籍出版社，1986。

諫議大夫，又固辭不受」[72]。又如王績「嗜酒放蕩，才不足而智有餘，傷其時而晦其用，深識之士也」。孫思邈和王績生活在隋唐之際，他們親身經歷了隋末以來的社會動盪和戰亂，這種時代的烙印，並不僅是影響孫思邈和王績等少數人，而是造成了具有時代特色的風氣。《新唐書·選舉志下》載：「初武德中，天下兵革新定，士不求祿，官不充員。有司移符州縣，課人赴調，遠方或賜衣賞食，猶辭不行。」但隨著政局的逐漸穩定，唐朝一天天的強盛，士人入世的願望即日益強烈了。不過就史實看，唐朝隱居的人也不少，但對此，時代已賦予了其新的內容，「它不再是滿腹經綸的儒生們所標榜的特立獨行，也脫下了狂歌酣醉的士人憤世嫉俗的外衣，似乎整個唐代的文化都為隱居讀書所滲透，其間，最為生動的是它所顯示出的一種新的教育的意義」[73]。

唐代實行科舉制。科舉制為人們提供了一種平等競爭的機會，為了在這平等的競爭中取勝，需要人們潛心的準備，隱居讀書對他們來說更安心一些，效果更好一些。如《舊唐書·柳璨傳》載：柳璨「少孤貧好學，僻居林泉。晝則採樵，夜則燃木葉以照書」。這是一個貧困士子隱居讀書的例子，而貴族、官僚子弟也往往不留戀舒適的政府學校和優越的家庭環境，也選擇了隱居讀書的道路，晚唐著名宰相牛僧孺十五歲時，居長安附近的莊園中讀書，「數年業就，名聲入都中。登進士上第」[74]。牛僧孺是顯宦之後，他的讀書地點不是熱鬧繁華的長安城中，而是選擇了祖傳產業的鄉間別墅。對唐代士人的隱居讀書，李頎《緩歌行》詩曰：「男兒立身須自強，十年閉戶潁水陽。業就功成見明主，擊鐘鼎食坐華堂。」無論是隱居於山林寺觀，還是自修苦飭於鄉野茅屋，唐代士人十年寒窗，懸梁錐股，總以步履青鸞，擊鐘鼎食，輔佐帝王作為奮鬥目標。

除參加科舉考試而隱居讀書外，唐代士人中，還有學業已成，借隱居讀書而博取高名，以待朝廷和地方長官辟用的。這是一種傳統的形式，但「在唐代特定的歷史環境下，注入了貧窮和富有兩種不同經濟身分的內容。家貧族卑的書生入

72 《舊唐書·孫思邈傳》。
73 宋大川：《略論唐代士人的隱居讀書》，載《史學月刊》，1989 年第 2 期。
74 《樊川文集·牛僧孺墓志銘並序》。

仕無方，故寄身山水之間，寺院道觀，等待著入仕的時機；一些豪門顯宦之後則為博取世人的贊譽，做出淡泊功名而投隱山林的姿態，以期引起社會輿論的褒獎，為日後的入仕增添幾塊籌碼」[75]。如名門世家出身的溫造、宰相之子房管都以隱居而沽名釣譽，欲擒故縱，求得了清美之職和速貴的機遇。唐中葉以降，關召入幕是士人的一條重要的仕宦之途，許多朝中顯宦都是由關召而入仕的。如聲望鵲起的陽城，德宗時，與弟隱居讀書，曾發誓不婚，同居陋室，但時過不久，因李泌之薦入朝為諫議大夫，陽城並沒有因曾發誓堅讀山中而有什麼負疚感。可見，隱居讀書求仕是唐代很多士人所走的路。

唐代隱居讀書的士人中，並不都是懷著強烈的政治欲望的。如李白少時與魯中諸生孔巢父、韓沔、裴政、張叔明、陶沔等隱於徂徠山，酣歌縱酒，時號「竹溪六逸」。李白後由道士吳筠之薦而為翰林，「竹溪六逸」的其他成員也通過不同渠道進入仕途，但他們從政後基本上仍保持著隱居讀書時的清雅高潔，恪守著中國古代知識分子所崇尚的品行道德。

但我們應該看到，隨著歷史的進步，尤其是在強盛的唐朝，社會聯繫已深入到每一個角落，純粹淡泊無欲的人已幾乎不復存在，《舊唐書·隱士傳贊》也稱：「高士之懷，不隱不顯，依隱釣名，真風漸鮮，結廬泉石，投紱市朝。心無出處，是曰逍遙。」隱居讀書的士人並不消沉或頹廢，而是身居山中而寓國政得失、民眾疾苦於懷。中唐時，李渤不從科舉，隱居嵩山，以讀書習業為事，元和元年（806 年），詔徵為拾遺，「辭疾不至，然朝政有得失，渤輒附奏陳論」[76]。很多奉佛的士人，往往也是對官場種種齷齪行為極度反感，轉而以佛教的恬淡無爭作為指導，採取避世遁世的態度，這實際是傲世，表面上看來十分消極，但傲世保持了自己卓犖昂藏和磊落不羈的人格，消極中蘊含著積極的成分。有些奉佛的士大夫在國家危難面前還往往能挺身而出，如安史之亂時，叛軍由范陽南下，河朔州縣相繼失守，一向奉佛的顏真卿和堂兄顏杲卿奮起抵抗，挫傷了叛軍的銳氣，大長了正氣。到唐德宗時，朱滔、王武俊、田悅、李納又連鎮叛亂，這時李

---

75 宋大川：《略論唐代士人的隱居讀書》，載《史學月刊》，1989 年第 2 期。
76 《資治通鑑》卷二三七。

希烈也發動叛亂，攻下汝州，當時，顏真卿已年近八旬，受朝廷指派，到許州宣慰李希烈。他在李希烈處大義凜然，面對種種威逼，毫不變節，最後投身赴火，視死如歸。唐代即使是一些想去職的官吏也往往會有一種責任感，如韋應物在《寄李儋元錫》詩中說：「身多疾病思田裡，邑有流亡愧俸錢。」去就之間，想到的是百姓流離失所，自己拿著俸祿，沒有盡到責任，感到很慚愧。這正是一種積極的入世精神所體現出的人生觀，具有這種人生觀的韋應物，是一位有良心的封建官員。

第四節 ·

禁錮色彩淡薄
的婦女觀

　　唐代社會的開放性是空前的、全面的，並因此形成了民族融合、四鄰景仰的局面，形成了絢麗多姿的「大唐盛世」，其中，婦女生活的生動活潑程度更是史所罕見，當時婦女在政治、經濟、文化等多方面都展示著自己的才華，發揮、享受著自己的權益。

　　中國在歷史上經歷了長期的封建君主專制統治。封建君主專制政治對婦女而言，含有君主統治臣民和男人統治女人的雙重意義，婦女毫無政治地位可言。「雌代雄鳴則家盡，婦代夫政則國亡。」封建正統思想歷來視婦女參政為洪水猛獸，婦女的政治才幹因此長期受到禁錮和壓抑。

南北朝時，由於少數民族風俗的影響，北方婦女大都主持門戶，參與社會事務。對此，《顏氏家訓》云：「鄴下風俗，專以婦持門戶，爭訟曲直，造請逢迎……代子求官，為夫訴曲。此乃恆、代之遺風乎？」宮廷後妃佐政甚至執政的亦不少見，她們親自運籌帷幄，指揮群臣，與男君無異。如北魏文成帝皇後馮氏，連續臨朝執政二十五年，其政績有口皆碑。僅據《魏書・皇後列傳》載，先後臨朝執政的皇後有四人。在當時北方特定的歷史條件下，婦女參政在一定程度上促使婦女掙脫束縛，創造出新穎活潑的社會風尚。

入唐以後，婦女政治生活空前活躍。唐代婦女在政治生活中活動範圍之廣，人物數量之多，事蹟之突出，影響之深遠，在中國封建社會都遙居首位。

首先，唐代婦女親自參加了建立和鞏固唐王朝的事業。

隋末各路起義軍中，都有女子從軍的事蹟，其中最具威望的是平陽公主的「娘子軍」（唐代通稱小姐和主人妻為「娘子」，「娘子軍」指由平陽公主為主帥的軍隊，並非指由清一色女子組成的「女軍」，自然軍中不乏女性，因當時有不少人是舉家從軍的）。李淵起兵時，平陽公主年方十六七，家居長安，聞訊後立即與丈夫柴紹起義響應，公主則到鄠縣的夫家田莊毀家紓難，召集兵馬，發展至七萬大軍，威震關中。唐定都長安後，公主享受到開國功臣的極高榮譽。武德六年（623 年），公主死，高祖堅持按朝廷武官待遇厚葬。

在唐朝的一些重大事件中，婦女也發揮了積極的配合作用：玄武門事變前，長孫皇後勉勵將士，鼓舞大臣，支持太宗撥亂定乾坤。李隆基為平息韋後、安樂公主謀亂，發動奪權政變，其妃王氏，「頗預密謀，贊成大業」[77]。

正由於宮廷婦女在唐王朝建立及鞏固時期，表現了以天下為己任的抱負，從而奠定了唐代宮廷女子在朝政中的地位。

宮廷以外的婦女在唐代的重大事件中，也往往表現出積極的參與行動。安史

---

77 《舊唐書・後妃傳》。

之亂，危及國家統一，中原婦女侯四娘、唐四娘、王二娘三人「相與歃血，請赴行營討賊」。肅宗大喜，授三人果毅將軍，准其從軍作戰。[78]在以後平息藩鎮割據叛亂的戰爭中，更多的婦女或助夫堅守，或力阻叛亂。德宗時項城縣令李侃妻楊氏，面對李希烈叛軍攻城，一面阻止丈夫臨陣逃脫，一面親自召集軍民守城；徐州刺史許勣妻劉氏，助夫平叛，功封彭城郡君。此外，諸如僕固懷恩母、張伾母等地方官員家屬，在親人部將叛亂的危難之際，毅然以國家為重，大義滅親，受到朝廷的褒獎。

此外，在抵抗外來侵擾，保衛邊境安寧的戰鬥中，也湧現出不少可歌可泣的女英雄。高宗時，大將軍李瑾行妻劉氏，在丈夫外出作戰，高麗靺鞨聯軍攻城之時，率眾堅守，功封燕國夫人；武後時，武將古元應妻，身先士卒登城作戰，擊退突厥軍隊，被封為徇忠縣君；玄宗時王君㚟夫人夏氏，隨夫駐守涼州，屢立戰功，受特封為武威郡夫人。

有唐一代，儘管婦女還遠不如男子那樣活躍於政壇戰場，但十分明顯的是，從唐伊始，一批優秀女性就以傑出的才幹，改變著女性的社會形象，爭得了一定的政治地位。

其次，是積極參與朝政，為建大唐盛世做出了貢獻。

宮廷婦女對國家的興衰和君王的榮辱，往往有著直接的關係，但歷史上卻屢屢嚴禁後宮干政，凡女子所言，無論是非，一概斥之為「女謁」；凡女子預政，不論成敗，一律貶為「女禍」，這是歷史的冤案。所幸唐代這種偏見較少，從唐初起，帝王平等對待內諫外諫，後妃關心政事遂成風氣，一批頗有抱負的宮廷婦女得以施展才幹。

女諫新風的開創是唐宮廷政治的一大特色，長孫皇後主事後宮十年，「常與上從容商略古事，因而獻替，裨益弘多」[79]。她贊譽魏徵直諫，勸太宗從善如

---

78 《舊唐書·肅宗紀》。
79 《資治通鑑》卷一九四。

流；她為國為民而嚴於律己，多次勸阻封長孫家族人高官，不准東宮濫增器物，不准厚葬長樂公主，不准因自己的喪事而擾亂國家法律；她臨終時還建議太宗「親君子，遠小人，納忠諫，屏讒慝，省作役，止游畋」，提出數條佐政意見，其耿耿忠心，其明察大智，令人肅然起敬。難怪太宗悲嘆：「以其每能規諫助朕之闕，今不復聞善言，是內失一良佐，以此令人哀耳。」[80]

貞觀後期，太宗驕奢日增，納諫日疏，干戈時動，土木屢興，民怨四起，朝臣勸諫不斷，當時太宗寵妃徐惠也出自憂國憂民之心，動之以情，諫之以理，卓識遠見，令人感嘆。太宗之後，後妃、公主、宮人參政更為頻繁，並對唐代政治產生了舉足輕重的影響，這其中最值得稱道的是武則天。

武則天執政半個世紀，是唐代女子參政地位最高的表現。武則天是中國歷史上唯一的女皇帝，也是成功的女皇帝。她在作太宗才人時，耳聞目睹了太宗的勵精圖治，培養了敢作敢為的行事風格。高宗的平庸和體弱，又為她馳騁政界創造了條件，更激發了她主宰天下的雄心。武則天實際執政五十年，是歷史上女子執政時間最長的一個，也是唐朝皇帝實際執政最久的一個。她始終堅持維護國家的統一，屢次平定叛亂，加強邊疆地區的管理。她嚴格整頓吏治，改進人才選拔制度，在許多方面都有創新。她統治下的唐朝，上承貞觀之治，下啟開元盛世，是唐歷史中牢固的一環，是值得稱頌的歷史時期。

武則天執政稱帝，是對封建社會男權政治的示威和挑戰，她開創了女子參政的新局面，她從各方面努力提高婦女的政治地位和社會地位：廢除了女子跪拜禮；增加了為母親服喪的期限；召集文士編撰《列女傳》、《古今內範》等書，宣揚婦女地位的提高；乾封元年，武則天率內外命婦參加封禪大典，創女子參加國家重大祭祀例；開耀元年，為廢立太子事，武則天主持「宴百官與命婦於麟德殿」，創婦女參加政治性宴會例。更重要的是，武則天一生的政治活動，極大地激發了當時及以後中上層婦女關心國家政事的熱情，在很大程度上扭轉了社會各界對女子不應預政的傳統看法。

---

80 《舊唐書·後妃傳》。

武則天之後，武則天的女兒太平公主，秉承母親的許多特性，以超人的膽識佐政於武後、中宗、睿宗三朝，曾兩次參與宮中撥亂反正重大政變的謀劃。武則天晚年，清除張昌宗亂黨，公主因功加號「鎮國太平公主」。中宗末年，又與李隆基等共誅韋黨，擁立睿宗，公主自然成為功臣。「既屢立大功，益尊重，上常與之圖議大政。……每宰相奏事，上則問『曾與太平議否？』……自宰相以下，進退繫一言。」[81]公主「每入奏事，坐語移時，所言皆聽。……軍國大政，事必參決，如不朝謁，則臣宰就其第議其可否」[82]。其權勢一時無比。

與太平公主同時的上官婉兒在政治和文壇上也非常活躍。上官婉兒的祖父和父親被武則天誅殺，婉兒在襁褓中隨母入宮為奴。她以出眾的才華受到武則天重用，十四歲始成為佐政人才，「自聖歷已後，百司表奏，多令參決。中宗既位，又令專掌制命，深被信任」[83]。甚至在婉兒被誅後，玄宗念其佐中宗朝政有功，追贈諡號「惠文」。

太平公主和上官婉兒生逢大唐盛世，位居宮中上層，身懷不讓須眉的膽識才氣，在政治上大有作為，她們的活動對政治產生著很大的影響。雖然她們後來成為宮廷政變的失敗者，但她們為女性參政增添了光輝的一頁。

就公主而言，以後各朝再未出現太平公主之類的人物，這與唐中後期思想束縛日趨嚴格，宦官勢力控制朝政和各朝公主自身素質偏低有關，但即使如此，公主參政之風依然，直至唐末，如肅宗女和政公主，常侍父王左右，屢屢進諫獻策，曾為解決兵費危機而出計行貿易贏利千萬，又於代宗時，「屢陳人間利病，國家盛衰事，天子響納」[84]。宣宗時，「公主邑司，擅行文牒」[85]，只是活動規模和影響都小多了。

除宮廷女子外，各級官員女眷亦有不少人以各種方式預政的，她們或出謀獻

---

81 《資治通鑑》卷二〇九。
82 《舊唐書・太平公主傳》。
83 《舊唐書・後妃傳》。
84 《新唐書・諸帝公主傳》。
85 《舊唐書・宣宗紀》。

計，或直言規勸，或親自參與主持軍政大事，對地方政治的好壞，往往產生著直接的影響，尤其是唐中後期，中央集權失控，地方勢力膨脹，藩鎮林立，官員家屬中有不少反對割據分裂的，她們規夫勸子臣屬中央，維護統一。這在前文已經舉到。但也有慫恿並協同丈夫叛亂割據的，如劉從諫妻召集劉部將妻，要求她們支持丈夫對抗朝廷，因此，潞將叛志益堅。朱全忠妻張氏「多智略，全忠敬憚之，雖軍府事，時與之謀議」[86]。可見婦女預政風盛。

此外，生活在社會底層的婢妾的預政活動，也史不乏書。叛將李希烈妾竇桂娘，與部將陳先奇妻合謀，配合士兵消滅了李希烈叛軍；監察御史張信的侍兒仙鵝，「能歌舞，善書翰，常出使，以仙鵝充使典」[87]。李師道割據十二州，但「識暗，政事皆決於群婢。婢有號蒲大姊、袁七娘者，為謀主」[88]。出身低微的俠女更是唐代野史筆記傳奇小說中最常見的主角。如先後為魏博官署和陳許節度使服務的聶隱娘；為潞州節度使掌職表的青衣紅線；為李師道作諜報人員的胡媚兒等，她們都是位處卑賤，身懷奇技的女子，在政治鬥爭中被利用，充當工具。這種婢妾直接或間接預政的現象，具有相當重要的歷史意義。婢妾預政的活躍時期相對集中在唐後期，活動範圍以各藩鎮及地方政權為主，與當時上層婦女政治活動日趨受壓抑形成鮮明對照。婢妾預政反映了唐代奴婢身分的微妙變化：部分婢妾的文化水平不低，多少受過教育，否則無法「善書翰」、「掌職表」；同時也說明部分有才能的婢妾已不再是供主人役使從事簡單勞動的奴僕，而在紛亂複雜的政局中有機會表達政見，甚至自作主張，代主人行事，成為主人的助手和政治工具。

此外，唐代農民起義軍中，婦女也很活躍，如高宗時，睦州女子陳碩真聚眾數萬起兵，自稱「文佳皇帝」；懿宗時，浙東裘甫起義軍中也有一支女軍以作戰勇猛聞名。

唐代婦女在政治上活躍的同時，在經濟上也獲得了很高的利益。這首先表現

---

86 《資治通鑑》卷二五九。
87 《香艷叢書》中《御史臺記》。
88 《舊唐書·李正己傳》。

在公主的封戶增多，經濟實力的增強。唐初公主實封三百戶，中宗以後猛增，「太平、長寧、安樂三公主，置鋪如親王」。僅太平公主一人就實封萬戶，「田園遍於近甸膏腴，而市易造作器物，吳、蜀、嶺南供送，相屬於路」。以至太平公主敗後，「籍其家，財貨山積，珍奇寶物，俟於御府，馬牧羊牧，田園質庫，數年徵斂不盡」[89]。其經濟實力遠遠超過了諸王及大臣。玄宗時曾削減公主封戶，意在倡節儉，但很快又因咸宜公主下嫁而加各公主封戶。

從唐代法律上看，婦女有財產繼承權。在唐以前的財產繼承法只承認嫡庶兒子的繼承權，女兒除在出嫁時從父兄處得到一筆嫁妝外，與娘家再無經濟聯繫，更無權繼承娘家財產。在婆家也只能依丈夫或兒子的名分繼承財產，一旦夫死無子，則終身無靠。唐代的家庭經濟仍然是以男子為中心的封建家長制經濟，但唐代在女子財產繼承權方面有了比前代多一些的權利，主要是未嫁女子有權分得嫁妝財產；在父死無兄弟的情況下，有權繼承全部財產（出嫁女亦同樣），寡妻無子可獨立分得家產，等等，這些權利由朝廷立法規定，而不僅僅是由社會習慣約束的。

由於法律給予婦女一定的財產繼承權，因此，出現了一些女子為保衛合法權益而抗爭的事：大臣周曾無子，死後，其封戶按舊俗應由族中子侄承襲，但周曾女不服，與族兄爭襲封，結果，德宗親自處理，讓周曾女與族兄各繼承周曾封戶的一半。又名臣馬遂父子兩代置財致富，死後被族中豪強侵奪資產，馬遂孫媳「訟析產」，爭回了自己應得的部分。[90]而且，當時一些被丈夫遺棄的婦女，很多也公開訴官，要求分給財產。

這裡值得提到的是唐代均田制，除寡妻妾、尼、女冠外，其餘女子不再分田，有人認為這是唐代婦女經濟地位的倒退，其實不然。因為北魏均田，是把男女同作為分田和徵收租賦的對象。北齊始，取消了女子的永業田，徵收租稅也改為一夫一婦為單位了。唐代均田令簡化條文手續，不再以大多數婦女為均田征賦

---

89 《舊唐書·太平公主傳》。
90 《新唐書·馬遂傳》。

的對象，而改為以戶主和男丁為計算單位，這說明，封建經濟的發展，導致男女勞動力的分配越來越細，男子在農業勞動中的主要作用也越來越明顯。同時，隨著宗法關係的削弱和封建婚姻關係的逐漸完善，以一夫一妻為主體的小家庭經濟日益顯示其重要性和穩定性。在封建社會初期，農業生產尚需投入大量的勞動，農民的家庭手工業尚處粗糙階段。唐代則大不一樣，由於手工業技藝日益精巧，人們對手工業產品的質與量要求越來越高，尤其是商品經濟的活躍，使城鄉家庭手工業由封閉式產銷轉向市場開放式生產，因而需要一批勞動力長期固定地從事手工業生產，這當然主要是婦女勞動力。所以說，唐代均田形式變化的客觀依據，是當時社會生產中家庭經濟結構生產的穩定局面，以男子戶主為均田單位，作用在於強調家庭的經濟地位，簡化均田手續條文。

由於唐代商業城市的興起和繁榮，國內外交通貿易渠道的擴增，給婦女的經濟生活也帶來了新鮮色彩和活力。

家庭手工業是婦女的主要經濟活動，最為普遍的是各家各戶種植桑麻養蠶紡織，除滿足生產者家庭成員的需要外，還常將小批量的產品投入市場。在城鎮，一些手工業生產的「專業戶」，則採用全家男女老幼分工合作的方式經營特色產品。宮廷中還設有專門機構組織男女工匠從事宮廷消費用品的生產，連宮女們也常常接到為軍隊縫制戰袍的任務。在今廣西有金銀礦產的地方，婦女下河淘金是重要的副業勞動。

婦女間接經商的也逐漸增多。商人妻協助經商是自然平常的事，此外，還出現了一些獨立經營各類店鋪的女子，如《河東記》中的汴州板橋店主三娘子；《集異記》中經營旗亭酒肆的賈人妻；《劇談錄》中以紉針為業的長安母女等，均屬就地行商之人。大曆年間，有位人稱俞大娘的大商船主，手下「操駕之工數百，南至江西，北至淮南，歲一往來，其利甚博」[91]。這是罕見的女性大商人。在四川夔州一帶，女子外出賣柴背鹽養家，男子則操持家務。各鄉鎮更為普遍的是婦女不定期地出售自己生產的手工業品或農副產品，這些規模不一的商業活

91　《唐國史補》卷下。

動，活躍了城鄉商品經濟。

唐代文化發達，其中，婦女文化生活生動活潑和高水平發展，唐代婦女文化生活的一大特色是全社會婦女文化素質的普遍提高。

在男權社會裡，女子無權接受正規的學校教育，甚至在科舉至上、辦學興旺的唐朝也很難例外，傳統的女子教育方法主要是家庭教育，並且多限於書香門第和官宦人家。唐代女子教育的傑出之處，在於教育形式多樣和內容豐富。

文人學士家庭最普遍的方式是家長親自執教，這種人家往往視兒女教育同樣重要，從幼時起以詩賦經史文章啟蒙，雜以琴棋書畫，培養女子的文才和情操，如太宗寵妃徐惠自幼隨父讀書，「四歲誦《論語》、《毛詩》，八歲好屬文……遍涉經史，手不釋卷」[92]。文士宋廷芬有五女一兒，同時施教，五女皆聰慧過人，「年未及笄，皆能屬文」，後來都以才學聞名於世，唯獨兒子愚不可教，一生碌碌無為。[93]

在一些孤兒寡母之家，有較高文化素養和勞動能力的母親，則擔負起教育兒女的責任。如元稹八歲喪父，家貧無力延師，由母親授書成學。又如元曖兄弟死後，子侄共七人，由林氏訓導，並舉進士。

更多的官宦人家和普通民戶往往為女兒聘請家庭教師，學生中除主人家女兒外，常有附讀的同族女子，亦有作為伴讀和書童身分而就學的婢女，所請之師，有男性文人，也有女中才子，當時民間女子受教育的範圍相當廣泛。

按唐律規定，官員犯罪，妻女沒官，或入宮中，或入教坊，但都接受一定的文化教育，如在襁褓中入宮的上官婉兒，十四歲時因文學才能脫穎而出。教坊是要求學習詩文、書畫、音樂、經史等課程的。

唐代妓女、女冠的文學成就也非常突出。前代的妓女絕少在文學上有成績

者，唐代「凡縉紳籍沒，波及妻孥，以至詩禮大家，多淪北里」[94]。這樣出現了一批有相當文化素養的妓女，像薛濤、徐月英、薛仙姬即是其中的佼佼者。又唐代道教盛行，時人並不以女子出家為恥，女冠中有許多是受過教育的，產生了以李冶、魚玄機為代表的一批女冠文人。

唐代女子教育的普及程度決定了女子文學的普遍性，以至於大詩人白居易要請街道老婦聽詩改詩；王昌齡、王之渙、高適要聽歌妓唱詩來定優劣。這樣，唐代婦女在文學上不乏才能出眾者：據《宣和書譜》和《玉台書史》所記，唐代善畫而有姓名可查的女子達三十六人；據《唐詩紀事》、《全唐文》和新、舊《唐書》所載，有文集傳世的女子達十九人；據《全唐詩》記載，有事蹟可考的女詩人達一百二十人。當時有些女子還在文壇上產生過很大的影響，如上官婉兒「勸帝侈大書館，增學士員，引大臣名儒充選。數賜宴賦詩，君臣賽和，婉兒常代帝及後、長寧、安樂二主，眾篇並作，而采麗益新。又差第群臣所賦，賜金爵，故朝廷靡然成風。當時屬辭者，大抵雖浮靡，然所得皆有可觀，婉兒力也」[95]。又薛濤文采豔麗，格調清雅，名震西南，與元稹、白居易等二十餘位當朝名士結為文友，留下了五百多首詩篇，成都浣花溪旁的薛濤舊址，自唐以來，即成為文人瞻仰之地，歷代修葺不衰。

唐以前婦女生活中許多有意義的現象，尚帶有原始樸素的色彩。唐代社會開放，對婦女禁錮色彩淡薄，這從婦女在政治、經濟、文化等各方面的成就及豐富多彩、生動活潑的生活中表現出來。宋以後理學興起，封建禮教束縛日益嚴重，中國社會的風氣逐漸向著與唐代社會全然不同的方向發展，唐代的婦女觀在中國婦女史上留下了光輝的一頁。

---

94 章學誠語，引自《香豔叢書》集五。
95 《新唐書‧後妃傳》上。

亮點書系．中國文化通史 A1001007

中國文化通史・隋唐五代卷　上冊

主　　編　鄭師渠
版權策畫　李　鋒

發 行 人　陳滿銘
總 經 理　梁錦興
總 編 輯　陳滿銘
副總編輯　張晏瑞
編 輯 所　萬卷樓圖書股份有限公司
排　　版　菩薩蠻數位文化有限公司
印　　刷　維中科技有限公司
封面設計　菩薩蠻數位文化有限公司

出　　版　昌明文化有限公司
桃園市龜山區中原街 32 號
電話　(02)23216565
發　　行　萬卷樓圖書股份有限公司
臺北市羅斯福路二段 41 號 6 樓之 3
電話　(02)23216565
傳真　(02)23218698
電郵　SERVICE@WANJUAN.COM.TW
大陸經銷
廈門外圖臺灣書店有限公司
　　電郵　JKB188@188.COM

ISBN 978-986-496-161-0

2018 年 1 月初版
定價：新臺幣 480 元

如何購買本書：

1. 劃撥購書，請透過以下郵政劃撥帳號：
　　帳號：15624015
　　戶名：萬卷樓圖書股份有限公司

2. 轉帳購書，請透過以下帳戶
　　合作金庫銀行　古亭分行
　　戶名：萬卷樓圖書股份有限公司
　　帳號：0877717092596

3. 網路購書，請透過萬卷樓網站
　　網址 WWW.WANJUAN.COM.TW

大量購書，請直接聯繫我們，將有專人為您
服務。客服：(02)23216565 分機 610

如有缺頁、破損或裝訂錯誤，請寄回更換
版權所有・翻印必究
Copyright©2016 by WanJuanLou Books CO., Ltd.
All Right Reserved　　　　Printed in Taiwan

國家圖書館出版品預行編目資料

中國文化通史. 隋唐五代卷 / 鄭師渠著.-- 初
版.-- 桃園市：昌明文化出版；臺北市：萬
卷樓發行, 2018.01
　　冊；　公分
ISBN 978-986-496-161-0(上冊：平裝). --
1.文化史 2.中國
630　　　　　　　　　　　　107001802

本著作物經廈門墨客知識產權代理有限公司代理，由北京師範大學出版社（集團）有
限公司授權萬卷樓圖書股份有限公司出版、發行中文繁體字版版權。